# Հոգի, Շունչ,
## եւ Մարմին - Ա. Հատոր

Մեր «Ինքնութեան» Հետապնդման Խորհրդաւոր Պատմութիւնը

# Հոգի, Շունչ, եւ Մարմին - Ա. Հատոր

Դոկտ. Ճէյրոք Լի

URIM BOOKS

Հոգի, Շունչ, եւ Մարմին – Ա. Հատոր, Դոկտ. Ճէյրոք Լիի կողմէ
Հրատարակուած է Ուրիմի Գիրքերու կողմէ (Ներկայացուցիչ՝ Սէոնկքէոն Վին)
# 235-3, Կիւրօ-Տօնկ 3, Կիւրօ-կու, Սէուլ, Քորէա
www.urimbooks.com

Բոլոր իրաւունքները վերապահուած են: Այս գիրքը, կամ անկէ մասեր, որեւէ ձեւով կարելի չէ վերարտադրել, պահել վերստացման դրութեամբ, եւ կամ որեւէ ձեւով կամ որեւէ միջոցով փոխանցել՝ ելեկտրոնային, մեքենական, լուսապատճէնով, արձանագրութեամբ կամ այլապէս, առանց նախապէս գրաւոր արտօնութիւն առնելու հրատարակիչէն:

Բացի եթէ ուրիշ ձեւով նշուած ըլլայ, Անգլերէն լեզուի բոլոր Սուրբ Գրային մէջբերումները առնուած են Աստուածաշունչէն, NEW AMERICAN STANDARD BIBLE Սուրբ Գիրքէն, ®, Հեղինակի իրաւունք © 1960, 1962, 1963, 1968, 1971, 1972, 1973, 1975, 1977, 1995 թուականներուն՝ Լոքմէն Հաստատութեան կողմէ: Գործածուած է արտօնութեամբ:

Հեղինակի իրաւունք@ 2012 Դոկտ. Ճէյրոք Լիի կողմէ


Միջազգային թուանշան ISBN: 979-11-263-1313-6 03230


Թարգմանութեան Իրաւունք@ 2012 Դոկտ. Եսթեր Քույեանկ Չանկի կողմէ:
Գործածուած է արտօնութեամբ:

Նախապէս Քորէական լեզուով հրատարակուած է Ուրիմի Գիրքերու կողմէ՝ 2009-ին

Առաջին Հրատարակութիւն՝ Յուլիս 2012

Խմբագրուած է Դոկտ. Կէյումսան Վինի կողմէ

Ուրուագծուած է Ուրիմի Գիրքերու Խմբագրական Գրասենեակին կողմէ

Յաւելեալ տեղեկութիւններու համար դիմել՝ urimbook@hotmail.com ելեկտրոնային հասցէին:

# Նախաբան

Սովորաբար մարդիկ կ՚ուզեն յաջողութիւն ունենալ եւ ուրախ, հանգիստ կեանք մը ապրիլ: Սակայն եթէ նոյնիսկ անոնք դրամ, իշխանութիւն, եւ համբաւ ունենան, ոչ մէկը կրնայ մահուընէ խուսափիլ: Ծիր Հուանկ-տի, վաղեմի Չինաստանի Առաջին Կայսրը, կը փնտռէր կեանքը յաւերժական դարձնող բոյս մը, բայց ինքն ալ նոյնպէս չկրցաւ խուսափիլ մեռնելէ: Ամէն պարագայի, Աստուածաշունչին մէջ ամբողջութեամբ, Աստուած մեզի կը սորվեցնէ յաւիտենական կեանք շահելու ճամբան: Այս կեանքը կը հոսի Յիսուս Քրիստոսի ընդմէջէն:

Այն ատենէն որ Տէր Յիսուս Քրիստոսը ընդունեցի եւ սկսայ Սուրբ Գիրքը կարդալ, ես սկսայ խորապէս աղօթել որպէսզի կարենամ հասկնալ Աստուծոյ սիրտը: Եօթը տարուայ անհամար աղօթքներէ եւ ծոմապահութեան շրջաններէ ետք, Աստուած պատասխանեց ինծի: Եկեղեցի մը հիմնելէս ետքը, Աստուած ինծի Սուրբ Գիրքէն բազմաթիւ դժուար հատուածներ բացատրեց՝ Սուրբ Հոգիին ներշնչումով, որոնցմէ պարզապէս մէկը միայն կը մանրամասնէ «Հոգի, Շունչ, եւ Մարմին» գիրքին պարունակութիւնը: Ասիկա այն խորհրդաւոր պատմութիւնն է որ մեզի թոյլ կու տայ որպէսզի կարենանք հասկնալ մարդոց ծագումը, նաեւ թոյլ կու տայ որ մենք ինքզինքնիս հասկնանք: Ասիկա տեղեկագրութիւն մըն է, որ եւ պիտի չկարենայի լսել ուրիշ որեւէ տեղ, նաեւ իմ ուրախութիւնս՝ որ ամէն նկարագրութենէ վեր է:

Երբ ես փոխանցեցի այս պատգամները՝ հոգիի, շունչի, եւ մարմնի մասին, բազմաթիւ վկայութիւններ եւ հակադարձութիւններ եկան թէ՛ Քորէայէն եւ թէ՛ աշխարհի չորս անկիւններէն: Շատեր ըսին թէ իրենք անդրադարձեր էին ինքզինքնին վրայ, հասկցեր էին թէ ինչպիսի արարածներ էին իրենք, եւ ստացեր էին պատասխաններ՝ Աստուածաշունչին մէջ գտնուող շատ մը հատուածներու մասին, ինչպէս նաեւ հասկացողութիւն՝ ճշմարիտ կեանք ստանալու միջոցներուն մասին: Անոնցմէ ոմանք կ՚ըսեն որ հիմա իրենք կը մտադրէին դառնալ հոգիի անձեր՝ մասնակից դառնալու համար Աստուծոյ աստուածային բնութեան, եւ թէ իրենք կը ջանան իրագործել զայն, ինչպէս որ յիշուած է Բ. Պետրոս 1.4-ի մէջ, ուր կը կարդանք հետեւեալը. «Որոնցմով ամենամեծ ու պատուական խոստումներ տրուած են մեզի, որպէս զի անոնցմով աստուածային բնութեանը հաղորդակցինք՝ աշխարհի ցանկութենէն յառաջ եկած ապականութենէն փախչելով»:

Սան Ցզույի Պատերազմի Արուեստը գիրքը կ՛ըսէ որ եթէ դուն ճանչնաս ինքզինքդ եւ թշնամիդ, այն ատեն դուն բնաւ որեւէ պատերազմ պիտի չկորսնցնես: «Հոգի, Շունչ, եւ Մարմին»ի մասին պատգամները լոյս կը շողարձակեն մեր «ինքնութեան» խորունկ մասին վրայ, եւ մեզի կը սորվեցնեն մարդոց ծագումին մասին: Անգամ մը որ ամբողջութեամբ սերտենք եւ հասկնանք այս պատգամը, մենք պիտի կարողանանք հասկնալ որեւէ տեսակի մարդ: Նաեւ, մենք պիտի սերտենք խաւարի ուժերը (որոնք մեր վրայ կ՛ազդէին) պարտութեան մատնելու միջոցները, որպէսզի կարենանք Քրիստոնէական յաղթական կեանքեր ապրիլ:

Ես շնորհակալութիւն կը յայտնեմ Կէյումսան Վինի՝ Խմբագրական Գրասենեակի տնօրէնին եւ իր աշխատակիցներուն, որոնք ինքզինքնին նուիրեցին այս գիրքի հրատարակման համար: Ես կը յուսամ որ դուն ամէն բանի մէջ պիտի յաջողիս եւ առողջ պիտի ըլլաս, ինչպէս որ քու հոգիդ ալ յաջողութեան մէջ է, աւելի եւս մասնակից դառնալով Աստուծոյ աստուածային բնութեան մէջ:

Յունիս 2009,

***Ճէյրոք Լի***

# Մկսիլ Հոգիի, Շունչի, եւ Մարմինի Ճամբորդութիւնը

*«Եւ Ինքը՝ խաղաղութեան Աստուածը՝ ձեզ բոլորովին սուրբ ընէ ու ձեր բոլոր հոգին եւ շունչը ու մարմինը անարատ պահուի մինչեւ մեր Տէր Յիսուս Քրիստոսի գալու ատենը»:*
*(Ա. Թեսաղոնիկեցիս 5.23):*

Աստուածաբաններ կը հակաճառէին մարդ արարածներու գոյացութեան հիմնական սկզբունքներուն մասին՝ գաղափարներու բաժանման երկու եւ երեք դասակարգերու տեսութիւններու միջեւ: Երկու դասակարգի տեսութիւնը կ՛ըսէ թէ մարդիկ կազմուած են երկու մասերէ՝ հոգի եւ մարմին, մինչ երեք դասակարգի տեսութիւնը կ՛ըսէ թէ կան երեք մասեր՝ հոգի, շունչ, եւ մարմին: Այս գիրքը հիմնուած է երեք դասակարգի տեսութեան վրայ:

Սովորաբար, գիտութիւնը կրնայ ստորադասուիլ Աստուծոյ մասին գիտութեան եւ մարդոց մասին գիտութեան նկատմամբ: Մեզի համար շատ կարեւոր է Աստուծոյ մասին գիտութիւն ստանալը, մինչ մեր կեանքերը կ՛ապրինք երկրի վրայ: Մենք կրնանք յաջող կեանք մը առաջնորդել եւ յաւիտենական կեանք ստանալ՝ երբ մենք հասկնանք Աստուծոյ սիրտը եւ հետեւինք Իր կամքին:

Մարդիկ ստեղծուած են Աստուծոյ պատկերին համաձայն, եւ ուրեմն անոնք չեն կրնար ապրիլ առանց Աստուծոյ: Նոյնպէս, առանց Աստուծոյ, մարդիկ չեն կրնար յստակօրէն հասկնալ իրենց ծագումին մասին եւս: Մենք կրնանք մարդոց ծագումին մասին տրուած հարցումին պատասխանը ստանալ միայն այն ատեն՝ երբ մենք գիտնանք թէ ով է Աստուած:

Հոգին, շունչը, եւ մարմինը կը պատկանին ազդեցութեան ծիրի մը՝ զոր մենք մարդկային գիտութեամբ, իմաստութեամբ, եւ զօրութեամբ չենք կրնար հասկնալ: Անիկա ծիր մըն է, որ կրնայ մեզի ճանչցուիլ միմիայն Աստուծոյ կողմէ, որ կը հասկնայ մարդոց ծագումը: Ասիկա միեւնոյն տրամաբանութիւնն է՝ թէ այն մէկը որ համակարգիչը շինեց, ունի արհեստավարժութեան կարողութեան գիտութիւնը՝ համակարգիչներու կազմուածքին եւ սկզբունքներուն մասին: Ուստի շինողը ինքն է որ կրնայ լուծել որեւէ հարց՝ որ կապ ունի համակարգիչին գործունէութեան հետ: Այս գիրքը լեցուն է չորրորդ տարածութեան ծաւալի հոգեւոր գիտութեամբ, որ մեզի յստակ պատասխաններ կու տայ հոգիի, շունչի, եւ մարմնի մասին տրուած հարցումներուն:

**Յատկանշանական բաներ՝ զոր կարդացողները կրնան սորվիլ այս գիրքէն՝ հետեւեալներն են.**

1. Հոգիի, շունչի, եւ մարմնի մասին հոգեւոր հասկացողութեամբ՝ հոգին, շունչը, եւ մարմինը, որոնք մարդոց գոյութեան հիմնական բաղկացուցիչներն են, ընթերցողները կրնան իրենց «ինքնութեան» ներսը դիտել եւ ինքնին կեանքի մասին ներշնչում ստանալ:

2. Անոնք կրնան կատարեալ ինքնաճանաչում ունենալ թէ իսկապէս իրենք ո՛վ են, եւ թէ ի՛նչ տեսակի «ինքնութիւն» շինած են: Այս գիրքը ընթերցողներուն ցոյց կու տայ միջոց մը, որպէսզի անոնք անդրադառնան ինքզինքնին վրայ, ինչպէս Պօղոս առաքեալ Ա. Կորնթացիս 15.31-ի մէջ ըսաւ. «...ես ամէն օր կը մեռնիմ», եւ որպէսզի սրբութիւն իրագործեն ու դառնան հոգիի մարդիկ, բան մը՝ որ Աստուած կը փափաքի ամէն մէկ անհատի համար:

3. Մենք կրնանք խուսափիլ թշնամի Բանսարկու Սատանային ծուղակը իյնալէն, եւ կրնանք զօրութիւն ստանալ յաղթահարելու խաւարը միայն այն ժամանակ՝ երբ մենք կը հասկնանք ինքզինքնիս: Ինչպէս Յիսուս ըսաւ. «Եթէ աստուածներ կ'անուանէ զանոնք, որոնց Աստուծոյ խօսքը տրուեցաւ, (ու կարելի չէ որ այն գրուածը աւրուի,)» (Յովհաննու 10.35), այս գիրքը ընթերցողներուն ցոյց կու տայ այն կտրուկ ու կարճ ճամբան, որով անոնք մասնակից կը դառնան Աստուծոյ աստուածային բնութեան, եւ կը ստանան Աստուծոյ կողմէ խոստացուած բոլոր օրհնութիւնները:

 Հոգի, Շունչ, եւ Մարմին - Ա. Հատոր
Բովանդակութիւն


Նախաբան

Սկսիլ Ճամբորդութիւնը՝ Հոգիի, Շունչի, եւ Մարմնի մասին

## Առաջին Մաս - Մարմնին Կազմութիւնը

Գլուխ 1- Մարմնին Ըմբռնումը

Գլուխ 2 - Ստեղծագործութիւնը
1. Տարածութեան Ճաւալներու Խորհրդաւոր Բաժանումը
2. Մարմնաւոր Տարածութեան եւ Հոգեւ Տարածութեան Ճաւալներ
3. Հոգիով, Շունչով, եւ Մարմնով Մարդիկ

Գլուխ 3 – Մարդիկ՝ Ֆիզիքական Տարածութեան Ճաւալին մէջ
1. Կենդանութեան սերմը
2. Ի՞նչպէս Մարդը Կը Սկսի Գոյութիւն Ունենալ
3. Խիղճ
4. Մարմնին Գործերը
5. Մշակութիւն

## 2-րդ Մաս – Շունչին Կազմութիւնը
(Շունչին Գործելակերպը՝ Ֆիզիքական
 Տարածութեան Ծաւալին մէջ)

Գլուխ 1- Շունչին Կազմութիւնը
1. Շունչին Սահմանումը
2. Շունչին Զանազան Գործելակերպերը՝ Ֆիզիքական Տարածութեան Ծաւալին մէջ
3. Խաւար

Գլուխ 2 - Ինքնութիւն

Գլուխ 3 – Մարմնին Գործերը

Գլուխ 4 – Ապրող Հոգիին Մակարդակէն Անդին

## 3-րդ Մաս – Հոգիին Վերստացումը

Գլուխ 1 – Հոգի եւ Լման Հոգի

Գլուխ 2 – Աստուծոյ Նախնական Ծրագիրը

Գլուխ 3 – Ճշմարիտ Մարդ Արարած

Գլուխ 4 – Հոգեւոր Աշխարհի

Հոգի, Շունչ, Եւ Մարմին - Ա. Հատոր

# Մարմնին Կազմութիւնը

Ի՞նչ է Մարդուն ծագումը:

Մենք ուրկէ՞ եկած ենք եւ ո՞ւր կ'երթանք:

Վասն զի Դուն ստեղծեցիր իմ երիկամունքներս
Ու իմ մօրս որովայնին մէջ դո՛ւն զիս ծածկեցիր:
Կը գոհանամ Քեզմէ,
Որ ահաւոր ու զարմանալի կերպով ստեղծուեցայ:
Քու գործերդ զարմանալի են
Ու իմ անձս աղէկ գիտէ,
Իմ զօրութիւնս չծածկուեցաւ Քեզմէ,
Երբ գաղտուկ տեղը շինուեցայ.
Երկրի խորութիւններուն մէջ ճարտարութեամբ
կազմուեցայ:
Քու աչքերդ իմ անկատար կազմուածքս տեսան
Ու անդամներուս բոլորը քու գրքիդ մէջ գրուած էին,
Որոնք ժամանակին պիտի կազմուէին,
Երբ դեռ անոնցմէ մէկը չկար:
(Սաղմոս 139.13-16)

Գլուխ 1

# Մարմնին Ըմբռնումը

Մարդուն մարմինը որ ժամանակի անցումով կը վերադառնայ ափ մը հողի, այն բոլոր կերակուրները զոր մարդիկ կ'ուտեն, բոլոր բաները զոր մարդիկ կը տեսնեն, կը լսեն ու կը վայելեն, եւ ամէն բաները որ կ'ընեն – այս բոլորը օրինակներ են «մարմնի»:

Ի՞նչ է մարմինը:

Մարդիկ անպէտք են, այսինքն անոնք ոչ մէկ արժէք կ'ունենան՝ եթէ

մարմնի մէջ մնան:

Տիեզերքին մէջ բոլոր բաները տարածութեան տարբեր ծաւալներ ունին:

Տարածութեան աւելի բարձր ծաւալները կը տիրապետեն եւ կը սանձեն

տարածութեան աւելի ցած ծաւալները:

Մարդկային բովանդակ պատմութեան ընթացքին մարդիկ փնտռած են գտնել պատասխանը հետեւեալ հարցումին թէ՝ «Ի՞նչ է մարդը»: Այդ հարցումին պատասխանը մեզի պատասխաններ պիտի հայթայթէ ուրիշ հարցումներու ալ նոյնպէս, ինչպէս՝ «Մենք ի՞նչ նպատակով կ՚ապրինք» եւ թէ՝ «Ի՞նչպէս պէտք է ապրինք մեր կեանքերը»: Եղած են ընդարձակ սերտողութիւններ, գիտական հետազօտութիւններ, եւ խորհրդածութիւններ՝ փիլիսոփայական եւ կրօնական աշխարհներու մէջ, բայց եւ այնպէս, դիւրին չէ յստակ եւ հակիրճ պատասխան մը գտնել:

Այսուհանդերձ, աւելի հեռու երթալով, մարդիկ կրկին անգամներ եւ շարունակ կը փորձեն պատասխանը գտնել այն հարցումներուն թէ՝ «Ի՞նչպիսի արարած մըն է մարդը» եւ թէ՝ «Ես ո՞վ եմ»: Այսպիսի հարցումներ կը հարցուին, որովհետեւ այս հարցումներուն պատասխանը կրնայ աղէկ կերպով դառնալ բանալին՝ մարդկային գոյութեան հիմնական խնդիրները լուծելու հարցին մէջ: Այս աշխարհի սերտողութիւնները չեն կրնար յստակ պատասխան մը տալ այսպիսի հարցումներու, սակայն Աստուած կրնայ այդ բանը ընել: Աստուած Ի՛նքը ստեղծեց տիեզերքը եւ տիեզերքին մէջ գտնուող բոլոր բաները, նաեւ Ի՛նքը ստեղծեց մարդը: Ուրեմն, Աստուծոյ պատասխանը ճիշդ պատասխանն է: Մենք այսպիսի հարցումներու մասին կրնանք թել ուղեցոյց մը գտնել Սուրբ Գիրքին մէջ, որ Աստուծոյ Խօսքն է:

Յաճախ տեսաբաններ մարդ արարածը կազմող մասերը կը դասակարգեն երկու բաժիններով՝ մարդուն «Հոգին» եւ անոր «մարմինը»։ Մտային երեւոյթները կազմող մասը կը դասակարգուի որպէս «Հոգի», իսկ այն մասը որ կազմուած է տեսանելի, ֆիզիքական երեւոյթներով, կը կոչուի «մարմին»։ Ամէն պարագայի, Աստուածաշունչը մարդուն կազմութիւնը կը դասակարգէ երեք բաժիններու մէջ՝ Հոգի, շունչ, եւ մարմին։

Ա. Թեսաղոնիկեցիս 5.23-ի մէջ կը կարդանք. «Եւ Ինքը՝ խաղաղութեան Աստուածը՝ ձեզ բոլորովին սուրբ ընէ ու ձեր բոլոր Հոգին եւ շունչը ու մարմինը անարատ պահուի մինչեւ մեր Տէր Յիսուս Քրիստոսի գալու ատենը»։

Հոգին եւ շունչը միեւնոյն բաները չեն։ Ոչ թէ պարզապէս անունները միայն տարբեր են, այլ նաեւ անոնք իրենց էութեան մէջ իսկ կը տարբերին իրարմէ։ Կարենալ հասկնալու համար թէ ի՛նչ է «մարդը», մենք պէտք է սերտենք թէ ի՛նչ է մարմինը, շունչը, եւ Հոգին։

## Ի՞նչ է Մարմինը։

Թող որ սկիզբը նկատի առնենք «մարմին» բառին բառագիրքի սահմանումը։ Մէրրիամ-Ուէպսթըր Բառարանը կ՚ըսէ թէ մարմինը կ՚ընդգրկէ «կենդանիի մը մարմնին կակուղ մասերը, մասնաւորաբար ողնայարաւորի մը, եւ յատկապէս այն մասերը՝ որոնք մեծ մասամբ կազմուած են կմախային մկաններէ, զանազանուելով ներքին գործարաններէն, ոսկորէն, եւ մաշկէն»։ Անիկա նաեւ կրնայ ակնարկել կենդանիի մը ուտելի մասերուն։ Այսուհանդերձ, կարենալ հասկնալու համար թէ Սուրբ Գրային տեսակէտով ի՛նչ բանի կ՚ակնարկէ «մարմինը», մենք պէտք է հասկնանք անոր Հոգեւոր իմաստը, բառարանային սահմանումին փոխարէն։

Աստուածաշունչը յաճախակի կերպով կ՚օգտագործէ «միս» եւ «մարմին» բառերը։ Ամենաշատ օգտագործուած պարագաներու մէջ՝ անոնք հոգեւոր իմաստ կը կրեն։ Հոգեւորապէս, մարմինը ընդհանուր անուանումն է այն բաներուն որոնք կը փճանան, կը փոխուին, եւ ժամանակի անցումով ի վերջոյ կ՚անհետանան։ Նաեւ, մարմինը կ՚ակնարկէ այն բաներուն՝ որոնք աղտոտ եւ անմաքուր են։ Ծառերը, որոնք կանանչ տերեւներ ունին, օրին մէկը պիտի չորնան ու մեռնին. նաեւ, անոնք ունին ճիւղեր եւ կոճղեր, որոնք կրնան կրակ վառելու փայտեր դառնալ։ Ժամանակի ընթացքին՝ ծառերը, բոյսերը, եւ բնութեան մէջի բոլոր բաները կը փճանան, կ՚աւրուին ու կ՚անհետանան։ Ուրեմն, անոնք բոլորն ալ մարմին են։

Ի՞նչ է պարագան մարդուն, որ բոլոր արարածներուն տէրն է։ Աշխարհի մէջ այսօր մենք ունինք մօտաւորապէս 7 երկիլիոն ժողովուրդ։ Նոյնիսկ այս վայրկեանին շարունակ մանուկներ կը ծնին Երկրի վրայ տեղ մը, իսկ ուրիշ տեղ մը մարդիկ շարունակ կը մեռնին։ Երբ անոնք մեռնին, իրենց մարմինները կը վերադառնան ափ մը հողի, եւ անոնք ալ նոյնպէս մարմին են։ Աւելին, կերակուրը որ կ՚ուտուի, լեզուները որ կը խօսուին, այբուբենները որ խորհուրդներ կ՚արձանագրեն, եւ գիտական ու արուեստագիտական քաղաքակրթութիւնները, որոնք անհրաժեշտ են մարդոց համար, բոլորն ալ նոյնպէս մարմին են։ Ժամանակի ընթացքին անոնք կը փճանան, կը փոխուին, եւ կ՚անհետանան։ Ուրեմն, ամէն բան որ երկրի վրայ կը գտնուի, որ կը տեսնենք, եւ տիեզերքին մէջի բոլոր բաները որ գիտենք, «մարմին» են։

Մարդիկ, որոնք հեռացած են Աստուծմէ, մարմնաւոր արարածներ են։ Ինչ որ անոնք կ՚ընեն, նոյնպէս «մարմին» է։ Արդեօք ի՞նչ կը հետապնդեն եւ կամ ի՞նչ կը փնտռեն մարմնաւոր մարդիկը։ Անոնք միայն մարմնի ցանկութեան, աչքերու ցանկութեան, եւ այս կեանքին ամբարտաւանութեան ետեւէն կ՚երթան: Նոյնիսկ այն քաղաքակրթութիւնները զոր ժողովուրդներ յառաջ բերած են, մարդոց հինգ զգայարանքները գոհացնելու համար են: Անոնք հաճոյք փնտռելու եւ իրենց մարմնաւոր ցանկութիւններն ու փափաքները իրագործելու համար են: Ժամանակի անցումով, մարդիկ երթալով աւելի եւս ցանկասէր եւ գրգռիչ բաներ փնտռած են: Որքան աւելի յառաջանայ քաղաքակրթութիւնը, այնքան աւելի ցանկասէր եւ կաշառակեր կը դառնան մարդիկ:

Մինչ գոյութիւն ունի տեսանելի «մարմին» մը, կայ նաեւ անտեսանելի «մարմին» մը: Աստուածաշունչը կ՚ըսէ թէ ատելութիւնը, վիճաբանութիւնը, նախանձը, մարդասպանութիւնը, շնութիւնը եւ բոլոր այն բնութիւնները որոնք կապ ունին մեղքի հետ՝ մարմին են: Ճիշդ ինչպէս որ գոյութիւն ունին ծաղիկներուն, օդին եւ հովին բոյրերը, եւ սակայն անոնք անտեսանելի են, նոյնպէս մարդոց սրտերուն մէջ եւս կան անտեսանելի մեղսալից բնութիւններ: Այս բոլորը նոյնպէս «մարմին» են: Ուրեմն, մարմինը ընդհանուր անուանումն է տիեզերքի մէջ գտնուող բոլոր այն բաներուն՝ որոնք ժամանակի ընթացքին կը փճանան ու կը փոխուին, նաեւ բոլոր անիրաւութիւններուն, ինչպէս՝ մեղքերու, չարութեան, անարդարութեան, եւ անօրէնութեան:

Հռովմայեցիս 8.8 կ՚ըսէ. «Վասն զի մարմնով եղողները չեն կրնար Աստուծոյ հաճոյ ըլլալ»: Այս համարին մէջ, եթէ «մարմինը» պարզապէս միայն մարդուն ֆիզիքական մարմնին ակնարկէր, այդ կը նշանակէ թէ ոչ մէկ մարդ արարած կրնար երբեւիցէ հաճեցնել զԱստուած: Ուրեմն, անիկա ուրիշ իմաստ պէտք է ունենայ:

Նաեւ, Յովհաննու 3.6-ի մէջ Յիսուս ըսաւ. «Մարմինէն ծնածը մարմին է ու Հոգիէն ծնածը հոգի է», եւ Յովհաննու 6.64-ի մէջ, որ կ՚ըսէ. «Հոգին է կենդանի ընողը, մարմինը շահ մը չ՚ըներ: Այն խօսքերը որոնք ես ձեզի կը խօսիմ, Հոգի ու կեանք են»: Հոս, «մարմինը» նաեւ կ՚ակնարկէ այն բաներուն՝ որոնք կը փճանան ու կը փոխուին, եւ այդ է պատճառը թէ ինչու Յիսուս ըսաւ որ մարմինը շահ մը չ՚ըներ:

## Մարդիկ Անարժէք Կը Դառնան՝ Եթէ Անոնք Մարմնի մէջ Մնան

Անասուններէն բոլորովին տարբեր, մարդիկ կը փնտռեն որոշ արժէքներ, հիմնուելով իրենց զգացումներուն եւ խորհուրդներուն վրայ: Սակայն այս արժէքները յաւիտենական չեն, եւ ուրեմն անոնք բոլորն ալ նոյնպէս մարմին են: Այն բաները զոր մարդիկ արժէքաւոր կը սեպեն, ինչպէս՝ հարստութիւն, համբաւ, եւ գիտութիւն, նոյնպէս անիմաստ բաներ են, որոնք շուտով պիտի փճանան: Իսկ ի՞նչ կրնանք ըսել «սէր» կոչուած զգացումին մասին: Երբ երկու անձեր կը ժամադրուին եւ կը հանդիպին իրարու, անոնք թերեւս կրնան ըսել թէ իրենք չեն կրնար ապրիլ առանց իրար հետ ըլլալու: Սակայն այս զոյգերէն շատերը ամուսնանալէ ետք կը փոխեն իրենց միտքը: Անոնք շուտով բարկութեան կը գրգռուին ու յուսախափ կ՚ըլլան, եւ նոյնիսկ կրնան վայրագ դառնալ պարզապէս որովհետեւ կայ բան մը՝ որ չեն հաւնիր: Զգացումներուն մէջ բոլոր այս փոփոխութիւնները նոյնպէս մարմին են: Եթէ մարդիկ շարունակեն մարմնի մէջ մնալ, այդ պարագային անոնք այդքան ալ չեն տարբերիր անասուններէ կամ բոյսերէ: Աստուծոյ տեսանկիւնէն, այս բոլոր բաները պարզապէս մարմին են, որոնք պիտի փճանան եւ անհետանան:

Ա. Պետրոս 1.24 կ՚ըսէ. «Վասն զի ամէն մարմին խոտի պէս է եւ մարդուն բոլոր փառաւորութիւնը՝ խոտի ծաղիկի պէս. խոտը կը չորնայ ու անոր ծաղիկը կը թափթփի», եւ Յակոբու 4.14 կ՚ըսէ. «(Դուք ոչինչ գիտէք վաղուան մասին, քանզի ի՞նչ է ձեր կեանքը. յիրաւի շոգի մըն է, որ քիչ մը ատեն կ՛երեւնայ ու ետքը կ՛ոչնչանայ)»:

Մարմինը եւ մարդոց ամէն խորհուրդները բոլորն ալ անիմաստ են, որովհետեւ մարդիկ հեռացած են Աստուծոյ խօսքէն եւ Աստուծմէ, որ Հոգի է: Սողոմոն թագաւոր ամէն տեսակի պատիւ եւ փառք վայելեց, ամէն ինչ որ մարդ կրնայ վայելել այս աշխարհին մէջ, բայց յետոյ անիկա անդրադարձաւ մարմնին անհեթեթութեան վրայ եւ ըսաւ. «Ունայնութի՜ւն ունայնութեանց, ըսաւ Ժողովողը, ունայնութի՜ւն ունայնութեանց, ամէն բան ունայնութիւն է: Ի՞նչ օգուտ կ՛ունենայ մարդ արեւուն տակ քաշած բոլոր աշխատանքէն» (Գիրք Ժողովողի 1.2-3):

## Տիեզերքին մէջ Ամէն Բաները Տարածութեան Տարբեր Ծաւալներ Ունին

Բնագիտութեան կամ ուսողութեան մէջ տարածութեան ծաւալը կը ճշդուի երեք հաւասար համակարգերէն մէկուն միջոցաւ, որը կը սահմանէ դիրք մը՝ անջրպետին մէջ: Գիծին վրայ կէտ մը ունի մէկ համակարգ, եւ անիկա մէկ ծաւալային տարածութիւն է: Նոյնպէս, տափարակ հարթոցի մը վրայ կէտ մը ունի երկու հաւասար համակարգեր, եւ անիկա ծաւալային երկու տարածութիւն է: Նոյն ձեւով, անջրպետին մէջ կէտ մը ունի երեք հաւասար համակարգեր, եւ անիկա երեք ծաւալային տարածութիւն է:

Բնագիտական առումով, այն տարածութիւնը՝ որուն մէջ կ՛ապրինք, երեք ծաւալային աշխարհ է: Բնագիտութեան աւելի խորունկ մասին մէջ անոնք ժամանակը կը նկատեն որպէս տարածութեան չորրորդ ծաւալը: Այս է գիտութեան մէջ տարածութեան ծաւալի մասին հասկացողութիւնը:

Սակայն հոգիի, շունչի, եւ մարմնի տեսանկիւնէն,

տարածութեան ծաւալը սովորաբար կրնայ բաժնուիլ ֆիզիքական եւ Հոգեւոր տարածութեան ծաւալներու միջեւ: Դարձեալ, ֆիզիքական տարածութեան ծաւալը կը դասակարգուի «ոչ-ծաւալային տարածութենէն» մինչեւ «երրորդ ծաւալային տարածութիւնը»: Առաջին, «ոչ-ծաւալային տարածութիւն» անուանումը կ՛ակնարկէ այն բաներուն որոնք կեանք չունին: Քարերը, Հողը, ջուրը, եւ մետաղները կը պատկանին այս դասակարգին: Իսկ բոլոր ապրող էակները կը պատկանին առաջին, երկրորդ, կամ երրորդ տարածութեան ծաւալներու դասակարգերուն:

Տարածութեան առաջին ծաւալը կ՛ակնարկէ այն բաներուն որոնք կեանք ունին ու կը շնչեն, սակայն չեն կրնար ասդին-անդին շարժիլ, այսինքն անոնք գործնական դիւրաշարժութիւն չունին: Տարածութեան այս ծաւալը կը պարփակէ ծաղիկները, խոտերը, ծառերը, եւ ուրիշ բոյսեր: Անոնք մարմին ունին, սակայն շունչ եւ Հոգի չունին:

Տարածութեան երկրորդ ծաւալը կը պարունակէ ապրող էակներ՝ որոնք կը շնչեն, կը շարժին, եւ ունին թէ՛ մարմին եւ թէ՛ շունչ: Անոնք անասուններ են, ինչպէս՝ առիւծներ, կովեր, եւ ոչխարներ. անոնք թռչունները, ձուկերը եւ միջատներն են: Շուները կրնան ճանչնալ իրենց տէրերը եւ կամ կը Հաչեն օտարներու վրայ, որովՀետեւ անոնք շունչ ունին:

Տարածութեան երրորդ ծաւալը կը պարունակէ այն բաները՝ որոնք կը շնչեն, կը շարժին, եւ ունին շունչ ու Հոգի՝ իրենց տեսանելի մարմիններուն մէջ: Այդ կ՛ակնարկէ մարդ արարածներուն, որոնք կը տիրեն ապրող բոլոր էակներուն վրայ: Անասուններէն բոլորովին տարբեր, մարդիկ ունին նաեւ Հոգի մը: Անոնք կրնան մտածել եւ զԱստուած փնտռել, եւ կրնան հաւատալ Աստուծոյ:

Կայ նաեւ տարածութեան չորրորդ ծաւալը, որ անտեսանելի է մեր աչքերուն: Ասիկա Հոգեւոր տարածութեան ծաւալն է: Աստուած, որ Հոգի է, երկնային զօրքը եւ հրեշտակները, ինչպէս նաեւ քերովբէները՝ կը պատկանին Հոգեւոր տարածութեան այս ծաւալին:

Տարածութեան Աւելի Բարձր Ծաւալները Կը Հնազանդեցնեն եւ Իշխանութիւն Կը Հրահանգեն Տարածութեան Աւելի Ցած Ծաւալներուն վրայ

Տարածութեան երկրորդ ծաւալի էակները կրնան ենթարկել տալ եւ իշխանութիւն հրահանգել տարածութեան առաջին կամ աւելի ցած ծաւալի էակներու վրայ: Տարածութեան երրորդ ծաւալի էակները կրնան իշխանութիւն հրահանգել երկրորդ կամ աւելի ցած տարածութեան ծաւալի էակներու վրայ: Տարածութեան աւելի ցած ծաւալի էակները չեն կրնար հասկնալ իրենցմէ աւելի բարձր եղող տարածութեան ծաւալները: Առաջին տարածութեան ծաւալի ապրող կերպարանքները չեն կրնար հասկնալ երկրորդ տարածութեան ծաւալը, ինչպէս նաեւ երկրորդ տարածութեան ծաւալի ապրող կերպարանքները չեն կրնար հասկնալ տարածութեան երրորդ ծաւալը: Օրինակի համար, ենթադրենք որ անձ մը որոշ տեսակի սերմ մը կը ցանէ գետինը, կը ջրէ զայն, եւ հոգ կը տանի անոր: Երբ սերմը կը սկսի ծաղկիլ, անիկա կ՛աճի որպէս ծառ, եւ պտուղ կու տայ: Այդ սերմը չի հասկնար թէ մարդը ի՛նչ ըրած է իրեն: Նոյնիսկ երբ որդերը մարդոց կողմէ կը կոխկռտուին ու կը մեռնին, անոնք չեն գիտնար պատճառը: Տարածութեան աւելի բարձր ծաւալները կրնան հնազանդեցնել եւ իշխել տարածութեան աւելի ցած ծաւալի էակներու վրայ, բայց ընդհանուր առմամբ խօսելով, աւելի ցած տարածութեան ծաւալները ուրիշ ընտրութիւն չունին՝ բացի ենթարկուելու տարածութեան աւելի բարձր ծաւալներուն:

Նոյն ձեւով, մարդ արարածները (որոնք երրորդ տարածութեան ծաւալի էակներ են), չեն կրնար հասկնալ հոգեւոր աշխարհը, որ կը պատկանի չորրորդ տարածութեան ծաւալի աշխարհին: Ուստի, մարմնաւոր մարդիկ իրապէս չեն կրնար ընել բան մը՝ որ կը վերաբերի դեւերու կողմէ հպատակեցուելու եւ իշխուելու: Բայց եթէ ձերբազատուինք մարմնաւոր բաներէն եւ հոգիի մարդիկ դառնանք, այն ատեն մենք կրնանք մտնել տարածութեան չորրորդ ծաւալի աշխարհը: Այն ատեն մենք կրնանք հպատակեցնել եւ պարտութեան ենթարկել չար ոգիները:

Աստուած, որ հոգի է, կ՛ուզէ որ Իր զաւակները հասկնան տարածութեան չորրորդ ծաւալի աշխարհը: Այս ձեւով անոնք կրնան հասկնալ Աստուծոյ կամքը, հնազանդիլ Իրեն, եւ կեանք վաստկիլ: Ծննդոց առաջին գլխուն մէջ, բարիի ու չարի գիտութեան ծառէն ուտելէն առաջ, Ադամ կը հպատակեցնէր եւ կը տիրէր բոլոր բաներուն վրայ: Ժամանակ մը, Ադամ ապրող հոգի մըն էր եւ կը պատկանէր տարածութեան չորրորդ ծաւալին: Սակայն մեղանչելէ ետք, Ադամի հոգին մեռաւ: Ոչ միայն ինքնին Ադամը, այլ նաեւ իրեն յաջորդող բոլոր սերունդները հիմա սկսան պատկանիլ տարածութեան երրորդ ծաւալին: Ուրեմն, թող որ նկատի առնենք թէ ինչպէս մարդիկ, որոնք Աստուծոյ կողմէ ստեղծուած էին, ինկան երրորդ ծաւալի տարածութեան մէջ, եւ թէ անոնք ինչպէս կրնան դարձեալ երթալ դէպի չորրորդ տարածութեան ծաւալի աշխարհը...

Գլուխ 2

# Ստեղծագործութիւնը

Աստուած՝ Ստեղծիչը, հիանալի ծրագիր մը յղացաւ մարդկային մշակումին համար: Անիկա Աստուծոյ անջրպետի տարածութեան միջոցը բաժնեց ֆիզիքական եւ հոգեւոր տարծութիւններու միջեւ եւ ստեղծեց երկինքն ու երկիրը, ինչպէս նաեւ անոնց մէջ գտնուող բոլոր բաները:

1. Տարածութեան Ծաւալներու Խորհրդաւոր Բաժանումը

2. Մարմնաւոր Տարածութեան եւ Հոգեւոր Տարածութեան Ծաւալներ

3. Հոգեւոր, Ծնչաւոր, եւ Մարմնաւոր Մարդիկ

Գոյութեան դարաշրջաններէն առաջ, Աստուած առանձինը գոյութիւն ունէր տիեզերքին մէջ: Անիկա գոյութիւն ունէր որպէս Լոյսը, եւ տիեզերքի տարածութեան ընդարձակ ծաւալներուն մէջ ամբողջութեամբ կը տիրէր ամէն բանի վրայ որ կը շարժէր: Ա. Յովհաննու 1.5-ի մէջ գրուած է թէ Աստուած Լոյս է: Ատիկա հիմնականօրէն կ՛ակնարկէ հոգեւոր լոյսին, սակայն նաեւ կ՛ակնարկէ Աստուծոյ, որ սկիզբէն գոյութիւն ունէր որպէս Լոյսը:

Ոչ մէկը ծնունդ տուաւ Աստուծոյ: Աստուած կատարեալ էակն է որ Ինքնիրեն առանձինը գոյութիւն ունէր: Ուրեմն, մենք պէտք չէ փորձենք Զինք հասկնալ մեր սահմանափակ զօրութեամբ ու գիտութեամբ: Յովհաննու 1.1-ը կը բովանդակէ «սկիզբի» գաղտնիքը: Ան կ՛ըսէ. «Սկիզբէն էր Բանը»: Այս է բացատրութիւնը Աստուծոյ կերպարանքին նկատմամբ, ունենալով Բանը կամ Խօսքը՝ խորհրդաւոր ու ամենագեղեցիկ լոյսերով, եւ տիեզերքի մէջ իշխելով տարածութեան բոլոր ծաւալներուն վրայ:

Հոս, «սկիզբէն» ըսելով կ՛ակնարկէ յաւիտենականութենէն առաջ որոշ կէտի մը, այնպիսի կէտ մը՝ զոր մարդիկ չեն կրնար երեւակայել: Ասիկա նոյնիսկ աւելի առաջ էր քան Ծննդոց 1.1-ի «սկիզբէն»ը, որը ստեղծագործութեան սկիզբն է: Ուրեմն, ի՞նչ տեսակի բաներ պատահեցան նախքան աշխարհի ստեղծագործութիւնը:

## 1. Տարածութեան Ծաւալներու Խորհրդաւոր Բաժանումը

Հոգեւոր աշխարհը շատ հեռու տեղ մը չէ: Տեսանելի երկնակամարին տարբեր մասերուն մէջ կան մուտքի դռներ, որոնք կապուած են հոգեւոր աշխարհին հետ:

Երկար ժամանակ անցնելէ ետք, Աստուած ուզեց մէկը՝ որուն հետ Ան կրնար Իր սէրը բաժնեկցիլ, ինչպէս նաեւ բոլոր միւս բաները: Աստուած միաժամանակ թէ՛ աստուածութիւն եւ թէ՛ մարդկայնութիւն ունի, եւ այդ իսկ պատճառով Ան ամէն բան որ ունի՝ ուզեց բաժնեկցիլ մէկու մը հետ, փոխանակ մինակ առանձինը վայելելու այդ բոլորը: Սնուցանելով այս գաղափարը Իր մտքին մէջ, Աստուած յղացաւ մարդկային մշակումի ծրագիրը: Անիկա ծրագրեց ստեղծել մարդիկ, զանոնք օրհնել՝ որպէսզի անոնք թիւով շատնան ու բազմապատկուին, շահին անհամար թիւով հոգիներ՝ որոնք նմանին Աստուծոյ, եւ յետոյ զանոնք հաւաքել երկինքի թագաւորութեան մէջ: Ճիշդ ինչպէս որ հողագործը բերքը կը մշակէ, կը հաւաքէ, եւ յետոյ հունձքը քաղելով՝ զայն կը դնէ մթերանոցին մէջ:

Աստուած գիտէր որ պէտք էր գոյութիւն ունենար հոգեւոր տարածութեան ծաւալ մը, ուր Ինք պիտի բնակէր, ինչպէս նաեւ ֆիզիքական տարածութեան ծաւալ մը, ուր պիտի կատարուէր մարդկային մշակումը: Աստուած այդ ընդարձակ տիեզերքը բաժնեց հոգեւոր եւ ֆիզիքական աշխարհներու միջեւ: Այդ կէտէն սկսեալ, Աստուած սկսաւ գոյութիւն ունենալ որպէս Աստուած՝ Երրորդութիւնը, դառնալով Աստուած՝ Հայրը, Աստուած՝ Որդին, եւ Աստուած՝ Սուրբ Հոգին: Որպէսզի ապագային կարելի ըլլար գործադրուիլ մարդկային մշակումը, պէտք պիտի ըլլային Յիսուս Փրկիչը եւ Օգնականը՝ Սուրբ Հոգին:

Յայտնութիւն Յովհաննու 22.13-ը կ՛ըսէ. «Ես եմ Ալֆան եւ Օմէղան, Առաջինը ու Վերջինը, Սկիզբը եւ Վախճանը»: Ասիկա արժանագրութիւն մըն է Աստուծոյ՝ այսինքն Երրորդութեան մասին: «Ալֆան եւ Օմէղան» կ՛ակնարկէ Հայր Աստուծոյ, որ բոլոր գիտութիւններու եւ մարդ արարածներու քաղաքակրթութեան սկիզբն ու վախճանն է: «Առաջինը ու Վերջինը» ըսելով կ՛ակնարկէ Աստուծոյ Որդիին՝ այսինքն Յիսուսի, որ մարդկային փրկութեան առաջինն ու վերջինն է: «Սկիզբն ու Վախճանը» ըսելով կ՛ակնարկէ Սուրբ Հոգիին, որ մարդկային մշակումի սկիզբը եւ վախճանն է:

Յիսուս Քրիստոս, այսինք Որդին, կը կատարէ Փրկիչին պարտականութիւնը: Սուրբ Հոգին կը վկայէ Փրկիչին մասին՝ որպէս Օգնականը, եւ կը կատարելագործէ մարդկային փրկութիւնը: Աստուածաշունչը Սուրբ Հոգիին մասին կ՛արտայայտուի զանազան ձեւերով, Զայն բաղդատելով աղաւնիի կամ կրակի հետ. նաեւ Անոր կ՛ակնարկուի որպէս «Աստուծոյ Որդիին Հոգին»: Գաղատացիս 4.6 կ՛ըսէ. «Որովհետեւ դուք որդիներ էք, Աստուած Իր Որդիին Հոգին ձեր սրտերուն մէջ ղրկեց, որ կ՛աղաղակէ ՛Աբբա Հայր՛»: Նաեւ, Յովհաննու 15:26 կ՛ըսէ. «Բայց երբ Մխիթարիչը գայ, որ ես Հօրմէն ձեզի պիտի ղրկեմ, Ճշմարտութեան Հոգին՝ որ Հօրմէն կ՛ելլէ, Անիկա Ինծի համար պիտի վկայէ»:

Աստուած՝ Հայրը, Որդին, եւ Սուրբ Հոգին ստանձնեցին մասնայատուկ կերպեր, որպէսզի կատարելագործեն մարդկային մշակումի նախասահմանութիւնը, եւ այդ բոլոր ծրագիրները քննարկեցին իրարու հետ: Ասիկա նկարագրուած է ստեղծագործութեան մասին յիշուած արձանագրութիւններուն մէջ, որ կը գտնուի Ծննդոց Գիրքի առաջին գլխուն մէջ:

Երբ Ծննդոց 1:26 կ՛ըսէ. Աստուած ըսաւ. «Մեր պատկերին ու նմանութեանը պէս մարդ ընենք», այս չի նշանակեր թէ մարդիկ Աստուծոյ (այսինքն Հօրը, Որդիին, եւ Սուրբ Հոգիին) արտաքին պատկերովը միայն ստեղծուած են: Այդ կը նշանակէ հոգին (որ մարդոց հաստատութեան հիմն է), տրուած է Աստուծոյ կողմէ, եւ այս հոգին ունի սուրբ Աստուծոյ նմանութիւնը:

## Ֆիզիքական Աշխարհ եւ Հոգեւոր Աշխարհ

Երբ Աստուած առանձինը գոյութիւն ունէր, Ան պէտք չունէր զատորոշելու ֆիզիքական աշխարհի մը եւ հոգեւոր աշխարհի մը միջեւ։ Բայց մարդկային մշակումին համար անհրաժեշտ էր ֆիզիքական աշխարհ մը, ուր պէտք էր մարդ արարածները ապրէին։ Այս պատճառով է որ Աստուած ֆիզիքական աշխարհը բաժնեց հոգեւոր աշխարհէն։

Բայց ֆիզիքական եւ հոգեւոր աշխարհը իրարմէ բաժնելը չի նշանակեր որ անիկա բաժնուեցաւ բոլորովին երկու տարբեր տարածութեան ծաւալներու միջեւ, ինչպէս որ մենք բան մը կը կիսենք՝ զայն երկու մասի բաժնելով։ Օրինակի համար, ենթադրենք որ սենեակի մը մէջ կան երկու տեսակի կազեր։ Մենք որոշ քիմիական նիւթ մը կ՚աւելցնենք՝ որպէսզի այդ կազերէն մէկը կարմիր երեւնայ, եւ այսպիսով կարելի կ՚ըլլայ զանիկա զատորոշել միւս կազէն։ Հակառակ որ այս երկու կազերը կրնան սենեակին մէջ ներկայ ըլլալ, այսուհանդերձ, մեր աչքերը միայն կարմիր երեւցող կազը կը տեսնեն։ Հակառակ որ միւս կազը մեր ֆիզիքական աչքերով չտեսնուիր, բայց անիկա անշուշտ նոյնպէս հոն ներկայ է։

Նմանապէս, Աստուած այդ ընդարձակ հոգեւոր տարածութիւնը բաժնեց տեսանելի ֆիզիքական աշխարհին եւ անտեսանելի հոգեւոր աշխարհին միջեւ։ Անշուշտ, ֆիզիքական եւ հոգեւոր աշխարհները այդ օրինակին մէջի երկու տեսակի կազերուն պէս չէ որ գոյութիւն ունին։ Անոնք այնպէս մը կ՚երեւնան՝ որպէս թէ անջատուած են իրարմէ, բայց եւ այնպէս, անոնք կը միջահատեն ու կը ծածկեն զիրար։ Եւ մինչ անոնք այնպէս մը կ՚երեւնան՝ որպէս թէ կը ծածկեն զիրար, միեւնոյն ատեն անոնք իրարմէ անջատ են։

Որպէս ապացոյց, որ ֆիզիքական աշխարհը եւ հոգեւոր աշխարհը իրարմէ անջատ եւ խորհրդաւոր ձեւով գոյութիւն ունին,

Աստուած տիեզերքի զանազան տարբեր վայրերու մէջ դրած է որոշ մուտքեր կամ մուտքի դռներ, այսինքն անցքեր՝ որոնք կը տանին դէպի հոգեւոր աշխարհը: Հոգեւոր աշխարհը շատ հեռու տեղ մը չէ: Այս տեսանելի երկնակամարին զանազան վայրերուն մէջ կան մուտքի դռներ, որոնք կը տանին դէպի հոգեւոր աշխարհը: Եթէ Աստուած մեր հոգեւոր աչքերը բանալու ըլլար, որոշ պարագաներու մէջ մենք պիտի կարենայինք հոգեւոր աշխարհը տեսնել այդ անցքերուն կամ մուտքերուն միջոցաւ:

Երբ Ստեփանոս Հոգիով լեցուած էր՝ տեսաւ Յիսուսը որ Աստուծոյ աջ կողմը կեցած էր: Պատճառը այն էր՝ որովհետեւ թէ՛ իր հոգեւոր աչքերը բացուած էին եւ թէ՛ ալ հոգեւոր աշխարհ տանող մուտքի դուռ մը բացուած էր (Գործք Առաքելոց 7.55-56):

Եղիա մարգարէն ողջ վիճակով Երկինք վերցուեցաւ: Յարութիւն առած մեր Տէր Յիսուսը Երկինք համբարձաւ: Մովսէս եւ Եղիա երեւցան Այլակերպութեան լերան վրայ: Մենք կրնանք հասկնալ թէ ինչպէս այս երեւոյթները իսկական դէպքեր են որ իրապէս պատահած են՝ եթէ միայն կարենանք ընդունիլ այն իրողութիւնը՝ թէ գոյութիւն ունին մուտքի դռներ կամ անցքեր, որոնք կը տանին դէպի հոգեւոր աշխարհը:

Տիեզերքը աներեւութօրէն ընդարձակ է, եւ հաւանաբար ծաւալով անսահման: Երկրէն տեսանելի շրջանը (նշմարելի տիեզերքը) ոլորտ մըն է՝ մօտ 46 երկիլիոն լոյսի տարիներու ճաճանչով: Եթէ հոգեւոր աշխարհը գոյութիւն ունենայ ֆիզիքական տիեզերքի վերջաւորութենէն ետք, այն ատեն տիեզերքի նոյնիսկ ամենէն արագընթաց սաւառնակին իսկ իրապէս ժամանակի անսահմանօրէն հսկայ տեւողութիւն պիտի առնէ հասնելու դէպի հոգեւոր աշխարհը: Նաեւ, արդեօք կրնա՞ս երեւակայել հեռաւորութեան այն հսկայ տարածութեան միջոցը, զոր հրեշտակները պէտք է ճամբորդեն, որպէսզի կարենան փոխադրուիլ հոգեւոր եւ ֆիզիքական աշխարհներու միջեւ: Ամէն պարագայի, այս մուտքի դռներուն կամ անցքերուն գոյութեամբը, որոնք կը տանին դէպի հոգեւոր աշխարհը, որ կրնայ բացուիլ ու գոցուիլ, մէկը կրնայ ա՜յնքան դիւրիւթեամբ ճամբորդել հոգեւոր եւ ֆիզիքական աշխարհներու միջեւ, որպէս թէ անիկա դրան մը մէջէն անցնելով քալելու ըլլար:

## Աստուած Չորս Երկինքները Շինեց

Տիեզերքը բաժնելէ ետք հոգեւոր եւ ֆիզիքական աշխարհներու միջեւ, Աստուած աւելի եւս երկինքներու բաժնեց զանոնք՝ պէտքերուն համաձայն: Աստուածաշունչը կը նշէ թէ ոչ թէ պարզապէս միայն մէկ երկինք կայ, այլ կան շատ մը երկինքներ: Իրողութեան մէջ, անիկա մեզի կ՛ըսէ թէ կան շատ ուրիշ երկինքներ՝ այն մէկէն զատ զոր մենք կը տեսնենք մեր ֆիզիքական աչքերով:

Բ. Օրինաց 10.14-ի մէջ կը կարդանք. «Ահա երկինք ու երկինքներուն երկինքը, նաեւ երկիրը ու բոլոր անոր մէջ եղածը քու Տէր Աստուծոյդ կը վերաբերին» եւ Սաղմոս 68.33-ի մէջ կը կարդանք. «Անոր՝ որ յաւիտեանս յաւիտենից երկինքներուն վրայ կը նստի, ահա Անիկա ձայն կու տայ Իր զօրաւոր ձայնովը»: Եւ Սողոմոն Թագաւոր Գ. Թագաւորաց 8.27-ի մէջ ըսաւ. «Բայց միթէ Աստուած իրաւցընէ երկրի վրայ պիտի բնակի՞: Ահա երկինք ու երկինքներու երկինքը Քեզ չեն կրնար պարունակել. ո՜ւր կը մնայ այս իմ շինած տունս»:

Աստուած «երկինք» բառը գործածեց բացայայտելու համար հոգեւոր աշխարհը, որպէսզի մենք կարենանք աւելի դիւրիւթեամբ հասկնալ հոգեւոր աշխարհին պատկանող տարածութեան միջոցները: Ընդհանրապէս «երկինքը» կը դասակարգուի չորս երկինքներու միջեւ: Ֆիզիքական այդ բովանդակ տարածութիւնը, ներառեալ՝ մեր Երկիրը, Արեգակնային Դրութիւնը, մեր Ծիր Կաթինը, նաեւ ամբողջ տիեզերքը, այս բոլորին կ՛ակնարկուի որպէս՝ առաջին երկինք:

Երկրորդ երկինքէն սկսեալ գոյութիւն ունին Հոգեւոր տարածութեան ծաւալներ: Եդեմի Պարտէզը եւ չար ոգիներու տարածութեան ծաւալները կը գտնուին երկրորդ երկինքին մէջ: Մարդ արարածը ստեղծելէն ետքը, Աստուած նաեւ ստեղծեց Պարտէզ մը՝ Եդեմի մէջ, որ երկրորդ երկինքին մէջ եղող լոյսի տարածութեան միջոցն է: Աստուած մարդը դրաւ Պարտէզին մէջ, եւ արտօնեց որ անիկա ամէն բանի վրայ իշխէ եւ տիրէ (Ծննդոց 2.15):

Աստուծոյ աթոռը կը գտնուի երրորդ երկինքին մէջ: Անիկա երկինքի այն թագաւորութիւնն է՝ ուր պիտի բնակին Աստուծոյ զաւակները, որոնք փրկութիւն ստացած են մարդկային մշակումի միջոցով:

Չորրորդ երկինքը այն նախնական երկինքն է՝ ուր Աստուած առանձինը գոյութիւն ունէր որպէս Լոյսը, նախքան որ Ինք անջրպետը բաժնէր: Անիկա խորհրդաւոր տարածութիւն մըն է, ուր ամէն բան կ՛իրագործուի ճիշդ ինչպէս որ Աստուած կ՛ընդունի մտքին մէջ: Նաեւ անիկա այնպիսի տարածութիւն մըն է՝ որը ժամանակի եւ միջոցի սահմանափակումներէն շատ վեր է:

## 2. Ֆիզիքական Տարածութեան եւ Հոգեւոր Տարածութեան Ծաւալներ

Ի՞նչ է պատճառը որ այնքան մեծ թիւով Սուրբ Գրային դպրագէտներ փորձած են գտնել Եդեմի Պարտէզը, բայց չեն կրցած: Պատճառը՝ որովհետեւ Եդեմի Պարտէզը կը գտնուի երկրորդ երկինքին մէջ, որ Հոգեւոր աշխարհ մըն է:

Անջրպետը, զոր Աստուած բաժնեց, կը բաժնուի ֆիզիքական եւ Հոգեւոր տարածութեան ծաւալներու միջեւ: Աստուած Իր զաւակներուն համար, որոնք պիտի ստանար մարդկային մշակումի ընթացքով, երկինքի թագաւորութիւնը ըրաւ երրորդ երկինքին մէջ, եւ Երկիրը դրաւ առաջին երկինքին մէջ, որպէսզի անիկա դառնար մարդկային մշակումի օթեւանը։

Ծննդոց առաջին գլուխը համառօտ կերպով կ՛արձանագրէ Աստուծոյ վեց-օրուայ ստեղծագործութեան ընթացքը։ Աստուած սկիզբէն կատարեալ եւ անթերի երկիր մը չշինեց։ Ան սկիզբը երկրին հիմը դրաւ եւ յետոյ երկինքը՝ կեղեւային շարժումներու եւ օդերեւութաբանական բազմաթիւ երեւոյթներու միջոցաւ։ Աստուած երկար ժամանակ շատ մեծ ջանք թափեց, երբեմն նոյնիսկ անձնապէս երկիր իջնելով, տեսնելու համար թէ հարցերը ինչպէս կ՛ընթանային, որովհետեւ երկիրը խարիսխն էր, ուր Աստուած Իր սիրեցեալ, ճշմարիտ զաւակները պիտի շահէր։

Սաղմերը ապահովութեամբ կը մեծնան արգանդին սաղմնաբանական ջուրին մէջ։ Նմանապէս, երկիրը կազմուելէն եւ անոր հիմը դրուելէն ետքը, անիկա ամբողջութեամբ ծածկուեցաւ ջուրի քանակութիւններու հսկայ կոյտերով, եւ այս ջուրը կենաց ջուրն էր՝ որ կը բխէր երրորդ երկինքէն։ Ի վերջոյ երկիրը պատրաստ էր խարիսխ դառնալու բոլոր ապրող էակներուն համար, որպէս հետեւանք՝ կենաց ջուրով իր ծածկուելուն։ Յետոյ Աստուած սկսաւ կատարել ստեղծագործութիւնը։

## Ֆիզիքական Տարածութեան Ծաւալը՝ Մարդկային Մշակութեան Խարիսխը

Ստեղծագործութեան առաջին օրը, երբ Աստուած ըսաւ. «Լոյս ըլլայ», կար հոգեւոր լոյս մը՝ որ Աստուծոյ աթոռէն կ՛ելլէր եւ ամբողջ երկիրը կը ծածկէր։ Այս լոյսով, Աստուծոյ անսահման զօրութիւնը եւ Անոր աստուածային բնութիւնը տեղաւորուած էր ամէն բանի մէջ, եւ ամէն բաները կը կառավարուէին բնութեան օրէնքներով (Հռովմայեցիս 1.20)։

Աստուած լոյսը բաժնեց խաւարէն եւ զայն կոչեց «ցորեկ», իսկ խաւարը կոչեց «գիշեր»։ Նախքան արեւն ու լուսինը ստեղծելը

Աստուած օրէնք մը դրաւ՝ որ հարկաւոր էր ըլլալ ցորեկ եւ գիշեր, ինչպէս նաեւ ժամանակի հոսքը:

Երկրորդ օրը, Աստուած մեծ հաստատութիւնը ըրաւ եւ այս երկիրը ծածկող ջուրերը բաժնեց իրարմէ՝ հաստատութեանը տակ եղած ջուրերը հաստատութեանը վրայ եղած ջուրերէն զատելով: Աստուած հաստատութիւնը երկինք կոչեց, որ այն երկնակամարն է զոր տեսանելի է մեր աչքերուն: Հիմա, շինուեցաւ հիմնական միջավայրը որ կրնար պատսպարել բոլոր ապրող էակները: Ստեղծուեցաւ օդը, որպէսզի բոլոր ապրող էակները կարենային շնչել, կազմուեցան ամպերը եւ երկնակամարը, ուր կրնային տեղի ունենալ օդերեւութաբանական երեւոյթներ:

Երկնքի տակ եղած ջուրերը այն ջուրերն են՝ որոնք երկրի մակերեսին վրայ կը մնան: Այդ հաւաքուած ջուրը աղբիւրն է այն ջուրերուն՝ որոնք կը կազմեն ովկեանոսները, ծովերը, լիճերը, եւ գետերը (Ծննդոց 1.9-10):

Հաստատութեան վրայի ջուրերը վերապահուած էին Եդեմին՝ երկրորդ երկինքին մէջ: Երրորդ օրը, Աստուած հաստատութեան տակը եղած ջուրերը մէկ տեղի մէջ հաւաքեց, որպէսզի ծովը բաժնէ ցամաքէն: Ան նաեւ ստեղծեց խոտերը եւ բանջարեղէնները:

Չորրորդ օրը Աստուած ստեղծեց արեւը, լուսինը, եւ աստղերը, եւ թոյլ տուաւ որ անոնք կառավարեն ցորեկն ու գիշերը: Հինգերորդ օրը Աստուած ստեղծեց ձուկերը եւ թռչունները: Վերջապէս, վեցերորդ օրը Ան ստեղծեց բոլոր անասունները եւ մարդիկը:

## Հոգեւոր Տարածութեան Անտեսանելի Ծաւալ

Եդեմի Պարտէզը կը գտնուի երկրորդ երկինքի հոգեւոր տարածութեան ծաւալին մէջ, սակայն անիկա կը տարբերի երրորդ երկինքի հոգեւոր աշխարհէն: Անիկա ամբողջութեամբ հոգեւոր աշխարհ մը չէ, որովհետեւ ան կրնայ չակցիլ կամ գոյութիւն ունենալ ֆիզիքական տարածութեան ծաւալին հետ միատեղ: Պարզօրէն խօսելով, անիկա միջանկեալ հանգրուան մըն է՝ մարմնի եւ հոգիի միջեւ: Մարդը որպէս կենդանի հոգի ստեղծելէն ետքը, Աստուած արեւելեան կողմը, Եդեմի մէջ, Պարտէզ մը տնկեց եւ Իր ստեղծած մարդը հոն դրաւ (Ծննդոց 2.8):

Հոս, «արեւելեան կողմը» ըսելով չակնարկեր ֆիզիքական արեւելքին: Այդ մասնայատուկ կերպով կը նշանակէ «շրջան մը՝ որ շրջապատուած է լոյսերով»: Մինչեւ այս օրս, Սուրբ Գրային բազմաթիւ դպրագէտներ կը խորհէին որ Եդեմի Պարտէզը Եփրատ եւ Տիգրիս գետերուն շուրջ տեղ մըն էր, եւ հակառակ որ անոնք լայնատարած հետազօտութիւններ կատարած են եւ հնագիտական բազմաթիւ փնտռտուքներ ըրած են, սակայն տակաւին անոնք կարող չեն եղած որեւէ հետք գտնելու Եդեմի Պարտէզէն: Պատճառը այն է՝ որովհետեւ Եդեմի Պարտէզը, (ուր ժամանակ մը ապրեցաւ «կենդանի հոգի» Ադամը), կը գտնուի երկրորդ երկինքին մէջ, որ հոգեւոր աշխարհ մըն է:

Եդեմի Պարտէզը ընդարձակ տարածութիւն մըն է, մեր երեւակայութենէն վեր: Այն զաւակները, զոր Ադամ ունեցաւ նախքան իր մեղք գործելը, տակաւին հոն կ՚ապրին, շարունակ ծնունդ տալով աւելի եւս զաւակներու: Եդեմի Պարտէզը սահմանափակումներ չունի տարածութեան միջոցներու նկատմամբ, եւ ուրեմն անիկա բնաւ պիտի չխճողուի՝ նոյնիսկ ժամանակի անցումով:

Սակայն Ծննդոց 3.24-ի մէջ, մենք կը կարդանք որ Աստուած Եդեմի Պարտէզին արեւելեան կողմը դրաւ քերովբէներ, ինչպէս նաեւ բոցավառ սուրը, որ ամէն կողմ կը դառնար:

Պատճառը այն է, որովհետեւ Պարտէզին արեւելեան կողմը մօտիկ է կամ յարակից՝ խաւարի միջավայրին: Չար ոգիները միշտ կ՚ուզէին Պարտէզ մտնել՝ զանազան պատճառներով: Առաջին՝

անոնք կ՛ուզէին փորձութեան մատնել Ադամը, եւ երկրորդ՝ անոնք կ՛ուզէին կենաց ծառին պտուղը առնել: Այդ պտուղը ուտելով, անոնք կ՛ուզէին յաւիտենական կեանք ունենալ եւ յաւիտեան Աստուծոյ դէմ կենալ: Ադամ պարտականութիւն ունէր Եդեմի Պարտէզը պաշտպանելու խաւարի ուժերէն: Սակայն որովհետեւ Ադամ խաբուեցաւ Սատանայէն՝ բարիի ու չարի գիտութեան ծառէն ուտելով, եւ վտարուեցաւ երկիր, ուստի քերովբէները եւ բոցավառ սուրը ստանձնեցին Ադամի այս պարտականութիւնը:

Մենք կրնանք հետեւցնել որ լոյսի տարածութեան միջոցը (ուր կը գտնուի Եդեմի Պարտէզը), եւ չար ոգիներու խաւարի միջավայրը, երկուքը միաժամանակ կը գոյակցին երկրորդ երկինքին մէջ: Աւելին, երկրորդ երկինքի լոյսի տարածութեան շրջանին մէջ կայ վայր մը, ուր հաւատացեալներ, Տէրոջը հետ միասին, պիտի ունենան Եօթը-տարուայ Հարսանեկան Խնճոյքը՝ Իր Երկրորդ Գալուստէն ետքը: Այդ վայրը շատ աւելի գեղեցիկ է քան Եդեմի Պարտէզը: Աշխարհի ստեղծուելէն իվեր բոլոր անոնք որոնք փրկուած են՝ պիտի մասնակցին այս խնճոյքին, եւ ուրեմն կրնաք երեւակայել թէ այդ վայրը որքան մեծ ու ընդարձակ տարածութիւն մը պէտք է ըլլայ:

Հոգեւոր աշխարհին մէջ կան նաեւ երրորդ եւ չորրորդ երկինքներ, եւ անոնց մասին աւելի շատ մանրամասնութիւններով պիտի բացատրուին Հոգի, Շունչ, եւ Մարմին գիրքին երկրորդ հատորին մէջ: Պատճառը, թէ ինչու համար Աստուած բաժնեց ֆիզիքական եւ հոգեւոր տարածութեան ծաւալները եւ զանոնք դասակարգեց բազմաթիւ տարածութիւններու միջեւ, ի վերջոյ մեզի՝ մարդոց համար է: Այդ կատարուեցաւ մարդկային մշակումի նախասահմանութեան մէջ, նաեւ ճշմարիտ զաւակներ շահելու համար: Հիմա, մարդ արարածը ի՞նչ է եւ ի՞նչպէս կազմուած է:

## 3. Հոգեւոր, Շնչաւոր, եւ Մարմնաւոր Մարդիկ

Մարդկային պատմութիւնը, որ արձանագրուած է Աստուածաշունչին մէջ, սկսաւ այն ատենէն երբ Ադամ վռնտուեցաւ երկիր՝ իր գործած մեղքին հետեւանքով: Այս պատմութիւնը չներառեր այն ժամանակը որ Ադամ ապրեցաւ Եդեմի Պարտէզին մէջ:

### 1) Ադամ՝ Կենդանի Հոգի մը

Հասկնալու համար առաջին մարդը՝ Ադամը, մարդ արարածը հասկնալու հիմնական սկզբունքներէն է: Աստուած Ադամը ստեղծեց որպէս կենդանի հոգի՝ մարդկային մշակումին համար: Ծննդոց 2.7 կը բացատրէ Ադամին ստեղծումը. «Տէր Աստուած գետնին հողէն շինեց մարդը եւ անոր ռնգունքներէն կենդանութեան շունչ փչեց ու մարդը կենդանի հոգի եղաւ»:

Ադամը ստեղծելու համար Աստուծոյ գործածած նիւթը՝ գետնի հողն էր: Պատճառը, թէ ինչո՞ւ Աստուած գետնի հողը գործածեց, այն է՝ որովհետեւ երկրի վրայ էր որ մարդիկ պիտի անցնէին մարդկային մշակումի ընթացքէն (Ծննդոց 3.23):

Նաեւ կայ ուրիշ պատճառ մը՝ որովհետեւ հողը, որ գետնէն առնուած փոշին է, կը փոխէ իր յատկութիւնը՝ իր մէջ աւելցուած տարրերուն համեմատ:

Աստուած ոչ միայն մարդուն կերպարանքը գետնէն առնուած հողէն շինեց, այլ նաեւ անով կազմեց մարդուն ներքին գործարանները, ոսկորները, երակները, եւ ջիղերը: Գերազանց բրուտ մը ափ մը պարզ կաւով կրնայ ճենապակիի թանկարժէք կտոր մը շինել: Քանի Աստուած մարդը Իր պատկերովը շինեց, ուրեմն մարդը ո՞րքան գեղեցիկ պէտք էր եղած ըլլար...

Ադամ կազմուած էր մաքուր կաթնային ճերմակ մորթով: Անիկա հուժկու կազմուածք ունէր եւ իր մարմինը կատարեալ էր՝ գլուխէն մինչեւ ոտնամատը, ինչպէս էին անոր մարմնին բոլոր գործարանները եւ իւրաքանչիւր բջիջը: Ադամ գեղեցիկ էր: Երբ Աստուած այս Ադամին մէջ կենդանութեան շունչը փչեց, անիկա կենդանի էակ դարձաւ, որ կենդանի հոգի է: Այս ընթացքը կը նմանի լաւ ձեւով միացուած լոյսի ճրագի մը, որ առանձինը ինքնիրմէ չկրնար փայլիլ եւ լոյս արձակել: Անիկա կրնայ լոյսով փայլիլ միայն այն ատեն՝ երբ ելեկտրականութիւն կը հայթայթուի: Ադամին սիրտը սկսաւ բաբախել, իր արիւնը սկսաւ շրջան ընել, եւ իր բոլոր ներքին գործարաններն ու բջիջները սկսան իրենց պաշտօնը կատարել միայն այն ատեն՝ երբ Ադամ կենդանութեան շունչը ստացաւ Աստուծմէ: Ադամի ուղեղը սկսաւ գործել, անոր աչքերը սկսան տեսնել, ականջները սկսան լսել, եւ մարմինը սկսաւ իր ուզածին պէս շարժիլ՝ կենդանութեան շունչը ստանալէն ետքը միայն:

Կենդանութեան շունչը Աստուծոյ ուժին բիւրեղն է: Ան նաեւ կրնայ կոչուիլ Աստուծոյ զօրութիւնը: Հիմնականօրէն, անիկա ուժի աղբիւրն է՝ կարենալ կեանք մը շարունակելու համար: Աստուած Ադամի մէջ կենդանութեան շունչը փչելէն ետքը, Ադամ սկսաւ ունենալ հոգիի կերպարանք մը, որ ճիշդ իր ֆիզիքական մարմնին կերպարանքին կը նմանէր: Ճիշդ ինչպէս որ Ադամ իր ֆիզիքական մարմնին համար ունէր որոշ կերպարանք մը, անոր հոգին ալ նոյնպէս սկսաւ ունենալ կերպարանք մը, որ ճիշդ իր մարմնին կը նմանէր: Հոգիին կերպարանքին մասին աւելի մանրամասնութիւններով պիտի բացատրուի այս գրքին երկրորդ մասին մէջ:

Ադամին մարմինը, որ հիմա կենդանի հոգի մըն էր, կը պարունակէր անկորնչելի եւ անքայքայելի մարմին մը՝ միսով եւ ոսկորներով: Մարմինը կ՛ընդգրկէր հոգին (որ կը հաղորդակցէր Աստուծոյ հետ), եւ շունչը (որ կ՛օգնէր հոգիին): Շունչը եւ մարմինը կը հնազանդէին հոգիին, եւ այս ձեւով հոգին կը պահպանէր Աստուծոյ խօսքը ու կը հաղորդակցէր Աստուծոյ հետ, որ հոգի է:

Սակայն երբ Ադամ սկիզբը ստեղծուեցաւ, անիկա ունէր կատարելապէս աճած եւ մեծցած չափահաս մարդու մարմին մը, բայց Ադամ երբեւիցէ բնաւ որեւէ գիտութիւն չունէր: Ճիշդ ինչպէս որ մանուկ մը կրնայ իւրայատուկ յատկանիշներ ունենալ եւ ուսման միջոցով միայն կրնայ արդիւնաբեր դեր կատարել ընկերութեան շրջանակին մէջ, Ադամ ալ նոյնպէս պէտք էր պատշաճ հմտութիւն եւ գիտութիւն ունենար իր մէջ: Ուստի, զինք Եդեմի Պարտէզ առաջնորդելէն յետոյ, Աստուած Ադամին սորվեցուց ճշմարտութեան եւ Հոգիի գիտութիւնով: Աստուած սորվեցուց անոր տիեզերքին մէջ եղող բոլոր բաներուն ներդաշնակութիւնը, հոգեւոր աշխարհին օրէնքները, ճշմարտութեան խօսքը, եւ Աստուծոյ անսահման գիտութիւնը: Այդ է պատճառը որ Ադամ կրցաւ տիրել երկրին եւ իշխել ամէն բանի վրայ:

## Ապրիլ Անհաշուելի Ժամանակաշրջանի մը Համար

Ադամ՝ կենդանի հոգին, կ՚իշխէր Եդեմի Պարտէզին եւ Երկրին վրայ՝ որպէս բոլոր արարածներուն տէրը, ունենալով գիտութիւն եւ Հոգիի իմաստութիւն: Աստուած մտածեց որ լաւ չէր որ Ադամ մինակ մնար, ուստի անոր կողին ոսկորներէն մէկուն միջոցաւ ստեղծեց կին մը՝ Եւան: Աստուած Եւան որպէս յարմար օգնական մը ըրաւ Ադամի համար, եւ թոյլ տուաւ որ անոնք մէկ մարմին դառնան: Հիմա, հարցումը այն է՝ թէ անոնք ո՞րքան ժամանակ ապրեցան Եդեմի Պարտէզին մէջ:

Աստուածաշունչը մասնայատուկ թիւ մը չտար մեզի, բայց անոնք հոն ապրեցան շատ երկար ժամանակ, մեր երեւակայութենէն վեր: Սակայն Ծննդոց 3.16-ի մէջ կը գտնենք, որ կ՚ըսէ. «Եւ [Աստուած ըսաւ] կնոջ. ՛Քու յղութեանդ ցաւերը խիստ պիտի շատցնեմ: Ցաւով զաւակ ծնանիս ու էրկանդ հնազանդ ըլլաս ու անիկա քու վրադ իշխէ՛»:

Իր գործած մեղքին հետեւանքով, Եւան անէծք մը ստացաւ,

որուն մէջ կար յղութեան ատեն խիստ ցաւ քաշելը: Այլ խօսքով, նախքան իր անիծուիլը, Եւան Եդեմի Պարտէզին մէջ ծնունդ տուած էր զաւակներու, բայց ծննդաբերութեան ատեն Եւա միայն նուազագոյն չափով ցաւ կ՛ունենար: Ադամ եւ Եւա կենդանի հոգիներ էին, որոնք բնաւ չէին ծերանար: Ուստի անոնք երկար, շատ երկար ժամանակ ապրեցան՝ բազմապատկուելով:

Շատ մարդիկ կը խորհին որ Ադամ իր ստեղծուելէն անմիջապէս ետքը կերաւ բարիի ու չարի գիտութեան ծառէն: Ոմանք նոյնիսկ հետեւեալ հարցումը կը հարցնեն. «Եթէ մարդկային պատմութիւնը (որ արձանագրուած է Աստուածաշունչին մէջ), մօտաւորապէս միայն 6,000 տարուայ պատմութիւն է, ուրեմն ի՞նչպէս կ՛ըլլայ որ մենք կը գտնենք բրածոներ, որոնք հարիւր հազարաւոր տարիներու հնութիւն ունին»:

Աստուածաշունչին մէջ արձանագրուած մարդկային պատմութիւնը սկսաւ այն ատենէն՝ երբ Ադամ վռնտուեցաւ երկիր՝ իր մեղանչելէն ետքը: Սակայն այդ չի ներառեր այն ժամանակը՝ երբ Ադամ ապրեցաւ Եդեմի Պարտէզին մէջ: Մինչ Ադամ կ՛ապրէր Եդեմի Պարտէզին մէջ, Երկիրը շատ բաներէ կ՛անցնէր, ինչպէս՝ կեղեւային շարժումներէ եւ անոնց ընկերակցող աշխարհագրական փոփոխութիւններէ, ինչպէս նաեւ զանազան ապրող էակներու աճումով եւ սպառումով: Անոնցմէ ոմանք քարացած եւ բրածոներ դարձած են: Այս իսկ պատճառով, մենք կը գտնենք բրածոներ որոնք կը թուին թէ միլիոնաւոր տարիներու հնութիւն ունին:

### 2) Ադամ Մեղք Գործեց

Երբ Աստուած Ադամը առաջնորդեց դէպի Եդեմի Պարտէզը, Ան միայն մէկ բան արգիլեց: Աստուած Ադամին ըսաւ որ բարիի ու չարի գիտութեան ծառէն չուտէ: Բայց երկար ժամանակ անցնելէ ետք, Ադամ եւ Եւա ի վերջոյ կերան այդ ծառէն: Ուստի անոնք Եդեմի Պարտէզէն վռնտուեցան Երկիր, եւ այս կէտէն սկսեալ սկսաւ տեղի ունենալ մարդկային մշակումը:

Ի՞նչպէս եղաւ որ Ադամ մեղք գործեց: Գոյութիւն ունէր էակ մը, որ Ադամի ունեցած իշխանութեան ետեւէն կ'իյնար, այսինքն այն մեծ իշխանութեան՝ զոր Ադամ ստացած էր Աստուծմէ: Այդ էակը Արուսեակն էր՝ բոլոր չար ոգիներուն գլուխ գործողը: Արուսեակը կը խորհէր որ ինքը այդ իշխանութիւնը կրնար առնել Ադամէն, որպէսզի կարենար Աստուծոյ դէմ կենալ եւ պատերազմը շահիլ: Ուստի անիկա մեծ հոգատարութեամբ մանրամասն ծրագիր մը մշակեց եւ գործածեց օձը, որ խորամանկ էր:

Ինչպէս որ ըսուած է Ծննդոց 3.1-ի մէջ. «Եւ Տէր Աստուծոյ ըրած դաշտի բոլոր գազաններէն աւելի խորամանկ էր օձը». օձը շինուած էր կաւէ, որ իր մէջ կը կրէր խորամանկ բնութեան մը ստորոգելիները:

Այդ իսկ պատճառով, շատ աւելի մեծ կարելիութիւն կար որ օձը պիտի ընդունէր խորամանկութեան չարութիւնը՝ միւս անասուններէն աւելի: Օձին յատկանիշները դրդուած էին չար ոգիներու կողմէ, եւ ուստի օձը անոնց համար դարձաւ գործիք մը՝ մարդը փորձութեան ենթարկելու համար:

## Չար Ոգիները Շարունակ Փորձութեան Կ'ենթարկեն Մարդիկը

Այդ ժամանակ Ադամ այնքան մեծ իշխանութիւն ունէր, որ անիկա կ'իշխէր թէ՛ Եդեմի Պարտէզին եւ թէ՛ Երկրին վրայ. ուստի օձին համար դիւրին չէր ուղղակիօրէն փորձութեան ենթարկել Ադամը: Այդ է պատճառը որ անիկա առաջ Եւան ընտրեց՝ զայն փորձութեան ենթարկելու համար: Օձը խորամանկութեամբ հարցուց Եւային. «Իրա՞ւ Աստուած ըսաւ թէ ՚Պարտէզին ոեւէ ծառէն պիտի չուտէք՚» (առաջին համար): Աստուած ոչ մէկ բան հրամայած էր Եւային: Հրամանը Ադամին տրուած էր: Բայց օձը այնպէս մը կը հարցնէր՝ որպէս թէ Աստուած այդ հրամանը ուղղակիօրէն Եւային տուած ըլլար: Եւային տուած պատասխանը արձանագրուած է հետեւեալ ձեւով. «Կինը օձին ըսաւ. "Պարտէզին ծառերուն պտուղէն կրնանք ուտել, բայց պարտէզին մէջտեղը եղած ծառին պտուղին համար՝ Աստուած ըսաւ. 'Անկէ մի՛ ուտէք եւ անոր մի՛ դպչիք, որպէսզի չմեռնիք' "» (Ծննդոց 3.2-3):

Աստուած այսպէս ըսած էր. «...քանզի այն օրը որ անկէ ուտես,անշուշտ պիտի մեռնիս» (Ծննդոց 2.17): Սակայն Եւա ըսաւ. «...որպէսզի չմեռնիք»: Դուք կրնաք խորհիլ թէ միայն շատ նուրբ տարբերութիւն մը կայ հոս, սակայն այդ կ'ապացուցէ որ Եւան Աստուծոյ Խօսքը ճիշդ ձեւով չէր պահած իր մտքին մէջ: Նաեւ, ատիկա արտայայտութիւն մըն է՝ որ ցոյց կու տայ թէ Եւան լման չհաւատաց Աստուծոյ Խօսքին: Երբ օձը տեսաւ որ Եւան փոխեց Աստուծոյ Խօսքը, անիկա սկսաւ աւելի եւս յարձակողական ձեւով փորձութեան ենթարկել Եւային:

Ծննդոց 3.4-5 կ'ըսէ. «Օձը կնոջ ըսաւ. 'Ո՛չ թէ անշուշտ պիտի մեռնիք. քանզի Աստուած գիտէ թէ այն օրը որ անկէ ուտէք, աչքերնիդ պիտի բացուին եւ աստուածներու պէս պիտի ըլլաք՝ բարին ու չարը գիտնալով"»:

Մինչ Սատանան կը դրդէր օձին՝ որ այդ փափաքը դնէր Եւային մտքին մէջ, բարիի ու չարի գիտութեան ծառը սկսաւ տարբեր երեւնալ Եւային, որովհետեւ արձանագրուած է թէ՝ «...ծառը աղէկ էր կերակուրի համար եւ հաճելի՝ աչքերուն ու փափաքելի իմաստուն ընելու համար» (6-րդ համար):

Եւան բնաւ որեւէ մտադրութիւն չունէր Աստուծոյ Խօսքին դէմ կենալու, բայց երբ այդ փափաքը յղացուեցաւ, վերջաւորութեան Եւան կերաւ այդ ծառէն: Յետոյ ան իր ամուսինին՝ Ադամին ալ տուաւ զայն, եւ Ադամն ալ կերաւ անկէ:

## Պատճառաբանութիւններ՝ Ադամին եւ Եւային կողմէն

Ծննդոց 3.11-ի մէջ Աստուած հարցուց Ադամին. «....արդեօք

կերա՞ր այն ծառէն՝ որուն համար քեզի պատուիրեցի, որ անկէ չուտես»:

Աստուած բոլոր պարագաները գիտէր, բայց ուզեց որ Ադամ անդրադառնար իր սխալին, եւ դարձի գար: Բայց Ադամ պատասխանեց. «Այն կինը, որ ինծի հետ ըլլալու տուիր, ա՛ն ինծի տուաւ ծառէն ու ես կերայ» (12-րդ համար): Ադամ կը հետեւցնէր որ եթէ Աստուած իրեն տուած չըլլար այդ կինը, այն ատեն ինք այդպիսի բան մը պիտի չընէր: Փոխանակ իր սխալին անդրադառնալու, Ադամ պարզապէս ուզեց փախուստ տալ այդ կացութեան հետեւանքներէն: Անշուշտ Եւան էր այն մէկը որ պտուղը Ադամին տուաւ ուտելու: Բայց Ադամ կնոջ գլուխն էր, ուստի Ադամ պէտք էր այդ պատահարին պատասխանատուութիւնը իր վրայ առնէր:

Հիմա, Ծննդոց 3.13-ի մէջ Տէր Աստուած ըսաւ կնոջ. «Ի՞նչ է այս քու ըրածդ»: Նոյնիսկ եթէ Ադամ պատասխանատուութիւնը իր վրայ առնէր, Եւան չէր կրնար ազատ արձակուիլ իր գործած մեղքէն: Բայց Եւան ալ յանցանքը օձին վրայ դրաւ, ըսելով. «Օձը զիս խաբեց ու ես կերայ»: Ուրեմն, ի՞նչ պատահեցաւ Ադամի ու Եւայի, որոնք այս մեղքերը գործեցին:

## Ադամին Հոգին Մեռաւ

Ծննդոց 2.17-ի մէջ կը կարդանք, որ կ՛ըսէ. «Բայց բարիի ու չարի գիտութեան ծառէն մի՛ ուտեր. քանզի այն օրը որ անկէ ուտես, անշուշտ պիտի մեռնիս»:

Հոս, «մեռաւ» ըսելը, զոր Աստուած կը նշէ, ոչ թէ ֆիզիքական մահ է, այլ հոգեւոր մահ: Մէկու մը հոգիին մեռնիլը չի նշանակեր որ ձեւով մը հոգին բոլորովին կ՛անհետանայ: Այդ կը նշանակէ թէ Աստուծոյ հետ իր յարաբերութիւնը կ՛անջատուի եւ անիկա այլեւս չկրնար իր պաշտօնը կատարել: Հոգին տակաւին գոյութիւն կ՛ունենայ, բայց անիկա այլեւս չկրնար հոգեւոր բաներուվ մատակարարուիլ Աստուծոյ կողմէ: Այս վիճակը մեռած ըլլալէ զատ ուրիշ բան մը չէր:

Որովհետեւ Ադամին ու Եւային Հոգիները մեռած էին, ուստի Աստուած չէր կրնար թոյլ տալ որ անոնք մնային Եդեմի Պարտէզին մէջ, որը մաս կը կազմէր Հոգեւոր աշխարհին: Ծննդոց 3.22-23 կ՛ըսէ. «Եւ Տէր Աստուած ըսաւ. ՛Ահա Ադամ Մեզմէ մէկուն պէս եղաւ՝ բարին ու չարը գիտնալով եւ հիմա պիտի չթուլատրեմ որ ձեռքը երկնցնէ ու կենաց ծառէն ալ առնէ եւ ուտէ ու յաւիտեան ապրի՛: Ուստի Տէր Աստուած Եդեմի պարտէզէն դուրս ըրաւ զանիկա, որպէս զի երկիրը մշակէ, ուրկէ առնուեցաւ»:

Աստուած ըսաւ. «մարդը Մեզմէ մէկուն պէս եղաւ» եւ այդ չի նշանակեր որ Ադամ իսկապէս Աստուծոյ պէս եղաւ: Այդ կը նշանակէ որ Ադամ միայն ճշմարտութեան մասին գիտէր, բայց ճիշդ ինչպէս որ Աստուած թէ՛ ճշմարտութեան եւ թէ՛ ալ անիրաւութեան մասին գիտէ, ուստի Ադամ ալ սկսաւ գիտնալ անիրաւութեան մասին: Ասոր որպէս հետեւանք, Ադամ՝ որ նախապէս կենդանի Հոգի մըն էր, հիմա վերադարձաւ մարմնին: Անիկա պէտք էր մահ դիմագրաւէր: Ադամ պէտք էր դարձեալ վերադառնար երկիր, ուրկէ որ ինք ստեղծուած էր Աստուծոյ կողմէ: Մարմնաւոր մարդ մը չկրնար ապրիլ Հոգեւոր տարածաշրջանի մը մէջ: Աւելին, եթէ պատահէր որ Ադամ կենաց ծառէն ուտէր՝ անիկա յաւիտեան պիտի ապրէր: Ուրեմն, Աստուած այլեւս չէր կրնար արտօնել որ Ադամ մնար Եդեմի Պարտէզին մէջ:

3) Վերադարձ՝ դէպի Ֆիզիքական Տարածութեան Ծաւալ

Երբ Ադամ անհնազանդ եղաւ Աստուծոյ եւ կերաւ բարիի ու չարի գիտութեան ծառէն՝ ամէն բան փոխուեցաւ: Անիկա վտարուեցաւ Երկիր՝ ֆիզիքական տարածաշրջան մը, եւ հոն միայն ցաւալի աշխատանքի միջոցաւ եւ իր ճակտին քրտինքով է որ Ադամ կրնար բերք հնձել: Նաեւ հոն ամէն բան անէծքի տակ էր, եւ Աստուծոյ ստեղծագործութեան ատեն եղած այդ լաւ միջավայրերը այլեւս գոյութիւն չունէին:

Ծննդոց 3.17-ի մէջ կը կարդանք. «Եւ [Աստուած]Ադամին ըսաւ. ‘Որովհետեւ դուն քու կնոջդ խօսքը մտիկ ըրիր եւ այն ծառէն կերար, որուն համար պատուիրեցի քեզի՝ ըսելով՝ “Զուտես անկէ”, երկիրը քու պատճառովդ անիծեա՛լ ըլլայ, կեանքիդ բոլոր օրերուն մէջ նեղութիւնով ուտես անկէ’»:

Այս համարէն մենք կը տեսնենք թէ, Ադամի մեղքին հետեւանքով, ոչ միայն պարզապէս ինքնին Ադամը, այլ նաեւ երկրի վրայ ամէն բան, այսինքն բովանդակ առաջին երկինքը ամբողջութեամբ այդ անէծքը ստացաւ: Անկէ առաջ երկրի վրայ եղած բոլոր բաները գեղեցիկ ներդաշնակութեան մէջ կը գտնուէին, սակայն հիմա ֆիզիքական օրէնքի ուրիշ կարգավիճակ մը դրուեցաւ: Այս անէծքին հետեւանքով, սկսան գոյութիւն ունենալ մանրէներ ու ժահրեր, եւ անասուններն ու բոյսերը սկսան փոխուիլ:

Ծննդոց 3.18-ի մէջ Աստուած շարունակեց ըսել Ադամին. «Եւ փուշ ու տատասկ բուսցնէ քեզի եւ դաշտին խոտը ուտես»: Բերքերը չէին կրնար լաւ աճիլ փուշ ու տատասկ ըլլալուն պատճառով, ուստի Ադամ այդ հողէն հնձած բերքէն կրնար ուտել ցաւալի ու տքնաջան աշխատանքէ ետքը միայն: Որովհետեւ երկիրը անիծուած էր, ուստի սկսան անպէտք ծառեր եւ բոյսեր գոյացուիլ: Վնասակար միջատներ սկսան յայտնուիլ: Հիմա Ադամ պէտք էր հանէր այդ վնասակար բաները որպէսզի կարենար երկիրը մշակել եւ զայն լաւ դաշտի մը վերածէր:

## Սիրտը Մշակելու Անհրաժեշտութիւնը

Ինչպէս որ Ադամ պէտք ունէր երկիրը մշակելու, նմանօրինակ պարագայ մը գոյացաւ մարդուն համար, որ հիմա պէտք էր անցնէր մարդկային մշակումի ընթացքէն՝ երկրի վրայ: Նախքան իր մեղք գործելը, մարդը կը կրէր միայն մաքուր եւ անարատ սիրտ մը, որ ունէր միայն հոգիին գիտութիւնը: Ծննդոց 3.23 կ՛ըսէ. «Ուստի

Տէր Աստուած Եդեմի պարտէզէն դուրս ըրաւ զանիկա, որպէս զի երկիրը մշակէ, ուրկէ առնուեցաւ»: Այս համարը Ադամը կը նմանցնէ երկրի հողին՝ որմէ առնուեցաւ, որովհետեւ Ադամ գետնի հողէն շինուած էր: Այդ կը նշանակէ որ Ադամ հիմա պէտք էր իր սիրտը մշակէր:

Նախքան մեղանչելը, մարդը պէտք չունէր իր սիրտը մշակելու, որովհետեւ անիկա որեւէ չարութիւն չունէր իր սրտին մէջ:

Սակայն իր անհնազանդութենէն ետք, թշնամի Բանսարկուն եւ Սատանան սկսան կառավարել մարդը: Անոնք երթալով աւելի եւս մարմնաւոր բաներ ցանեցին մարդուն սրտին մէջ: Անոնք ատելութիւն, բարկութիւն ամբարտաւանութիւն, շնութիւն, եւն. ցանեցին: Այս բոլոր բաները սկսան մարդուն սրտին մէջ աճիլ ու մեծնալ՝ փուշերով եւ տատասկներով միասին: Մարդկութիւնը սկսաւ աւելի եւս արատաւորուիլ մարմնէն:

«Հողը մշակելու, ուրկէ առնուեցանք» կը նշանակէ թէ մենք պէտք է Յիսուս Քրիստոսը ընդունինք, մենք պէտք է Աստուծոյ Խօսքը գործածենք որպէսզի ձերբազատուինք մարմնէն՝ որ սերմանուած է մեր սրտերուն մէջ, եւ պէտք է վերստանանք մեր հոգեւոր վիճակը: Այլապէս, այդ կը նշանակէ թէ մենք ունինք «մեռած հոգի մը», եւ ուրեմն մենք պիտի չկրնանք յաւիտենական կեանք վայելել մեռած հոգիով: Երկրի վրայ մարդոց մշակուելուն պատճառը այն է՝ որպէսզի կարենանք մշակել մեր մարմնաւոր սիրտը՝ վերստանալու համար այդ մաքուր, հոգեւոր սիրտը: Ասիկա այդ նոյն սիրտն է որ Ադամ ունէր՝ նախքան իր անկումը:

Ադամին համար թատերական չափազանց մեծ փոփոխութիւն մըն էր Եդեմի Պարտէզէն դուրս վռնտուիլը եւ երկրի վրայ ապրիլը: Ասիկա շատ աւելի մեծ ցաւ եւ չփոթութիւն կը պատճառէ քան այն՝ ինչ որ մեծ ազգի մը իշխանը կը տառապի երբ ան յանկարծ գիւղացի մը կը դառնայ: Եւան ալ հիմա նոյնպէս պէտք էր այսպիսի սաստիկ ցաւով մը տառապէր, որ շատ աւելի մեծ էր քան այն ցաւը՝

որ Եւա նախապէս կը կրէր ծննդաբերութեան ընթացքին:

Երբ Ադամ ու Եւա կ՚ապրէին Եդեմի Պարտէզին մէջ, հոն մահ չկար: Սակայն ապրելով այս ֆիզիքական աշխարհին մէջ, հիմա անոնք պէտք էր մահը դիմագրաւէին, այսինքն պէտք էր կորսուէին ու փճանային: Ծննդոց 3.19 կ՚ըսէ. «Երեսիդ քրտինքովը ուտես քու հացդ, մինչեւ գետինը դառնալդ, ուրկէ առնուեցար. քանզի հող էիր դուն ու հողի պիտի դառնաս»: Ինչպէս որ գրուած է, անոնք պէտք էր մեռնէին հիմա:

Անշուշտ Ադամի հոգին Աստուծմէ եկաւ, եւ անիկա բնաւ չկրնար ամենեւին անհետանալ: Ծննդոց 2.7 կ՚ըսէ. «Տէր Աստուած գետնին հողէն շինեց մարդը եւ անոր ռնգունքներէն կենդանութեան շունչ փչեց ու մարդը կենդանի հոգի եղաւ»: Կենդանութեան շունչը Աստուծոյ յաւիտենական նկարագիրը ունի իր մէջ:

Սակայն Ադամին հոգին այլեւս գործունեայ չէր: Ուստի, շունչը յանձն առաւ այդ գործունէութիւնը՝ որպէս մարդուն տէրը, նաեւ շունչը իշխանութիւն ստանձնեց մարմնին վրայ: Անկէ սկսեալ, ֆիզիքական աշխարհի կանոնին համեմատ, Ադամ պէտք էր ծերանար եւ ի վերջոյ անիկա պէտք էր մահը դիմագրաւէր: Ադաւ պէտք էր դարձեալ հող վերադառնար:

Այդ ժամանակ, հակառակ որ Երկիրը անիծուած էր, բայց եւ այնպէս, մեղքերն ու չարութիւնները այսօրուան պէս չէին տիրապետած: Ուստի Ադամ ապրեցաւ մինչեւ 930 տարեկան ըլլալը (Ծննդոց 5.5):

Սակայն ժամանակի անցումով, մարդիկ աւելի ու աւելի եւս չարացան: Այս հետեւանքով, անոնց կեանքի ժամանակաշրջանները ալ նոյնպէս կարճցան: Եդեմի Պարտէզէն երկիր իջնելէ ետքը, Ադամ ու Եւա պէտք էր ինքզինքնին յարմարեցնէին այդ նոր միջավայրին: Ամէն բանէ աւելի, անոնք պէտք էր ապրէին որպէս մարմնաւոր մարդիկ, եւ ոչ թէ որպէս կենդանի հոգիներ։ Անոնք կը յոգնէին աշխատելէ ետք, ուստի պէտք էր հանգչէին։ Անոնք սկսան ախտեր ստանալ եւ հիւանդանալ։ Անոնց սննդեղէնը փոխուելով, իրենց մարսողական դրութիւններն ալ  փոխուեցան։ Ուտելէ ետք, անոնք պէտք էր փորոտիքային շարժումներ ունենային։ Ամէն բան փոխուեցաւ։ Ադամին անհնազանդութիւնը բնաւ երբեք պզտիկ բան մը չէր։ Այդ կը նշանակէ թէ մեղքը մտաւ բոլոր մարդկութեան մէջ։ Ադամ ու Եւա, եւ երկրի վրայ իրենց յաջորդող բոլոր սերունդները, սկսան իրենց ֆիզիքական կեանքերը ապրիլ՝ իրենց մեռած հոգիներով։

Գլուխ 3

# Մարդիկ՝ Ֆիզիքական Տարածութեան Ծաւալին մէջ

Մարմինը այն բնութիւնն է՝ որ միացած է մեղքին հետ, եւ ուրեմն մարդիկ ատակ են մեղքեր գործելու ֆիզիքական տարածութեան ծաւալին մէջ։ Ամենայնդէպս, մարդուն էութեան մէջ զետեղուած է կենդանութեան սերմը, որ տրուած է Աստուծոյ կողմէ, եւ կեանքի այս սերմով կարելի կ'ըլլայ կատարել մարդկային մշակումը։

1. Կենդանութեան սերմը

2. Մարդը Ի՞նչպէս Կը Սկսի Գոյութիւն Ունենալ

3. Խիղճ

4. Մարմնին Գործերը

5. Մշակութիւն

Ադամ ու Եւա երկրի վրայ ծնունդ տուին բազմաթիւ զաւակներու: Հակառակ որ անոնց հոգիները մեռած էին, այսուհանդերձ Աստուած չլքեց զիրենք: Աստուած իրենց սորվեցուց այն բաներուն մասին՝ որոնք անհրաժեշտ էին երկրի վրայ իրենց կեանքերուն մէջ: Ադամ այս ճշմարտութիւնը սորվեցուց իր զաւակներուն, ուստի թէ՛ Կայէնը եւ թէ՛ Աբէլը լաւ գիտէին թէ ինչպէս իրենք պէտք էր զոհեր մատուցանէին Աստուծոյ:

Ժամանակի ընթացքին, Կայէն երկրի հողէն պտուղի ընծայ մը բերաւ Աստուծոյ, սակայն Աբէլ Աստուծոյ տուաւ արիւնի ընծան՝ զոր Աստուած կը փափաքէր: Երբ Աստուած ընդունեց Աբէլին զոհը, Կայէնը, փոխանակ անդրադառնալու իր սխալին եւ դարձի գալու, այնքան շատ նախանձեցաւ Աբէլին, որ վերջաւորութեան իրապէս սպաննեց զայն:

Մինչ ժամանակը կ՛անցնէր, մեղքը սկսաւ երթալով աւելի եւս տիրապետել, մինչեւ որ Նոյի ժամանակ երկիրը այնքան շատ լեցուեցաւ բռնութիւնով, որ ի վերջոյ Աստուած ամբողջ աշխարհը պատժեց ջրհեղեղով: Սակայն Աստուած արտօնեց որ Նոյ եւ իր երեք զաւակները բոլորովին նոր ցեղ մը յղանան: Հիմա, ի՞նչ պատահեցաւ մարդկային ցեղին որ եկաւ ապրելու Երկրի վրայ:

## 1. Կենդանութեան սերմը

Մեղք գործելէն ետք, Ադամին յարաբերութիւնը կտրուեցաւ Աստուծոյ հետ: Իր հոգեւոր ուժականութիւնը դուրս հոսեցաւ իրմէ եւ փոխարէնը մարմնաւոր ուժականութիւն մտաւ իր մէջը, եւ ծածկեց իր մէջ գտնուող կենդանութեան սերմը:

Աստուած Ադամը գետնին հողէն շինեց: Եբրայերէն՝ «Ադամահ» կը նշանակէ երկիր կամ հող: Աստուած մարդուն կերպարը կաւով շինեց եւ անոր ռնգունքներուն մէջ կենդանութեան շունչը փչեց: Եսայեայ գիրքին մէջ նաեւ կ՛ըսէ թէ մարդը «կաւէն շինուած էր»:

Եսայեայ 64.8-ի մէջ գրուած է. «Բայց հիմա, ո՛վ Տէր, Դուն մեր Հայրն ես: Մենք կաւ ենք ու Դուն մեր բրուտն ես: Ամէնքս Քու ձեռքիդ գործն ենք»:

Այս եկեղեցին սկսելէս ոչ շատ ետք, Աստուած ինծի տեսիլք մը ցոյց տուաւ Իր վրայ, երբ Ինք Ադամը կը կաղապարէր կաւով: Նիւթը, որ Աստուած գործածեց, ջուրով խառնուած հող էր, որ կաւ է: Հոս, ջուրը կ՛ակնարկէ Աստուծոյ Խօսքին (Յովհաննու 4.14): Հողը եւ ջուրը իրար միացած, եւ երբ կենդանութեան շունչը մտաւ անոր մէջ, արիւնը որ կեանք է, սկսաւ շրջան ընել, եւ ան դարձաւ ապրող էակ մը (Ղեւտացւոց 17.14):

Կենդանութեան շունչը Աստուծոյ ուժը ունի իր մէջը: Որովհետեւ Աստուծմէ կու գայ, ուստի անիկա բնաւ չանհետանար: Աստուածաշունչը պարզապէս չըսեր թէ Ադամ մարդ մը եղաւ: Ան կ՛ըսէ թէ Ադամ կենդանի էակ մը եղաւ: Այդ ըսել է թէ անիկա կենդանի հոգի մըն էր: Ադամ կրնար յաւիտեան ապրիլ, հակառակ որ ինք գետնին հողէն շինուած էր: Ասկէ մենք կրնան հասկնալ Յովհաննու 10-րդ գլխուն 34-35 համարներուն իմաստը, որ կ՛ըսէ. «Յիսուս պատասխան տուաւ անոնց. "Չէ՞ որ ձեր օրէնքին մէջ գրուած է. 'Ես ըսի թէ դուք աստուածներ էք': Եթէ աստուածներ կ՛անուանէ զանոնք, որոնց Աստուծոյ խօսքը տրուեցաւ, (ու կարելի չէ որ այն գրուածը աւրուի,) …"»

Երբ մարդը ստեղծուեցաւ, սկիզբը ան կրնար ապրիլ յաւիտեան՝ առանց ֆիզիքական մահ տեսնելու: Հակառակ որ Ադամին Հոգին մեռած էր իր անհնազանդութեան հետեւանքով, բայց իր էութեան կորիզը, ներքին մասին մէջ, կը գտնուի կենդանութեան սերմը, որ Աստուծմէ տրուած է: Այդ սերմը յաւիտենական է, եւ որեւէ մէկը անով կրնայ վերստին ծնունդ ունենալ՝ որպէս Աստուծոյ զաւակ:

## Կենդանութեան Սերմ՝ Ամենուն Տրուած

Երբ Աստուած Ադամը ստեղծեց, Ան կենդանութեան չմարող սերմ դրաւ Ադամի մէջ: Կենդանութեան սերմը նախնական սերմն է, զոր Աստուած ցանեց Ադամի Հոգիին մէջ, որ իր Հոգիին ամենախորունկ մասն է: Անիկա Հոգիին ծագումն է, ուժի աղբիւրը՝ խոկալու Աստուծոյ վրայ եւ կատարելու մարդուն պարտականութիւնը:

Յղութեան վեցերորդ ամսուն մէջ Աստուած սաղմին կուտայ կենդանութեան սերմը, Հոգիին հետ միասին: Կենդանութեան այս սերմին մէջ կը գտնուի Աստուծոյ սիրտը եւ զօրութիւնը, որով մարդիկ կրնան հաղորդակցիլ Աստուծոյ հետ: Մարդոց մեծամասնութիւնը, որոնք չեն ընդունիր Աստուծոյ գոյութիւնը, տակաւին կ՚ունենան կա՛մ վախ եւ կա՛մ ըմբռնում մահուընէ ետք կեանքի մասին, եւ կամ անոնք չեն կրնար իրապէս ուրանալ զԱստուած իրենց սրտին խորքէն, որովհետեւ անոնք կենդանութեան սերմը ունին իրենց սրտին խորը:

Բուրգերը եւ ուրիշ բեկորներ իրենց մէջ կը պարունակեն մարդոց մտապատկերները՝ յաւիտենական կեանքի մասին, եւ իրենց յոյսերը՝ յաւիտենական հանգստավայրի մը նկատմամբ: Նոյնիսկ ամենէն զօրաւոր մարդիկը տակաւին կը վախնան մահուընէ, որովհետեւ իրենց մէջ եղող կենդանութեան սերմը կ՚անդրադառնայ այն կեանքին՝ որ պիտի գայ:

Ամէն ոք ունի կենդանութեան սերմը որ իրեն տրուած է Աստուծոյ կողմէ, եւ իր բնութեամբ անիկա զԱստուած կը փնտռէ ու Զայն ճանչնալու փափաքը ունի (Ժողովողի 3.11): Կենդանութեան սերմը կը գործէ մարդուն սրտին նման, եւ ուրեմն անիկա ուղղակիօրէն կապ ունի հոգեւոր կեանքին հետ: Արիւնը շրջան կ՚ընէ ողջենոգի մարմինը հայթայթէ թթուածինով եւ սնուցիչ նիւթերով, սրտին գործունէութեան ընդմէջէն: Նմանապէս, եթէ մարդուն մէջի կենդանութեան սերմը գործունէութեան մէջ դրուի, անոր հոգին ալ նոյնպէս կ՚աշխուժացուի եւ յետոյ ան կրնայ հաղորդակցիլ Աստուծոյ հետ: Ընդհակառակը, եթէ իր հոգին մեռած է, կենդանութեան սերմը գործունեայ չըլլար եւ մարդ չկրնար ուղղակիօրէն հաղորդակցիլ Աստուծոյ հետ:

## Կենդանութեան Սերմը Հոգիին Էութեան Կորիզն է

Ադամ լեցուած էր ճշմարտութեան գիտութեամբ՝ սորված ըլլալով Աստուծոյ կողմէ: Իր մէջ եղող կենդանութեան սերմը կատարելապէս գործունեայ էր: Անիկա լեցուն էր հոգեւոր ուժականութեամբ: Ադամ այնքան իմաստուն դարձաւ որ կրցաւ անուններ դնել բոլոր ապրող էակներուն եւ ապրիլ որպէս տէրը՝ բոլոր արարածներուն, անոնց վրայ իշխելով: Բայց մեղանչելէ ետք, Աստուծոյ հետ իր յարաբերութիւնը կտրուեցաւ: Ադամին հոգեւոր կորովը սկսաւ իրմէ դուրս հոսիլ: Իր սրտին մէջի հոգեւոր կորովը փոխարինուեցաւ մարմնաւոր կորովով եւ այդ մարմնաւոր ուժականութիւնն ալ նոյնպէս ծածկեց կենդանութեան սերմը: Այդ ժամանակէն սկսեալ, կենդանութեան սերմը աստիճանաբար կորսնցուց իր լոյսը եւ վերջաւորութեան անիկա կատարելապէս անգործունեայ դարձաւ։

Ճիշդ ինչպէս որ մէկու մը կեանքը կը վերջանայ երբ իր սիրտը կը դադրի բաբախելէ, Ադամի Հոգին ալ նոյնպէս մեռաւ երբ կենդանութեան սերմը անգործունեայ դարձաւ։ Իր Հոգիին մեռնիլը կը նշանակէ թէ Ադամի կենդանութեան սերմը ամբողջութեամբ դադրեցաւ գործելէ, ուստի այդ սերմը միւնոյնն էր՝ որպէս թէ ան մեռած ըլլար։ Ուրեմն, ֆիզիքական տարածութեան այս ծաւալին մէջ, ամէն մարդ կը ծնի կենդանութեան սերմով մը որ կատարելապէս անշարժ է։

Ադամի անկումէն իվեր մարդիկ անկարող եղած են խուսափելու մահուընէ։ Որպէսզի կարենային դարձեալ յաւիտենական կեանք ստանալ, անոնք նախ եւ առաջ պէտք էր մեղքի հարցը լուծէին՝ Աստուծոյ օգնութեամբ, որ Լոյս է։ Այսինքն, անոնք պէտք է Յիսուս Քրիստոսը ընդունին եւ մեղքերու թողութիւն ստանան։ Վերակենդանացնելու համար մեր Հոգին, Յիսուս մեռաւ խաչին վրայ, բոլոր մարդկութեան մեղքը Իր վրայ առնելով։ Յիսուս եղաւ Ճամբան, Ճշմարտութիւնը, եւ կեանքը, որով բոլոր մարդիկը կրնան յաւիտենական կեանք ստանալ։ Երբ ընդունինք Յիսուսը որպէս մեր անձնական Փրկիչը, այն ատեն մենք կրնանք թողութիւն ստանալ մեր մեղքերուն համար եւ կը դառնանք Աստուծոյ զաւակներ՝ Սուրբ Հոգին ստանալով։

Սուրբ Հոգին մեր մէջ գտնուող կենդանութեան սերմը գործունէութեան մէջ կը դնէ։ Ասիկա մեր մէջի մեռած Հոգիին վերակենդանացումն է։ Այս վայրկեանէն սկսեալ, կենդանութեան սերմը որ կորսնցուցած էր իր լոյսը, կը սկսի նորէն փայլիլ։ Անշուշտ, անիկա չկրնար փայլիլ իր լման ծաւալով ինչպէս որ Ադամին մէջ էր, բայց լոյսին ուժգնութիւնը իրապէս աւելի եւս կը զօրանայ երբ մէկու մը հաւատքին չափը կ՚աւելնայ, եւ երբ իր Հոգին կ՚աճի եւ աւելի հասուն կը դառնայ։

Որքան աւելի շատ լեցուի Սուրբ Հոգիով, այնքան աւելի զօրաւոր լոյս կ՛արձակէ կենդանութեան սերմը, եւ աւելի զօրաւոր լոյս դուրս կու գայ այդ Հոգեւոր մարմինէն: Այն չափով որ մէկը ինքզինքը կը լեցնէ ճշմարտութեան գիտութիւնով, նոյն չափով ան կրնայ վերստանալ Աստուծոյ կորսուած պատկերը եւ Աստուծոյ ճշմարիտ զաւակը դառնալ:

## Կենդանութեան Ֆիզիքական Սերմը

Կենդանութեան Հոգեւոր սերմէն անդին, որ կը նմանի Հոգիին կորիզին, կայ նաեւ կենդանութեան ֆիզիքական սերմը: Ասիկա կ՛ակնարկէ արական սերմին եւ իգական ձուաբջիջին: Աստուած մարդկային մշակումի ծրագիրը ըրաւ որպէսզի ճշմարիտ զաւակներ շահի, որոնց Հետ Ինք կրնար ճշմարիտ սէր բաժնեկցիլ: Եւ այս ծրագիրը գործադրելու Համար, Աստուած մարդոց տուաւ կենդանութեան սերմը, որպէսզի անոնք կարենան բազմապատկուիլ եւ երկիրը լեցնել: Հոգեւոր տարածութեան ծաւալը, ուր Աստուած կը բնակի, անսաՀման է, եւ շատ առանձին ու ամայի պիտի ըլլայ երբ որեւէ մէկը չըլլայ շուրջը: Այդ է պատճառը որ Աստուած Ադամը ստեղծեց որպէս կենդանի էակ եւ թոյլ տուաւ որ մարդը բազմանայ սերունդէ սերունդ, որպէսզի Աստուած կարենայ շատ զաւակներ ստանալ:

Այն տեսակի զաւակը որ Աստուած կ՛ուզէ՝ անձ մըն է որ կրնայ Հաղորդակցիլ Աստուծոյ Հետ, եւ որ պիտի կարենայ յաւիտենապէս սէր բաժնեկցիլ Իր Հետը, երկնային թագաւորութեան մէջ: Այսպիսի ճշմարիտ զաւակներ շաՀելու Համար, Աստուած իւրաքանչիւր անձի կու տայ կենդանութեան այս սերմը եւ Ադամի ժամանակէն իվեր Աստուած կը ղեկավարէ մարդկային մշակումը: Դաւիթ անդրադարձաւ Աստուծոյ այս սիրոյն եւ ծրագրին ու ըսաւ. «Կը գոՀանամ Քեզմէ, որ աՀաւոր ու զարմանալի կերպով ստեղծուեցայ:

Քու գործերդ զարմանալի են ու իմ անձս աղէկ գիտէ» (Սաղմոս 139.14)։

## 2. Մարդ Ի՞նչպէս Կը Սկսի Գոյութիւն Ունենալ

Մարդ արարածը չկրնար համասեռիլ ուրիշ մարդ արարածէ մը։ Նոյնիսկ եթէ պատահի որ անոնք կարենան կրկնապատկել մարդու մը արտաքին երեւոյթը, անիկա մարդ արարած չըսուիր, որովհետեւ հոգի պիտի չունենայ։ Այդ համասեռուած էակը անասունէ մը տարբեր պիտի չըլլայ։

Նոր կեանք մը կը յղացուի երբ մարդու մը սերմը եւ կնոջ մը ձուաբջիջը իրարու կը միանան։ Մարդկային այդ կազմուածքը լման երեւան ելլելու համար, սաղմը ինը ամիս կը մնայ արգանդին մէջ։ Մենք կրնանք զգալ Աստուծոյ խորհրդաւոր ուժը երբ նկատի առնենք աճումի ընթացքը՝ սաղմին յղացուելէն մինչեւ այն ժամանակը երբ յղութիւնը կը հասնի իր ժամկէտին։

Առաջին ամիսը կը սկսի կազմուիլ ջղային դրութիւնը։ Հիմնական գործը կը կատարուի ողնաշարի արիւնը, ոսկորները, մկանները, երակները, եւ ներքին գործարանները կարենան կազմուիլ։ Երկրորդ ամիսը կը սկսի սիրտը զարնել եւ սաղմը կ՚առնէ մարդուն արտաքին անտաշ կերպարանքը։ Այս ժամանակ կրնան ճանչցուիլ գլուխը եւ ձեռքերն ու ոտքերը։ Երրորդ ամիսը դէմքը կը շինուի։ Անիկա մինակը կրնայ շարժել իր գլուխը, մարմինը, ձեռքերն ու ոտքերը, եւ յետոյ կը սկսին նաեւ յառաջ գալ սեռային գործարանները։

Չորրորդ ամիսէն սկսեալ կ՚ամբողջանայ սաղմընկերը, ուստի կ՚աւելնայ սնուցիչ նիւթերու հայթայթումը, եւ սաղմին հասակն ու կշիռքը արագօրէն կ՚աւելնան: Բոլոր գործարանները որոնք կանգուն կը պահեն մարմինը եւ կեանքը, կը սկսին բնական կերպով գործել: Հինգերորդ ամիսէն սկսեալ յառաջ կու գան մկաններ, եւ լսելու կարողութիւնն ալ նոյնպէս կը զարգանայ, եւ սաղմը կրնայ ձայներ լսել: Վեցերորդ ամիսը յառաջ կու գան մարսողութեան գործարանները, ուստի աճումը կը սկսի աւելի եւս արագ ընթանալ: Եօթներորդ ամիսը կը սկսին աճիլ գլխուն վրայի մազերը, եւ թոքերու զարգացումովը սաղմը կը սկսի շնչել:

Սեռային գործարանները եւ լսելու կարողութիւնը կը կատարելագործուին ութերորդ ամսուն մէջ: Սաղմը նոյնիսկ կրնայ հակազդել արտաքին ձայներուն: Իններորդ ամսուն մէջ մազը կը սկսի աւելի խտանալ, մարմնին վրայի բարակ մազերը կ՚անհետանան, եւ ձեռքերն ու ոտքերը կը սկսին աւելի գիրուկ ըլլալ: Ինը լման ամիսներէ ետք, կը ծնի միջին հաասակով եւ կշիռքով, այսինքն մօտ 50 հարիւրորդամեթր հասակով եւ 3,2 քիլօկրամ կշիռքով մանուկ մը:

## Սաղմը Կեանք մըն է որ Աստուծոյ Կը Պատկանի

Այսօրուայ գիտական յառաջացումներով, մարդիկ մեծ հետաքրքրութիւն ունին համասերելու ապրող էակներ: Բայց ինչպէս որ նախապէս նշուեցաւ, հոգ չէ թէ որքան յառաջանայ գիտութիւնը, կարելի չէ համասերել մարդ արարածներ: Նոյնիսկ եթէ պատահի որ կարելի ըլլայ համասերիլ մարդու արտաքին կերպարանքի երեւոյթով, անիկա հոգի պիտի չունենայ: Առանց հոգիի, անիկա ոչ մէկ տարբերութիւն կ՚ունենայ անասունէ:

Մարդ արարածին աճման ընթացքին մէջ, ոչ նման միւս բոլոր անասուններուն, կայ որոշ կէտ մը ժամանակին մէջ՝ երբ մարդուն կը տրուի հոգի մը: Յղութեան վեցերորդ ամիսը, սաղմը կ՚ունենայ զանազան գործարաններ, դէմք մը, եւ անդամներ: Անիկա կը սկսի դառնալ անօթ մը, որ բաւականատակ է կրելու անոր Հոգին: Այս կէտին վրայ Աստուած մարդուն կու տայ կեանքի սերմը, անոր Հոգիին հետ միատեղ: Աստուածաշունչին մէջ կայ ցուցանիշ մը որմէ կրնանք հետեւցնել այս իրողութիւնը: Այդ ցուցանիշը արգանդին մէջ եղող վեց ամսուայ սաղմի մը ունեցած պատասխանն է:

Ղուկաս առաջին գլխուն 41-44 համարներուն մէջ կը կարդանք. «Երբ Եղիսաբէթ Մարիամին բարեւը լսեց, մանուկը անոր որովայնին մէջ խաղաց ու Եղիսաբէթ Սուրբ Հոգիով լեցուեցաւ, եւ բարձր ձայնով մը կանչեց ու ըսաւ. 'Օրհնեալ ես դուն կիներուն մէջ եւ օրհնեալ է քու որովայիդ պտուղը: Այս ինծի ինչպէ՞ս եղաւ, որ իմ Տէրոջս մայրը ինծի եկաւ: Վասն զի ահա երբ քու բարեւիդ ձայնը ականջիս հասաւ, մանուկը որովայնիս մէջ խաղաց ուրախութենէն'»:

Այս բանը պատահեցաւ երբ Յիսուս տակաւին նոր յղացուած էր Կոյս Մարիամին արգանդին մէջ, եւ Մարիամ գացեր էր այցելելու Եղիսաբէթը, որ իրմէ վեց ամիս առաջ յղացեր էր Յովհաննէս Մկրտիչը: Յովհաննէս Մկրտիչը ուրախութենէն ցատկեց իր մօրը արգանդին մէջ, անմիջապէս որ Կոյս Մարիամը եկաւ: Անիկա ճանչցաւ Յիսուսը Մարիամին արգանդին մէջ, եւ Սուրբ Հոգիով լեցուեցաւ: Սաղմը պարզապէս կեանք մը չէ միայն, այլ նաեւ հոգեւոր էակ մը, որ կրնայ լեցուիլ Սուրբ Հոգիով՝ յղութեան վեցերորդ ամիսէն: Մարդ արարածը կեանք մըն է որ կը պատկանի Աստուծոյ՝ յղութեան վայրկեանէն սկսեալ: Միայն Աստուած է որ գերիշխանութիւն ունի կեանքին վրայ: Ուրեմն, մենք պէտք չէ մանուկ մը վիժել տանք երբ յարմար կամ անհրաժեշտ կը տեսնենք այդ բանը ընելու, նոյնիսկ եթէ սաղմը տակաւին Հոգի չունի:

Շատ կարեւոր է ինը ամսուայ շրջանը որուն ընթացքին սաղմը կ՚աճի արգանդին մէջ: Ան իր մօրմէն կը հայթայթուի ամէն բանով՝ զոր պէտք ունի աճելու համար. ուստի հարկաւոր է որ մայրը հաւասարակշռուած սնունդ ստանայ: Մօրը զգացումները եւ խորհուրդները նոյնպէս կ՚ազդեն սաղմին նկարագրին, անհատականութեան, եւ իմաստութեան կազմութեան մէջ: Նոյնն է պարագան հոգիին նկատմամբ: Այն մանուկները որոնց մայրերը Աստուծոյ թագաւորութեան մէջ կը ծառայեն եւ որոնք ժրաջանօրէն կ՚աղօթեն, սովորաբար կը ծնին աւելի մեղմ նկարագիրներով ու կը մեծնան իմաստութեամբ եւ առողջութեամբ:

Կեանքի վրայ գերիշխանութիւնը կը պատկանի միմիայն Աստուծոյ, սակայն Աստուած միջամուխ չըլլար մարդուն յղութեան, ծնունդին, եւ աճման ընթացքներուն մէջ: Ներածին բնութիւնները կը սահմանուին կենսատու ուժին միջոցաւ, որ պարբակուած է ծնողքին սերմին եւ հաւկիթին մէջ: Նկարագրի ուրիշ յատկութիւններ ձեռք կը ձգուին եւ կը յառաջանան միջավայրին եւ այլ ազդեցութիւններու համեմատ:

## Աստուծոյ Յատուկ Միջամտութիւնը

Կան կարգ մը պարագաներ ուր Աստուած կը միջամտէ մէկու մը յղացման եւ ծնունդին մէջ: Առաջին, ասիկա այն պարագան է երբ ծնողները իրենց հաւատքով կը հաճեցնեն զԱստուած, եւ ջերմեռանդութեամբ կ՚աղօթեն: Աննան կին մըն էր որ կ՚ապրէր Դատաւորներու ժամանակ: Ան ցաւով եւ տագնապով ապրեցաւ որովհետեւ չէր կրնար զաւակ ունենալ. ուստի ան Աստուծոյ առջեւ եկաւ եւ ջերմեռանդութեամբ աղօթեց: Աննա ուխտ ըրաւ որ եթէ Աստուած իրեն տղայ զաւակ մը տար, ինք այդ զաւակը Աստուծոյ պիտի նուիրէր:

Աստուած լսեց Աննային աղօթքը եւ օրհնեց զինք որպէսզի ան յղանայ տղայ զաւակով մը: Ինչպէս որ ուխտած էր, Աննա իր տղան՝ Սամուէլը քահանային բերաւ անմիջապէս որ Սամուէլ կտրուեցաւ կաթէն, եւ զայն յանձնեց՝ որպէսզի դառնայ Աստուծոյ ծառայ մը: Սամուէլ իր մանուկ հասկաին կը հաղորդակցէր Աստուծոյ հետ եւ յետագային Սամուէլ դարձաւ Իսրայէլի մեծ մարգարէ մը: Քանի որ Աննա կատարեց իր ուխտը, Աստուած ալ օրհնեց զինքը որ Սամուէլէն ետքը երեք ուրիշ տղայ զաւակներ եւ երկու աղջիկ զաւկաներ ալ ունենայ (Ա. Թագաւորաց 2.21):

Երկրորդ, Աստուած կը միջամտէ այն անձերուն կեանքերուն մէջ՝ որոնք Աստուծոյ կողմէ վերապահուած են Իր նախասահմանութեան համար: Այս կարենալ հասկնալու համար, մենք պէտք է հասկնանք տարբերութիւնը՝ «ընտրուած ըլլալու» եւ «վերապահուած ըլլալու» արտայայտութիւններուն միջեւ: Իր ընտրութեամբ է որ երբ Աստուած կը հիմնէ որոշ շրջանակ մը, եւ անխտիր կ՚ընտրէ որեւէ մէկը՝ որ կու գայ այդ շրջանակին սահմաններուն միջեւ: Օրինակի համար, Աստուած հիմնած է փրկութեան շրջանակը եւ կը փրկէ ամէն մէկ անհատ որ կը մտնէ այդ շրջանակին սահմաններէն ներս: Ուրեմն, անոնք որոնք փրկութիւն կը ստանան Յիսուս Քրիստոսը ընդունելով եւ Աստուծոյ Խօսքով ապրելով, «ընտրուածներ» կ՚ըսուին:

Ոմանք սխալ կը հասկնան խորհելով որ Աստուած արդէն որոշած է այն անձերը որոնք պիտի փրկուին, նաեւ զանոնք՝ որոնք պիտի չփրկուին: Անոնք կ՚ըսեն թէ անգամ մը որ Տէրը ընդունիս, Աստուած այնպէս մը կը գործէ որ դուն ձեւով մը փրկութիւն գտնես, հակառակ որ Աստուծոյ Խօսքով չես ապրիր դուն: Սակայն այս խորհուրդը սխալ է:

Ամէն անձ որ իր ազատ կամքով հաւատքի կու գայ եւ

փրկութեան շրջագիծին մէջ՝ փրկութիւն պիտի ստանայ: Այսինքն, անոնք բոլորն ալ «ընտրուած» են Աստուծոյ կողմէ: Սակայն անոնք որոնք չեն գար փրկութեան շրջանակին մէջ, եւ կամ անոնք որոնք ատեն մը մտած էին այդ սահմաններուն մէջ եւ սակայն յետագային հեռացան այդ սահմաններէն՝ ընկերանալով աշխարհին եւ գիտակցաբար մեղքեր գործելով, անոնք չեն կրնար փրկուիլ բացի եթէ դարձի գան իրենց ճամբաներէն:

Ուրեմն ի՞նչ ըսել է «վերապահուած ըլլալ»: Այդ տեղի կ՚ունենայ երբ Աստուած, որ ամենագէտ է եւ ամէն բան Ինք կը ծրագրէ նոյնիսկ դարերէն առաջ, կ՚ընտրէ որոշ անհատ մը եւ կը կառավարէ անոր կեանքին բոլոր ընթացքները: Օրինակի համար. Աբրահամը, Յակոբը (բոլոր Իսրայէլացիներուն հայրը), եւ Մովսէսը (Ելիցի առաջնորդը), բոլորն ալ վերապահուած կամ մէկդի դրուած էին Աստուծոյ կողմէ, որպէսզի լրացնէին յատուկ պարտականութիւններ՝ տրուած Աստուծոյ կողմէ՝ Իր նախասահմանութեամբ:

Աստուած ամէն բան գիտէ. Անիկա ամենագէտ է: Մարդկային մշակութեան Իր նախասահմանութեան մէջ, Աստուած գիտէ թէ ինչպիսի անձեր պիտի ծնին՝ մարդկային պատմութեան որ մէկ կէտին վրայ: Ամբողջացնելու համար Իր ծրագիրները, Աստուած կ՚ընտրէ որոշ անձեր, եւ կ՚արտօնէ որ անոնք մեծ պարտականութիւններ ստանձնեն: Այդ անհատներուն կեանքերուն մէջ, որոնք այս ձեւով կանչուած ու որոշուած են, Աստուած կը միջամտէ իրենց կեանքին ամէն մէկ վայրկեանին մէջ, սկսելով անոնց ծնունդէն:

Հռովմայեցիս 1.1 կ՚ըսէ. «Պօղոս, Յիսուս Քրիստոսի ծառայ, առաքեալ ըլլալու կանչուած, Աստուծոյ աւետարանին համար որոշուած»: Ինչպէս ըսուեցաւ, Պօղոս առաքեալ կանչուած էր հեթանոսներուն առաքեալը դառնալու եւ աւետարանը տարածելու: Որովհետեւ քաջ եւ անփոփոխ սիրտ մը ունէր, ուստի Պօղոսի սահմանուած էր աներեւակայելի չարչարանքներ կրելու: Նաեւ, անոր տրուած էր Նոր Կտակարանի գիրքերուն մեծ մասը արձանագրելու պարտականութիւնը եւ պատասխանատուութիւնը: Որպէս զի կարենար իրագործել այսպիսի պարտականութիւն մը, Աստուած թոյլ տուաւ որ Պօղոս կանուխէն, այսինքն իր փոքր տարիքէն, ամբողջութեամբ սերտէ Աստուծոյ Խօսքը՝ այդ ժամանակի լաւագոյն դպրագէտին՝ Գամաղիէլի ձեռքին տակ:

Յովհաննէս Մկրտիչը նոյնպէս կանչուած եւ Աստուծոյ կողմէ վերապահուած էր: Աստուած միջամտեց անոր յղացման ընթացքին մէջ, եւ թոյլ տուաւ որ իր մանկութենէն սկսեալ անիկա տարբեր տեսակի կեանք մը ապրի: Յովհաննէս մինակը ապրեցաւ անապատին մէջ, ոչ մէկ շփում ունենալով աշխարհին հետ: Անիկա ուղտի մազէ շինուած հագուստ մը հագած եւ իր մէջքին կաշիէ գօտի մը դրած կը պտըտէր, եւ իր ուտելիքը մարախ եւ վայրի մեղր էր: Այս ձեւով է որ ան ճամբան պատրաստեց Յիսուսի համար:

Մովսէսի համար ալ միեւնոյնն էր պարագան: Աստուած միջամտեց Մովսէսի ծնունդէն սկսեալ: Որպէս մանուկ, անիկա գետը նետուած էր, սակայն յետոյ իշխանուհիին կողմէ գտնուելով՝ անիկա իշխան դարձաւ: Այսուհանդերձ, անիկա խնամուեցաւ իր իսկ մօրը կողմէ, որպէսզի կարենայ իմանալ Աստուծոյ եւ իր ժողովուրդին մասին: Որպէս Եգիպտացի իշխան մը, Մովսէս նաեւ ձեռք ձգած էր աշխարհի բոլոր գիտութիւնը: Ինչպէս որ բացատրուեցաւ, վերապահուած կամ կանչուած ըլլալը կը պատահի այն ատեն՝ երբ Աստուած Իր գերիշխանութեամբ կը կառավարէ որոշ անհատի մը կեանքը, գիտնալով թէ ինչպիսի անձ մը պիտի ծնի մարդկային պատմութեան մէջ որոշ կէտի մը վրայ:

## 3. Խղճմտանք

Փնտռելու եւ հանդիպելու համար Աստուծոյ՝ Ստեղծիչին, վերագտնելու համար Աստուծոյ պատկերը եւ դառնալու համար թանկագին էակ մը, մեծապէս կախեալ է խղճմտանքէն՝ զոր մէկը ունի ինքն իր մէջը։

Ծնողներուն սերմերն ու ձուիկները կը պարունակեն իրենց կենսատու ուժը, որ կը ժառանգուի զաւակներուն կողմէ։ Նոյնն է պարագան խղճմտանքին կապակցութեամբ։ Խղճմտանքը չափանիշն է դատելու բարիի եւ չարի միջեւ։ Եթէ ծնողները բարի կեանք մը ապրած են՝ սրտի բարի դաշտ մը մշակելով, շատ աւելի հաւանական է որ իրենց զաւակները բարի խղճմտանքով ծնին։ Ուրեմն, մէկու մը խղճմտանքը սահմանող հիմնական տարրը՝ այն կենսատու ուժին տեսակն է զոր մարդ կը ժառանգէ իր ծնողներէն։

Սակայն հակառակ որ իրենց ծնողներէն ժառանգած կենսատու բարի ուժով կը ծնին, եթէ այդ զաւակները աննպաստ միջավայրի մը մէջ մեծնան, բազմաթիւ չար բաներ տեսնելով ու լսելով, եւ եթէ չար բաներ սերմանեն իրենց մէջ, այդ պարագային շատ հաւանական է որ անոնց խղճմտանքները պիտի արարտաւորուին չարութեամբ։ Աւոր հակառակը, եթէ անոնք նպաստաւոր պայմաններու մէջ մեծնան, տեսնելով ու լսելով լաւ բաներ, այն ատեն շատ հաւանական է որ անոնք համեմատաբար աւելի բարի խղճմտանք ունենան։

### Խղճմտանքին Կազմութիւնը

Տարբեր խղճմտանքներ կը կազմուին նայած ծնողներուն՝ որոնցմէ մէկը կը ծնի, միջավայրին՝ ուր մէկը կը մեծնայ, տեսած, լսած, եւ սորված բաներուն, նաեւ՝ թէ ան ինչ տեսակի ջանքեր կը թափէ բարիք ընելու համար: Ուստի, անոնք որոնք լաւ ծնողներէ ծնած եւ լաւ միջավայրի մէջ ապրած են, անոնք սովորաբար կը զսպեն ինքզինքնին եւ բարութիւն կը փնտռեն՝ իրենց խղճմտանքին հետեւելով: Անոնց համար դիւրին է աւետարանը ընդունիլ եւ փոխուիլ ճշմարտութեան միջոցաւ:

Սովորաբար մարդիկ կը խորհին որ խղճմտանքը մեր սրտին բարի մասն է, սակայն Աստուծոյ տեսանկիւնէն այդպէս չէ: Կարգ մը մարդիկ բարի խղճմտանք ունին եւ ուրեմն աւելի հակում ունին բարութեան հետեւելու, մինչ ուրիշներ որոնք չար խղճմտանք ունին, աւելի կը փնտռեն իրենց անձնական շահը՝ քան ճշմարտութեան հետեւիլը:

Ոմանք խղճմտանքի յանկարծադէպ տագնապներ կ՛ունենան՝ եթէ պատահի որ անոնք միայն պարզապէս պզտիկ բան մը առնեն ուրիշէն, մինչ ուրիշներ կը խորհին որ ատիկա գողութիւն չէ եւ ուրեմն չարութիւն չէ: Մարդիկ դատողութեան տարբեր չափանիշներ ունին բարիի ու չարի միջեւ, նայած թէ ինչ տեսակի միջավայրերու մէջ մեծցած էին եւ թէ ինչ բան ուսուցուած էր իրենց:

Մարդիկ կը դատեն բարիի ու չարի միջեւ՝ ամէն մէկը իր խղճմտանքին համեմատ: Սակայն մարդոց խղճմտանքները բոլորն ալ մէկը միւսէն տարբեր են: Գոյութիւն ունին շատ մը տարբերութիւններ՝ տարբեր մշակոյթներու եւ շրջաններու համեմատ, եւ ուրեմն անոնք բնաւ չեն կրնար բացարձակ չափանիշ մը դառնալ դատելու բարիի ու չարի միջեւ: Բացարձակ չափանիշը կը գտնուի միայն Աստուծոյ Խօսքին մէջ, որը ինքնին ճշմարտութիւնն է:

## Տարբերութիւն՝ Սրտին եւ Խղճմտանքին միջեւ

Հռովմայեցիս 7.21-24 կ՚ըսէ. «Ուստի ես կը գտնեմ օրէնք մը, որ երբ բարին ընելը կամենամ, չարը իմ քովս կ՚ըլլայ: Վասն զի ներսի մարդուն նայելով՝ Աստուծոյ օրէնքին կը հաւնիմ, բայց ուրիշ օրէնք մը կը տեսնեմ իմ անդամներուս մէջ, որ իմ մտքիս օրէնքին դէմ կը պատերազմի ու զիս գերի կ՚ընէ մեղքի օրէնքին, որ իմ անդամներուս մէջ է: Ի՜նչ խղճալի մարդ եմ ես. ո՞վ պիտի ազատէ զիս այս մահկանացու մարմնէն»:

Այս համարէն մենք կրնանք հասկնալ թէ մարդուն սիրտը ի՞նչպէս կազմուած է: Այս համարին մէջ «ներսի մարդը» ճշմարտութեան սիրտն է, որ կրնայ նաեւ կոչուիլ «ճերմակ սիրտը» որ կը փորձէ հետեւիլ Սուրբ Հոգիին առաջնորդութեան: Այս ներսի մարդուն մէջ է որ կը գտնուի կենաց սերմը: Կայ նաեւ «մեղքի օրէնքը», որ «սեւ սիրտն» է, որ իր մէջ կը պարունակէ անիրաւութիւնը: Գոյութիւն ունի նաեւ «մտքիս օրէնքը»: Ասիկա խղճմտանքն է: Խղճմտանքը արժէքաւոր դատողութեան չափանիշ մըն է, որ մարդը ինքնիրենը շինած է: Անիկա «ճերմակ սրտի» եւ «սեւ սրտի» խառնուրդ մըն է: Որպէս զի հասկնանք թէ ինչ է խղճմտանքը, մենք պէտք է սկիզբը կարենանք հասկնալ մէկու մը սիրտը:

Բառարաններուն մէջ տարբեր տեսակի սահմանումներ կան «սիրտ» բառին մասին: Սիրտը մէկու մը «զգացական կամ բարոյական մասն է, որ կը զանազանուի իմացական բնութենէն», եւ կամ անիկա մէկու մը «ամենախորունկ բնաւորութիւնը, զգացումները, կամ հակումներն են»: Սակայն անոր հոգեւոր իմաստը բոլորովին տարբեր է:

Երբ առաջին անգամ մարդը՝ այսինքն Ադամը ստեղծեց, Աստուած անոր տուաւ կենաց սերմը, իր հոգիին հետ միատեղ: Ադամ կը նմանէր պարապ անօթի մը, եւ Աստուած անոր մէջ դրաւ հոգիին գիտութիւնը՝ ինչպէս սէր, բարութիւն, եւ ճշմարտասիրութիւն: Որովհետեւ Ադամ միայն ճշմարտութեամբ է որ կ՚ուսուցանուէր, ուստի իր կենաց սերմը կը պարունակէր ինքնին իր Հոգին, գիտութեան հետ միատեղ, որ իր Հոգիին մէջ դրուած էր: Որովհետեւ Ադամ միայն ճշմարտութեամբ լեցուած էր, ուստի պէտք չկար որեւէ զանազանելու Հոգիին եւ սրտին միջեւ: Որովհետեւ անիրաւութիւն չկար, ուստի հարկաւոր չէր այսպիսի բառ մը՝ ինչպէս խղճմտանք բառը:

Սակայն մեղանչելէ ետք, Ադամի Հոգին իր սրտին պէս չէր այլեւս: Որովհետեւ Աստուծոյ հետ իր յարաբերութիւնը սկսաւ դժուարանալ, ուստի ճշմարտութիւնը (այսինքն Հոգիին գիտութիւնը, որ իր սրտին մէջ լեցուած էր), սկսաւ դուրս հոսիլ, եւ փոխարէնը անիրաւութիւնը՝ ինչպէս ատելութիւն, նախանձ, եւ ամբարտաւանութիւն, սկսան փոխարինել իր սիրտը եւ ծածկել կենդանութեան սերմը: Նախքան անիրաւութեան մուտք գործելը Ադամի մէջ, «սիրտ» բառը գործածելու պէտքը չկար: Ադամի սիրտը ինքնին իր Հոգին էր: Սակայն երբ մեղքերու պատճառով սկսան անիրաւութիւններ մտնել՝ Ադամի Հոգին մեռաւ, եւ անկէ սկսեալ մենք սկսանք «սիրտ» բառը գործածել:

Ադամի անկումէն ետք մարդոց սիրտը հասաւ այնպիսի վիճակի մը՝ ուր «ճշմարտութեան փոխարէն անիրաւութիւնը ծածկեց կենդանութեան սերմը», որ կը նշանակէ թէ՝ «Հոգիին փոխարէն շունչը ծածկեց կենդանութեան սերմը»: Պարզօրէն խօսելով, ճշմարտութեան սիրտը ճերմակ սիրտն է, իսկ անիրաւութեան սիրտը սեւ սիրտն է: Ադամի յաջորդող բոլոր սերունդներուն համար, որոնք ծնեցան իր անկումէն ետք, անոնց սրտերը կը ներարէ ճմարտութեան սիրտը, անիրաւութեան սիրտը, եւ իրենց խղճմտանքը որ ինքնին իրենք կերտեցին՝ ճշմարտութիւն եւ անիրաւութիւն իրար հետ միասին խառնելով:

## Բնութիւնը Խղճմտանքին Հիմքն է

Մէկու մը սրտին նախնական նկարագիրին կ՚ակնարկուի որպէս «բնութիւն»: Մէկու մը բնութիւնը չի կատարելագործուիր պարզապէս ժառանգութեամբ միայն: Ան նաեւ կը փոխուի՝ նայած թէ ինչ տեսակի բաներ կ՚ընդունի մէկը իր աճման ընթացքին: Ճիշդ ինչպէս որ հողին յատկանիշները կը փոխուին այն նիւթերուն համեմատ զոր մենք կ՚աւելցնենք անոր վրայ, նոյնպէս ալ մէկու մը բնութիւնը կրնան փոխուիլ՝ իր տեսածին, լսածին, եւ զգացածին համեմատ:

Ադամի յաջորդող բոլոր սերունդները որոնք ծնած են երկրի վրայ՝ կը ժառանգեն իրենց ծնողքին կենդանութեան ուժը, բնութիւն մը՝ ճշմարտութեան եւ անիրաւութեան խառնուրդ մըն է: Միւս կողմէն, հակառակ որ անոնք բարի բնութեամբ ծնած են, այդ բնութիւնը պիտի չարանայ՝ եթէ անոնք չար բաներ ընդունին աննպաստ միջավայրերու մէջ: Միւս կողմէն, եթէ անոնց լաւ բաներ ուսուցուած են լաւ միջավայրի մը մէջ, համեմատաբար աւելի նուազ չարութիւն պիտի սերմանուի իրենց մէջ: Ամէն մէկ անհատի բնութիւնը կրնայ փոխուիլ՝ ձեռք ձգուած անիրաւութիւնները եւ ճշմարտութիւնները աւելցնելով իր մէջը:

Դիւրին է հասկնալ խղճմտանքին մասին եթէ մենք սկիզբը կարենանք հասկնալ մարդուն բնութեան մասին, որովհետեւ խղճմտանքը չափանիշն է դատաստանին՝ որ շինուած է բնութեան վրայ: Դուն կ՚ընդունիս քու բնածին բնութեանդ մէջ ձեռք բերուած ճշմարտութեան գիտութիւնը ու կը կազմես դատաստանի չափանիշ մը: Ահաւասիկ այս է խղճմտանքը: Ուստի, մէկու մը խղճմտանքին մէջ կը գտնուի իր ճշմարիտ սիրտը, իր չար բնութիւնը, եւ ինքնարդարացումը:

Մինչ օրերը կ՚անցնին, աշխարհը աւելի եւս մեղքերով ու չարութեամբ կը լեցուի, եւ մարդոց խղճմտանքները երթալով աւելի եւս կը չարանան: Անոնք աւելի եւս չար բնութիւն կը ժառանգեն ծնողներէն, եւ այդ բոլորին վրայ անոնք աւելի եւս անիրաւութիւններ կ՛ընդունին իրենց կեանքին մէջ: Այս ընթացքը անընդհատ կը շարունակուի սերունդէ սերունդ: Մինչ իրենց խղճմտանքները աւելի եւս չար ու անզգայ կը դառնան, իրենց համար աւելի դժուար կը դառնայ աւետարանը ընդունիլը: Փոխարէնը, իրենց համար աւելի դիւրին կ՛ըլլայ Սատանային գործերը ընդունիլ եւ մեղքեր գործելը:

## 4. Մարմնին Գործերը

Երբ անհատ մը մեղքեր գործէ, ստոյգ է որ հոգեւոր աշխարհի օրէնքին համեմատ որոշ հատուցում մը պիտի ըլլայ: Աստուած կը համբերէ ու կը կրէ զինքը, ջանալով աւելի եւս առիթներ տալ իրեն որպէսզի դարձի գայ իր մեղքերէն, սակայն եթէ անիկա սահմանը անցնի՝ քննութիւններ եւ փորձութիւններ պիտի պատահին իրեն, եւ կամ զանազան աղէտներ:

Ամէն մարդ ծնած է մեղսալից բնութիւններով, որովհետեւ առաջին մարդուն՝ Ադամին մեղսալից բնութիւնը անցած է զաւակներուն՝ ծնողներուն կենսատու ուժին միջոցաւ: Երբեմն մենք կը տեսնենք որ նոյնիսկ տատիք ընող պզտիկներ իրենց զայրոյթը եւ յուսախաբութիւնը կ՛արտայայտեն, օրինակի համար՝ չափազանց շատ լալով: Երբեմն, եթէ մենք չսնուցանենք անօթի եւ լացող մանուկ մը, անիկա այնքան շատ պիտի լայ որ կը թուի թէ պիտի չկարողանայ շնչել: Յետագային, ան կը մերժէ սնուցուիլ՝ որովհետեւ շատ զայրացած է: Նոյնիսկ նորածին մանուկներ այս տեսակ վարմունք կը ցուցաբերեն որովհետեւ անոնք զայրացկոտ բնաւորութիւն, ատելութիւն, կամ նախանձ կը ժառանգեն իրենց ծնողներէն: Պատճառը այն է՝ որովհետեւ աշխարհի մէջ բոլոր մարդիկը մեղսալից բնութիւններ ունին իրենց սրտին մէջ, եւ ասիկա նախնական մեղքն է:

Նաեւ, մարդիկ կը գործեն մեղքեր՝ իրենց աճման ընթացքին մէջ: Ճիշդ ինչպէս որ մագնիտները մետաղ կը քաշեն, նոյնպէս ալ անոնք որոնք կ՚ապրին ֆիզիքական ծաւալի տարածութեան մէջ՝ պիտի շարունակեն ընդունիլ այն՝ ինչ որ ճշմարտութիւն չէ, եւ մեղքեր պիտի գործեն: Այս ինքնուրոյն կերպով գործուած մեղքերը կրնան դասակարգուիլ երկու խումբերու՝ սրտին մէջ եղող մեղքերու եւ գործնականապէս գործուած մեղքերու միջեւ: Տարբեր մեղքեր ունին տարբեր կշիռ կամ տարբեր աՀռելիութիւն, եւ ստոյգ է որ կամաւորապէս գործուած մեղքերը անշուշտ պիտի դատուին (Ա. Կորնթացիս 5.10): Գործնական կերպով գործուած մեղքերուն կ՚ակնարկուի որպէս «մարմնին գործերը»:

## Մարմինը եւ Մարմնին Գործերը

Ծննդոց 6.3 կ՚ըսէ. «Եւ Տէրը ըսաւ. ՚Իմ Հոգիս միշտ մարդու վրայ պիտի չմնայ. վասն զի անիկա մարմին է. բայց անոր օրերը Հարիւր քսան տարի ըլլան՚»: Հոս, «մարմին» ըսելով պարզապէս չակնարկուիր ֆիզիքական մարմնին: Այդ կը նշանակէ թէ մարդ արարածը դարձաւ մարմնաւոր էութիւն մը, որ ապականուած է մեղքերով եւ չարութիւնով: Այսպիսի մարմնաւոր մարդ մը չկրնար յաւիտեան Աստուծոյ Հետ բնակիլ, եւ ուրեմն մարդիկ չեն կրնար փրկուիլ: Ադամի՝ Եդեմի Պարտէզէն դուրս վռնտուելէն եւ երկրի վրայ ապրիլ սկսելէն ոչ շատ սերունդներ ետք, իրեն յաջորդող սերունդները շատ շուտով սկսան մարմնաւոր գործեր գործել:

Աստուած ունէր Նոյը, որ իր ժամանակին արդար մարդ մըն էր, եւ անոր պատուիրեց որ տապան մը շինէ եւ զգուշացնէ մարդիկը՝ որպէսզի դարձի գան իրենց մեղքերէն: Բայց եւ այնպէս, Նոյի ընտանիքէն զատ ոչ մէկը ուզեց տապանը մտնել:

Հոգեւոր օրէնքին համեմատ, որ կ՛ըսէ թէ «մեղքին վարձքը մահ է» (Հռովմայեցիս 6.23), Նոյի ժամանակ ապրող ամէն մէկ անհատ կործանեցաւ ջրհեղեղէն:

Հիմա, ի՞նչ է «մարմին» բառին հոգեւոր իմաստը: Անիկա կ՛ակնարկէ «մէկու մը սրտին մէջի անիրաւ բնութիւնները որոնք կը յայտնաբերուին որոշ արարքներով»: Այլ խօսքով՝ նախանձ, դիւրագրգռութիւն, ատելութիւն, ագահութիւն, շնացող միտք, ամբարտաւանութիւն, եւ ասոնց նման մարդոց մէջ եղող ներքին միւս բոլոր անիրաւութիւնները կը յայտնաբերուին բռնութեան, աղտոտ խօսքերու, շնութեան, կամ սպանութեան կերպարանքով: Այս բոլոր գործերը, որպէս ամբողջութիւն, կը կոչուին «մարմին», եւ այս գործերուն իւրաքանչիւրը կը նշէ մարմնին գործերը:

Սակայն այն մեղքերը որոնք չեն յայտնաբերուիր գործերով, այլ պարզապէս միայն կը գործուին մտքին մէջ, ինչպէս նաեւ խորհուրդները, կը կոչուին՝ «մարմնաւոր բաներ»: Մարմնաւոր բաները կրնան օր մը օրանց յայտնաբերուիլ որպէս մարմնին գործերը՝ այնքան ատեն որ անոնք դուրս չեն հանուած սրտէն: Մարմնաւոր բաներուն մասին աւելի մանրամասնօրէն պիտի արծարծուի «Հոգիի Կազմութեան» երկրորդ հատորին մէջ:

Անգամ մը որ մարմնին բաները յայտնաբերուին որպէս մարմնին գործերը, այդ կը կոչուի անարդարութիւն եւ անօրէնութիւն: Եթէ մեր սրտին մէջ մենք ունինք մեղսալից բնութիւններ՝ այդ չնկատուիր որպէս անարդարութիւն, սակայն անգամ մը որ գործի դրուի՝ այդ կը դառնայ անարդարութիւն: Եթէ մենք չձերբազատուինք մարմնին այս բաներէն, այլ եթէ շարունակենք գործել զանոնք՝ մեղքի պատ մը շինած կ՛ըլլանք մեր եւ Աստուծոյ միջեւ: Այն ատեն Սատանան պիտի դատապարտէ մեզ որպէսզի քննութիւններ եւ փորձութիւններ բերէ մեր դէմը: Մենք կրնանք արկածներ դիմագրաւել, որովհետեւ այս պարագային Աստուած չրնար պաշտպանել մեզ: Եթէ Աստուծոյ պաշտպանութեան տակ չըլլանք, մենք չենք կրնար գիտնալ թէ վաղը ինչ պիտի պատահի մեզի: Այս իսկ պատճառով մենք չենք կրնար մեր աղօթքներուն պատասխանները ստանալ:

## Մարմնին Յայտնի Գործերը

Եթէ աշխարհի մէջ չարութիւնն է որ կը տիրապետէ, մարմնին ամենէն բացայայտ մեղքերէն են՝ սեռային անբարոյականութիւնը եւ հեշտասիրութիւնը: Սոդոմը եւ Գոմորը հեշտասիրութեամբ լեցուն քաղաքներ էին եւ այդ պատճառով ալ անոնք կործանեցան կրակով եւ ծծումբով: Եթէ դուք Պոմպէյ քաղաքին մնացորդներուն նայիք, պիտի տեսնէք թէ որքան շնացող եւ քայքայուն մարդկային ընկերութիւն մըն էր անիկա:

Գաղատացիս 5.19-21 բացայայտ կերպով կը նկարագրէ մարմնին գործերը.

«Արդ մարմնին գործերը յայտնի են, որոնք են՝ շնութիւն, պոռնկութիւն, պղծութիւն, գիջութիւն, կռապաշտութիւն, կախարդութիւն, թշնամութիւններ, կռիւներ, նախանձներ, բարկութիւններ, կամ հակառակութիւններ, երկպառակութիւններ, բաժանումներ: Չար նայուածքներ, մարդասպանութիւններ, գինովութիւններ, անառակութիւններ, ու ինչ որ ասոնց նման են, զոր հիմակուընէ ես ձեզի կ՚ըսեմ, ինչպէս առաջուընէ ալ կ՚ըսէի, որ այսպիսի բաներ գործողները Աստուծոյ արքայութիւնը պիտի չժառանգեն»:

Նոյնիսկ այսօր, այսպիսի մարմնաւոր գործեր լիառատ կերպով

տարածուած են ամբողջ աշխարհի շուրջը: Թոյլ տուէք որ կարգ մը օրինակներ տամ մարմնաւոր այսպիսի գործերու մասին:

Առաջինը՝ սեռային անբարոյականութիւնն է: Սեռային անբարոյականութիւնը կրնայ կամ ֆիզիքական եւ կամ հոգեւոր ըլլալ: Ֆիզիքական առումով, այդ կ՚ակնարկէ շնութեան կամ պոռնկութեան: Նոյնիսկ իրարու հետ նշանուած զոյգեր չեն կրնար բացառութիւն սեպուիլ: Ներկայիս վէպեր, շարժանկարներ, կամ յաջորդական դրուագներով թատերախաղեր պոռնկութիւնը կը նկարագրեն որպէս գեղեցիկ սէր, հետեւաբար մարդիկը մեղքերու հանդէպ անզգայ դարձնելով, եւ անոնց ընտրողութիւնը՝ աղօտ: Նաեւ կան մեծ քանակութեամբ խայտառակ նիւթեր, որոնք կը քաջալերեն պոռնկութիւնները:

Սակայն կայ նաեւ հոգեւոր անբարոյականութիւն՝ հաւատացեալներու համար: Անոնք բախտագուշակի, բժժանքներու, կամ բախտ բերող վհուկներու քով կ՚երթան, եւ կամ կախարդութիւններ կ՚ընեն. ասիկա կը կոչուի հոգեւոր պոռնկութիւն (Ա. Կորնթացիս 10.21): Եթէ Քրիստոնեաներ չեն ապաւինիր Աստուծոյ, որ Ինքնին Ինքը կը կառավարէ կեանքը, մահը, օրհնութիւնը, եւ անէծքը, այլ եթէ անոնք կուռքերու եւ դեւերու վրայ դնեն իրենց վստահութիւնը, ասիկա կը կոչուի հոգեւոր պոռնկութիւն, որ միեւնոյն բանն է՝ ինչպէս զԱստուած դաւաճանելը:

Երկրորդ՝ պղծութիւնը կամ գիջութիւնը կը յաջորդէ պոռնկութեան եւ անիկա բազմաթիւ անարդար բաներ ընելն է. երբ մէկու մը կեանքը լեցուն է այնպիսի խօսքերով եւ գործերով, որոնք պոռնկութեամբ լեցուն են: Ասիկա բան մըն է՝ որ սեռային անբարոյականութեան սովորական մակարդակէն անդին է, օրինակի համար՝ անասուններու հետ սեռային յարաբերութիւն ունենալը, խմբային սեռային յարաբերութիւն ունենալը, եւ միասեռականութիւնը (Ղեւտացւոց 18.22-30)։ Որքան աւելի շատ տիրապետեն այդ մեղքերը, այդքան աւելի անզգամ կը դառնան մարդիկ պոռնկութեան վերաբերող բաներու նկատմամբ։

Այս բաներն են՝ Աստուծոյ անհնազանդ ըլլալը եւ Իրեն հակառակ կենալը (Հռովմայեցիս 1. 26-27)։ Ասոնք այնպիսի մեղքեր են՝ որոնք կը կողոպտեն փրկութիւնը (Ա. Կորնթացիս 6.9-10), եւ որոնք գարշելի են Աստուծոյ առջեւ (Բ. Օրինաց 13.18)։ Սեռը փոխելու համար վիրաբուժութիւն ընելը, կամ այր մարդոց՝ կնոջական հագուստներ հագնիլը, կամ կիներուն՝ այր մարդոց հագուստներ հագնիլը. այս բոլորը գարշելի են Աստուծոյ առջեւ (Բ. Օրինաց 22.5)։

Երրորդ՝ կռապաշտութիւնը նոյնպէս զզուելի է Աստուծոյ առջեւ։ Գոյութիւն ունի ֆիզիքական եւ հոգեւոր կռապաշտութիւն։

Ֆիզիքական կռապաշտութիւնը փայտէ, քարէ, կամ մետաղէ շինուած պատկերներու երկրպագութիւն ընելը եւ զանոնք պաշտելն է, փոխանակ փնտռելու եւ պաշտելու զԱստուած՝ Ստեղծիչը (Ելից 20.4-5)։ Սաստիկ կռապաշտութիւնը պատճառ կը դառնայ որ անէծքները շարունակուին անոնց որդիներուն վրայ մինչեւ երրորդ ու չորրորդ սերունդները։ Եթէ նայիք ընտանիքներու որոնք այդքան շատ կուռքեր կը պաշտեն, թշնամի Բանսարկու Սատանան յարատեւ քննութիւններ եւ փորձութիւններ կը բերէ անոնց վրայ, այնպէս որ հարցերը բնաւ չեն դադրիր գոյատեւելէ այդ ընտանիքներուն մէջ։ Մասնաւորաբար, կան շատ ընտանիքներու անդամներ, որոնք դիւահարներ են, որոնք մտային խանգարումներ ունին եւ կամ ալքոլամոլ են։ Անոնք որոնք այս տեսակ ընտանիքներու մէջ ծնած են, նոյնիսկ եթէ անոնք Տէրը ընդունին, թշնամի Բանսարկու

Սատանան պիտի խանգարէ զիրենք, եւ անոնք դժուար պիտի գտնեն հաւատքի կեանք մը առաջնորդելը:

Հոգեւոր կռապաշտութիւն այն է՝ երբ Աստուծոյ հաւատացող անհատ մը ուրիշ բան մը կը սիրէ՝ Աստուծմէ աւելի: Եթէ անոնք պղծեն Տէրոջը Օրը որպէսզի շարժապատկերներու, թատերախաղերու, զբօսախաղերու, եւ կամ ուրիշ քմահաճոյքներու ետեւէ երթան, կամ եթէ անոնք անտեսեն իրենց հաւատքի պարտականութիւնները մտերիմ ընկերոջ մը կամ ընկերուհիի մը համար, այդ ալ հոգեւոր պոռնկութիւն է: Ասոնցմէ զատ, եթէ դուն որեւէ բան մը – ընտանիք, զաւակներ, աշխարհային խնդիրներ, պերճասէր իրեր, իշխանութիւն, համբաւ, ագահութիւն, կամ գիտութիւն – Աստուծմէ աւելի կը սիրես, այն ատեն անիկա քու կուռքդ կ'ըլլայ:

Չորրորդ՝ կախարդութիւնը ուժ կամ ազդեցութիւն գործածելն է, բան մը՝ որ կը ստացուի չար ոգիներու օգնութեամբ կամ իշխանութեամբ, մասնաւորաբար գուշակութեան համար:

Ճիշդ բան մը չէ գուշակողներու երթալ՝ ըսելով որ դուն կը հաւատաս Աստուծոյ: Նոյնիսկ անհաւատներ ահաւոր աղէտներ կը յառաջացնեն կախարդութիւններ ընելով, որովհետեւ կախարդութիւնները չար ոգիներ կը բերեն:

Օրինակի համար, եթէ դուն տեսակ մը կախարդութիւն ընես որպէսզի հարցերդ անհետացնես, այդ խնդիրները աւելի գէշ կ'ըլլան՝ փոխանակ անհետանալու: Կախարդութենէն ետք, այնպէս կը թուի թէ չար ոգիները որոշ ատեն մը կը հանդարտին, սակայն անոնք անմիջապէս աւելի մեծ հարցեր կը ծագեցնեն որպէսզի աւելի շատ պաշտամունք ստանան: Երբեմն այնպէս կը թուի թէ անոնք գալիք բաներու մասին կը պատմեն, սակայն չար ոգիները չեն գիտեր ապագայի մասին: Անոնք պարզապէս հոգեւոր էակներ են եւ կը ճանչնան մարմնաւոր մարդոց սիրտը, ուստի անոնք կը խաբեն մարդիկը՝ հաւատացնելու համար որ իրենք ապագային մասին կը պատմեն, պարզապէս որպէսզի կարենան պաշտուիլ մարդոցմէ: Կախարդութիւնները կրնան նաեւ ծրագիրներ յօրինել որպէսզի խաբեն ուրիշներուն, եւ ուրեմն, մենք պէտք է այս բաներէն ալ նոյնպէս զգուշանանք: Եթէ դուն թոյլ տաս որ մէկը փոսը իյնայ ծրագիր մը հնարելով, բացայայտ է որ այդ մարմնաւոր գործ է, եւ միջոց մը՝ որ դուն քեզի կործանում պատճառես:

Հինգերորդ՝ թշնամութիւնը դրական, գործնական, եւ փոխադարձ ատելութեան տիպար մըն է, եւ կամ չար նպատակ մը: Թշնամութիւն կը նշանակէ փափաքիլ որ ուրիշները կործանին եւ իրապէս այդ բանը ընելն է: Անոնք որոնք թշնամութիւններ ունին՝ ուրիշները կ՛ատեն գէշ զգացումներով միայն, որովհետեւ չեն հանդուրժեր դիմացինը: Եթէ ատելութեան աստիճանը չափազանց շատ է, անոնք կրնան պայթիլ կամ կը սկսին խայտառակել ու մտնել չար ծրագիրներու մէջ:

Վեցերորդ՝ կռիւները դառն են եւ անոնք երբեմն բուռն վէճեր կամ անհամաձայնութիւններ կը յառաջացնեն: Անոնց նպատակը եկեղեցիի մը մէջ տարբեր խումբեր ստեղծելն է, պարզապէս որովհետեւ ուրիշներ տարբեր կարծիքներ ունին: Անոնք գէշ կը խօսին ուրիշներու մասին ու վճիռ եւ դատապարտութիւն կը փոխանցեն: Վերջաւորութեան, եկեղեցին կը բաժնուի տարբեր եւ այլազան խումբերու:

Եօթներորդը՝ անհամաձայնութիւնը խումբերու մէջ բաժանում ստեղծելն է՝ հետեւելով մէկու մը իր անձնական խորհուրդներուն: Նոյնիսկ ընտանիքներ կը բաժնուին իրարմէ, ինչպէս նաեւ եկեղեցիին մէջ ալ նոյնպէս կրնան տարբեր բաժանումներ ըլլալ: Դաւիթ թագաւորին որդին՝ Աբիսողոմ դաւաճանեց եւ ինքզինք անջատեց Հօրմէն՝ հետեւելով իր անձնական փափաքներուն։ Անիկա ըմբոստացաւ իր Հօրը դէմ, որպէսզի ինքը թագաւոր ըլլայ։ Աստուած կը լքէ այսպիսի անձ մը։ Ի վերջոյ, Աբիսողոմ ողորմելի մահ մը դիմագրաւեց։

Ութերորդը՝ երկպառակութիւններն են։ Երբ խառնակութիւնները կամ երկպառակութիւնները յառաջ կ՛ընթանան, անոնք կրնան վերածուիլ հերետիկոսութիւններու։ Բ. Պետրոս 2.1 կ՛ըսէ. «Սուտ մարգարէներ ալ կային ժողովուրդին մէջ, ինչպէս ձեր մէջ ալ սուտ վարդապետներ պիտի ըլլան, որոնք գաղտուկ պիտի մտցնեն կորստաբեր հերձուածներ ու զիրենք ծախու առնող Տէրը ուրանալով՝ իրենց վրայ պիտի բերեն արագահաս կորուստը»։ Հերետիկոսութիւնը Յիսուս Քրիստոսը ուրանալն է (Ա. Յովհաննու 2.22-2, 4.2-3)։ Անոնք կ՛ըսեն թէ իրենք կը հաւատան Աստուծոյ, սակայն կ՛ուրանան զԱստուած՝ Երրորդութիւնը, կամ Յիսուս Քրիստոսը, որ մեզ ծախու առաւ Իր արիւնով, այսպէս իրենց վրայ բերելով արագահաս կորուստը։ Աստուածաշունչը մեզի յստակօրէն կ՛ըսէ թէ հերետիկոսները անոնք են՝ որոնք կ՛ուրանան Յիսուս Քրիստոսը, եւ ուստի մենք պէտք չէ անտարբերութեամբ դատենք այն անձերը որոնք կ՛ընդունին Աստուած՝ Երրորդութիւնը, եւ Յիսուս Քրիստոսը։

Իններորդ՝ ատելութիւնը այն է երբ նախանձութիւնը կը յառաջանայ դառնալով լուրջ գործողութեան մը։ Նախանձիլ կը նշանակէ անհանգիստ զգալ եւ ինքզինքը հեռացնել եւ ատել ուրիշները երբ անոնք կը թուին իրմէ աւելի լաւ ըլլալ։ Եթէ այս նախանձը յառաջանայ, անիկա կրնայ շատ վնասներ հասցնել ուրիշներուն։ Սաւուղ նախանձեցաւ իր իսկ մարդուն՝ Դաւիթին վրայ, որովհետեւ Դաւիթ իրմէ աւելի շատ սիրուած էր ժողովուրդէն։ Սաւուղ մինչեւ իսկ իր բանակը օգտագործեց որպէսզի մեռցնէ

Դաւիթը, եւ կործանեց քահանաներն ու քաղաքին ժողովուրդը, որոնք պահեր էին Դաւիթը:

Տասներորդը՝ գինովութիւնն է: Նոյ սխալ մը գործեց երբ ջրհեղեղէն յետոյ գինի խմեց, որը պատճառ դարձաւ այդպիսի ահագին մեծ ու սարսափելի արդիւնքի մը: Նոյ անիծեց իր երկրորդ որդին՝ Գամը, որ իր սխալը յայտնաբերած էր:

Եփեսացիս 5.18 կ՛ըսէ. «Մի՛ գինովնաք գինիով, որուն մէջ անառակութիւն կայ, հապա Հոգիո՛վ լեցուեցէք»: Ոմանք կ՛ըսեն որ թերեւս մէկ գաւաթ խմիչք գործածելը լաւ է: Բայց եւ այնպէս, այդ տակաւին մեղք կը սեպուի, որովհետեւ, հոգ չէ թէ մէկ կամ երկու գաւաթ, դուն գինովնալու համար կը խմես զայն: Աւելին, անոնք որոնք կը գինովնան, ահաւոր մեղքեր կը գործեն, չկրնալով ինքզինքնին զսպել:

Աստուածաշունչը կը նշէ գինի խմելու մասին, որովհետեւ Իսրայէլի մէջ ջուրը սակաւ է, եւ ուրեմն, Աստուած անոնց թոյլ տուաւ որ ջուրի տեղ գինի խմեն, որ զուտ որթատունկի հիւթ էր կամ զօրաւոր խմիչք մը, որ շատ աւելի շաքար պարունակող պտուղներէ շինուած է (Բ. Օրինաց 14.26): Սակայն իրականութեան մէջ, Աստուած չէր արտօնած մարդոց որ ալքոլային խմիչք գործածեն (Ղեւտացւոց 10.9, Թուոց 6.3, Առակաց 23.31, Երեմեայ 35.6, Դանիէլ 1.8, Ղուկաս 1.15, Հռովմայեցիս 14.21): Աստուած միայն գինիի սահմանափակ գործածութիւնը արտօնեց, այդ ալ շատ մասնայատուկ պարագայի մը մէջ: Սակայն հակառակ որ անոնք միայն պտուղներու հիւթեր են, տակաւին մարդիկ կը գինովնան եթէ շատ խմեն: Այս իսկ պատճառով Իսրայէլի ժողովուրդը ջուրի տեղ գինի կը խմէին, բայց անոնք կը խմէին ոչ թէ գինովնալու կամ իրենք-զիրենք զուարճացնելու համար:

Ի վերջոյ, կերուխում ընել կը նշանակէ ալքոլային խմիչք, կիներ, բախտախաղ, եւ ուրիշ ցանկասէր բաներ ընելն է՝ առանց ժուժկալութեան: Այսպիսի մարդիկ չեն կրնար իրենց պարտականութիւնները կատարել որպէս մարդ արարածներ: Եթէ դուն ժուժկալութիւն կամ ինքնազսպում չունիս, այդ ալ նոյնպէս տեսակ մը կերուխումային արարք է: Եթէ դուն ծայրայեղօրէն խայտառակ կեանք մը կ՛ապրիս, եւ կամ քու ուզածիդ պէս անառակութիւն ընելով կ՛ապրիս կեանքդ, այդ ալ նոյնպէս կերուխում ընել է: Եթէ դուն այսպիսի կեանք մը կ՛ապրիս նոյնիսկ Տէրը ընդունելէն ետք, դուն չես կրնար քու սիրտդ Աստուծոյ տալ եւ կամ ձերբազատուիլ մեղքերէ, եւ այսպիսով դուն չես կրնար Աստուծոյ թագաւորութիւնը ժառանգել:

## Ի՞նչ Կը Նշանակէ Չկարենալ Աստուծոյ Թագաւորութիւնը Ժառանգել

Մինչեւ հիմա մենք քննեցինք մարմնին յայտնի գործերը: Ուրեմն ի՞նչ է հիմնական պատճառը որ մարդիկ այսպիսի մարմնաւոր գործեր կը գործեն: Պատճառը այն է՝ որովհետեւ անոնք չեն ուզեր զԱստուած՝ Ստեղծիչը իրենց սրտին մէջ պահել: Հռովմայեցիս 1.28-32 համարներուն մէջ նկարագրուած է հետեւեալը. «Քանի որ չուզեցին Աստուած իրենց գիտութեան մէջ պահել, Աստուած ալ զանոնք անարգ խորհուրդներու մատնեց անվայել բաներ ընելու. որոնք լեցուած էին ամէն անիրաւութիւնով, ագահութիւնով, չարութիւնով, նախանձով, մարդասպանութիւնով, հակառակութիւնով եւ նենգութիւնով, չարասրտութիւնով եւ էին քսուներ, չարախօսներ, Աստուած ատողներ, նախատողներ, հպարտներ, ամբարտաւաններ, չար բաներ հնարողներ, ծնողաց անհնազանդներ, անմիտներ, ուխտ չպահողներ, անգութներ, անհաշտներ, անողորմներ: Անոնք գիտնալով Հանդերձ Աստուծոյ դատաստանը, թէ անոնք որ այսպիսի բաներ կ՛ընեն՝ մահուան արժանի են, ո՛չ միայն այն բաները կ՛ընեն, Հապա ընողներուն ալ Հաւանութիւն կու տան»:

Վերեւի Հատուածը հիմնականօրէն կ՛ըսէ թէ դուն պիտի չժառանգես Աստուծոյ թագաւորութիւնը եթէ դուն մարմնին յայտնի գործերը կատարես: Անշուշտ, այդ չի նշանակեր որ դուն չես կրնար փրկուիլ պարզապէս որովհետեւ դուն քանի մը անգամ մեղքեր կը գործես տկար Հաւատքի հետեւանքով:

Ճիշդ չէ թէ նոր Հաւատացեալներ որոնք շատ լաւ չեն գիտեր ճշմարտութիւնը, եւ կամ տկար Հաւատքով անհատներ փրկութիւն պիտի չստանան պարզապէս որովհետեւ անոնք տակաւին չեն ձերբազատուած մարմնին գործերէն: Բոլոր մարդիկ անօրէնութիւններ կը գործեն մինչեւ որ իրենց Հաւատքը Հասունննայ, եւ անոնք կրնան ներում ստանալ իրենց մեղքերէն՝ ապաւինելով Տէրոջը արեան վրայ: Սակայն եթէ շարունակեն մարմնին գործերը ընել՝ առանց դարձի գալու անոնցմէ, անոնք չեն կրնար փրկութիւն ստանալ:

## Մեղքեր՝ որոնք Մահուան Կ՛առաջնորդեն

Ա. Յովհաննու 5.15-16 կ՛ըսէ. «Եւ եթէ գիտնանք թէ պիտի լսէ ինչ որ խնդրելու ըլլանք, ուրեմն կը գիտնանք թէ պիտի առնենք ինչ որ Իրմէ կը խնդրենք: Եթէ մէկը տեսնէ որ իր եղբայրը ո՛չ մահացու մեղք մը գործեց, թող խնդրէ ու Աստուած կեանք պիտի տայ այն մահացու չեղած մեղքը գործողին: Մեղք կայ որ մահացու է, չեմ ըսեր թէ անոր Համար խնդրէ»: Ինչպէս գրուած է, մենք կը տեսնենք թէ կան մեղքեր որոնք կ՛առաջնորդեն մահուան, նաեւ մեղքեր՝ որոնք չեն առաջնորդեր մահուան:

Հիմա, ի՞նչ են այն մեղքերը որոնք մահուան կ՛առաջնորդեն,

եւ որոնք կը զրկեն մեզ Աստուծոյ թագաւորութիւնը ժառանգելու իրաւունքէն:

Եբրայեցիս 10.26-27 կ՛ըսէ. «Վասն զի եթէ ճշմարտութեան գիտութիւնը ընդունելէ յետոյ կամաւ մեղք գործելու ըլլանք, ա՛լ անկէ յետոյ մեղքերու համար ուրիշ զոհ չի մնար, հապա զարհուրելի սպասում մը դատաստանին ու կրակի բարկութիւն մը կը մնայ, որ պիտի լափէ հակառակորդները»: Եթէ մենք շարունակենք մեղքեր գործել, գիտնալով որ անոնք մեղեր են, այդ կը նշանակէ Աստուծոյ հակառակ կենալ: Աստուած զղջումի հոգին չտար այս տեսակ մարդոց:

Եբրայեցիս 6.4-6 նաեւ կ՛ըսէ. «Վասն զի անհնար է մէկ անգամ լուսաւորուածներուն՝ որոնք երկնաւոր պարգեւին համը առին, Սուրբ Հոգիին հաղորդակից եղան, Աստուծոյ բարի խօսքին ու գալու աշխարհին զօրութիւններուն համը առին, որ եթէ իյնան՝ նորէն ապաշխարութիւնով նորոգուին. որովհետեւ կրկին Աստուծոյ Որդին խաչը կը հանեն իրենց անձին ու կը խայտառակեն»: Եթէ դուն ճշմարտութիւնը լսելէ եւ Սուրբ Հոգիին գործերուն փորձառութիւնը ունենալէ ետք տակաւին Աստուծոյ հակառակ կը կենաս, այն ատեն զղջումի կամ ապաշխարութեան հոգին պիտի չտրուի քեզի, եւ ուրեմն դուն պիտի չփրկուիս:

Եթէ դուն Սուրբ Հոգիին գործերը կը դատապարտես որպէս հերետիկոսութիւն, կամ որպէս թէ անոնք Սատանային գործերը ըլլային, նոյնպէս դուն չես կրնար փրկուիլ, որովհետեւ ատիկա հայհոյութիւն ընել եւ Սուրբ Հոգիի հակառակ կենալ կը նշանակէ (Մատթէոս 12.31.32):

Մենք պէտք է հասկնանք որ կան մեղքեր որոնք չեն կրնար ներուիլ եւ մենք բնաւ պէտք չէ այդպիսի մեղքեր գործենք: Նաեւ, նոյնիսկ չնչին մեղքեր կրնան երթալով զարգանալ եւ վերածուիլ ծանր ու լուրջ մեղքերու՝ եթէ անոնք վրայ-վրայի դիզուին: Ուրեմն, մենք ամէն մէկ վայրկեան պէտք է ինքզինքնիս պահենք ճշմարտութեան մէջ:

## 5. Մշակութիւն

Մարդկային մշակութիւն ըսելով կ՛ակնարկուի այն բոլոր ընթացքներուն որով Աստուած մարդ արարածները ստեղծեց երկրի վրայ եւ որով Ան կը կառավարէ մարդկային պատմութիւնը՝ մինչեւ Դատաստանը, որպէսզի ճմշարիտ ցաւակներ շահի:

Մշակելը պարտիզպանի մը սերմեր ցանելու եւ ետքը զանոնք հնձելու ընթացքն է, բերքերը հասցնելու իր տքնաջան աշխատանքին միջոցաւ: Նաեւ, Աստուած երկրի վրայ ցանեց առաջին սերմը, որ կը կոչուի Ադամ եւ Եւա, որպէսզի ճշմարիտ ցաւակներու հունձքը շահի Իր իսկ աշխատանքով, մշակելով զանոնք երկրի վրայ: Մինչեւ այսօր, Աստուած կը կատարէ մարդ արարածներու մշակումը: Աստուած նախապէս գիտէր թէ մարդիկ անհնազանդութեան հետեւանքով պիտի աղաւաղուին եւ Ինք պիտի վշտանայ: Սակայն տակաւին Աստուած կը մշակէ մարդիկը մինչեւ վերջը, որովհետեւ Ան գիտէ թէ պիտի ըլլան ճշմարիտ զաւակներ որոնք պիտի ձերբազատուին չարութենէ՝ Աստուծոյ հանդէպ իրենց սիրովը, եւ որոնք Աստուծոյ սիրտը ունին:

Մարդիկ գետնին հողէն ստեղծուած են, ուստի անոնք իրենց մէջ կը կրեն այնպիսի բնութիւններ՝ որոնք հողին յատկանիշներն են: Եթէ դուն դաշտին մէջ սերմեր ցանես, այդ սերմերը պիտի ծլին, պիտի աճին, եւ պտուղներ պիտի կրեն: Մենք կը տեսնենք որ հողը նոր կեանք արտադրելու ուժը ունի: Նաեւ, հողին յատկանիշները կը փոխուին՝ նայած թէ դուն ինչ կ՛աւելցնես անոր վրայ: Նոյնն է պարագան մարդոց հետ: Անոնք որոնք յաճախ կը բարկանան՝ աւելի եւս բարկութիւն պիտի ունենան իրենց բնութեան մէջ: Անոնք որոնք յաճախ կը ստեն՝ աւելի եւս կեղծիք պիտի ունենան իրենց բնութեան մէջ: Մեղք գործելէ ետք, Ադամ եւ իրեն յաջորդող սերունդները մարմնաւոր մարդիկ դարձան եւ անոնք շատ շուտով երթալով աւելի եւս արատաւորուեցան անիրաւութեամբ:

Այս իսկ պատճառով մարդիկ պէտք է իրենց սիրտը մշակեն եւ վերստանան Հոգիին սիրտը՝ «մարդկային մշակութեան» ընթացքին միջոցաւ: Ի վերջոյ, պատճառը որ մարդիկ երկրի վրայ կը մշակուին այն է՝ որպէսզի իրենց սիրտը մշակուի եւ վերստանան այն ճշմարիտ սիրտը զոր Ադամ ունէր իր անկումէն առաջ: Աստուած Սուրբ Գիրքին մէջ մեզի տուած է առածներ՝ որոնք կապ ունին մշակութեան հետ, որպէսզի մենք կարենանք հասկնալ մարդկային մշակումի Իր նախասահմանութիւնը (Մատթէոս 13, Մարկոս 4, Ղուկաս 8):

Մատթէոս 13-ի մէջ, Յիսուս մարդոց սիրտը կը նմանցնէ ճամբու եզերքին, ապառաժոտ դաշտին, փշոտ եւ տատասկով լեցուն դաշտին, եւ բարի հողին: Պէտք է ստուգենք թէ ի՛նչ տեսակի հող ունինք մենք, եւ պէտք է զայն հերկենք՝ վերածելով բարի հողի՝ զոր Աստուած կը ցանկայ ունենալ:

## Սրտի Չորս Տեսակի Դաշտեր

Առաջին, ճամբու եզերքը այն կարծրացած հողն է, որուն վրայ մարդիկ երկար ատեն կը կոխկռտեն: Իրականութեան մէջ, անիկա նոյնիսկ դաշտ չէ, եւ ոչ մէկ սերմ պիտի ծլի այդտեղէն: Կենդանութեան ոչ մէկ գործ գոյութիւն ունի հոն:

Հոգեւոր առումով ճամբուն եզերքը կ՛ակնարկէ այն անժերու

սրտին՝ որոնք բնաւ չեն ընդունիր աւետարանը։ Անոնց սիրտը այնքան շատ կարծրացած է իրենց եսով եւ հպարտութեամբ որ աւետարանին սերմը չցանուիր հոն։ Յիսուսի ժամանակ Հրեայ առաջնորդները այնքան շատ յամառ էին իրենց անձնական տեսակէտներուն եւ սովորութիւններուն նկատմամբ, որ անոնք մերժեցին Յիսուսը եւ աւետարանը։ Այսօր, անոնք որոնք ճամբու եզերքի սիրտը ունին, այնքան շատ յամառ են՝ որ իրենց միտքը չեն բանար եւ կը մեժեն աւետարանը, նոյնիսկ եթէ Աստուծոյ զօրութիւնը յայտնաբերուի իրենց։

Ճամբու եզերքը շատ կարծր կ՚ըլլայ եւ սերմերը չեն կրնար դրուիլ այդ հողին ներսիդին։ Ուստի, թռչունները կու գան եւ կ՚ուտեն սերմերը։ Հոս, թռչունները ըսելով կ՚ակնարկուի Սատանային։ Սատանան կը գողնայ Աստուծոյ Խօսքը որպէսզի մարդիկ որեւէ հաւատք չստանան։ Անոնք եկեղեցի կու գան մարդոց թախանձագին ստիպումով, սակայն չեն ուզեր հաւատալ քարոզուած Աստուծոյ Խօսքին։ Փոխարէնը, անոնք կը դատապարտեն Աստուծոյ ծառան կամ քարոզը՝ հիմնուելով իրենց անձնական կարծիքներուն վրայ։ Անոնք որոնք կարծրացած սրտեր ունին եւ չեն բանար իրենց սիրտը՝ ի վերջոյ չեն կրնար փրկութիւն ստանալ, որովհետեւ Աստուծոյ Խօսքին սերմը չկրնար որեւէ պտուղ կրել իրենց մէջ։

Երկրորդ, ապառաժոտ դաշտը քիչ մը աւելի լաւ է քան ճամբու եզերքը։ Ճամբու եզերքի նմանող մարդը ոչ մէկ մտադրութիւն կ՚ունենայ Աստուծոյ Խօսքը ընդունելու, սակայն ապառաժոտ դաշտի նմանողը կը հասկնայ Աստուծոյ Խօսքը երբ կը լսէ զայն։ Եթէ դուն սերմեր ցանես ապառաժոտ դաշտի մէջ, սերմերը հոս ու հոն պիտի ծլին, բայց չեն կրնար լաւ աճիլ։ Մարկոս 4.5-6 կ՚ըսէ. «Ուրիշ մը ինկաւ ապառաժոտ տեղ մը, ուր շատ հող չկար։ Շուտ մը բուսաւ՝ հողին խորունկութիւն չունենալուն համար, սակայն արեւուն ծագած ատենը այրեցաւ ու արմատ չունենալուն համար չորցաւ»:

Անոնք որոնք ապառաժոտ դաշտի նման սիրտ ունին՝ կը հասկնան Աստուծոյ Խօսքը բայց չեն կրնար հաւատքով ընդունիլ զայն: Մարկոս 4.17 կ՛ըսէ. «Բայց իրենց մէջ արմատ չունենալով՝ քիչ ժամանակ կը տեւեն, ետքը երբ նեղութիւն կամ հալածանք ըլլայ խօսքին համար, շուտ մը կը գայթակղին»: Հոս, «խօսքը» ըսելով կ՛ակնարկէ Աստուծոյ Խօսքին, որ մեզի կ՛ըսէ ասոնց նման բաներ, ինչպէս՝ «Շաբաթը սուրբ պահէ, տասանորդներդ լման վճարէ, կուռքեր մի՛ պաշտեր, ծառայէ ուրիշներուն, եւ ինքզինքդ խոնարհեցուր»: Երբ կը լսեն Աստուծոյ Խօսքը, կը խորհին որ պիտի գործադրեն Իր Խօսքը, սակայն անոնք չեն կրնար հաստատ մնալ երբ դժուարութիւններ եւ տաժանքներ կը դիմագրաւեն: Անոնք կը ցնծան երբ Աստուծոյ շնորհքը կ՛ընդունին, բայց դժուարութիւններու մէջ՝ անոնք շուտով կը փոխեն իրենց դիրքը: Անոնք լսած են եւ գիտեն Աստուծոյ Խօսքը, սակայն զօրութիւնը չունին գործադրելու զանիկա, որովհետեւ Իր Խօսքը տակաւին չէ մշակուած անոնց սրտին մէջ՝ որպէս հաստատ հաւատք:

Երրորդ, անոնք որոնք փշոտ դաշտի նման սիրտ ունին՝ կը հասկնան Աստուծոյ Խօսքը եւ կը սկսին գործադրել զայն: Սակայն անոնք չեն կրնար լման, ամենակատարեալ աստիճանով գործադրել Աստուծոյ Խօսքը, եւ ոչ մէկ գեղեցիկ պտուղ կու տան: Մարկոս 4.19 կ՛ըսէ. «Աշխարհիս զբաղմունքներն ու հարստութեան խաբէութիւնները եւ ուրիշ բաներու ցանկութիւններ մէջ մտնելով, խօսքը կը խեղդեն ու կ՛ըլլան անպտուղ»:

Անոնք որոնք այսպիսի սրտի դաշտեր ունին՝ կը թուին ըլլալ լաւ հաւատացեալներ, որոնք կը թուին թէ կը գործադրեն Աստուծոյ Խօսք, սակայն այնոնք տակաւին քննութիւններ եւ փորձութիւններ կ՛ունենան եւ իրենց հոգեւոր աճը դանդաղ կ՚ըլլայ: Պատճառը այն է՝ որովհետեւ անոնք տակաւին իրազեկ չեն Աստուծոյ իսկական գործին՝ խառնուած ըլլալով աշխարհի հոգերով եւ հարստութեան խաբէութիւնով, ինչպէս նաեւ ուրիշ բաներու ցանկութիւններով: Օրինակի համար, ենթադրենք որ անոնց առեւտուրը սնանկացաւ, որով անոնք կրնան նոյնիսկ բանտ մտնել: Հոս, եթէ կացութիւնը արտօնէ որ անոնք վճարեն իրենց պարտքը քիչ մը աւելի շահաւէտ ձեւով, եւ երբ Սատանան այս ձեւով փորձէ զիրենք, շատ հաւանական է որ անոնք փորձութեան ենթարկուին: Աստուած իրենց կ՚օգնէ միայն այն ատեն՝ երբ իրենք արդար ձեւով կը քալեն, հոգ չէ թէ որքան դժուար ըլլայ այդ. բայց եւ այնպէս տակաւին իրենք կ՚ենթարկուին Սատանային փորձութեան:

Եթէ նոյնիսկ յօժարութիւնը ունին Աստուծոյ Խօսքին հնազանդելու, անոնք չեն կրնար իսկապէս հաւատքով հնազանդիլ, որովհետեւ անոնց մտքերը մարդկային խորհուրդներով լեցուած են: Անոնք կ՚աղօթեն որ ամէն բան Աստուծոյ ձեռքերուն յանձնած են, բայց եւ այնպէս ի վերջոյ անոնք սկիզբը իրենց անձնական փորձառութիւնը եւ տեսութիւնները կը գործածեն: Անոնք առաջին անգամ իրենց անձնական ծրագիրները կը դնեն, ուստի հարցերը իրապէս լաւ չեն ընթանար իրենց հետ, նոյնիսկ եթէ սկիզբը այնպէս կը թուի թէ իրենք լաւ կը ձեւով կ՚ընթանան: Յակոբու 1.8 կ՚ըսէ թէ այս տեսակի մարդիկը երկմիտ են:

Երբ միայն մի քանի փշոտ ծիլեր կան հոն, այնպէս կը թուի թէ յատուկ վնաս մը չկայ այնտեղ: Սակայն եթէ այդ փուշերը աճին, այն ատեն կացութիւնը բոլորովին տարբեր պիտի ըլլայ: Անոնք պիտի ձեւակերպեն մացառ մը, եւ պիտի արգիլեն միւս բարի սերմերուն աճումը: Ուրեմն, եթէ կայ որեւէ տարր մը, որ կ՚արգիլէ մեզ Աստուծոյ Խօսքին հնազանդելէ, այն ատեն մենք պէտք է անմիջապէս դուրս քաշենք զանիկա, նոյնիսկ եթէ ատիկա կը թուի ըլլալ չնչին բան մը:

Չորրորդ, բարի հողը բարեբեր հող մըն է եւ անիկա լաւ հերկուած է պարտիզպանին կողմէ: Կարծրացած հողը հերկուած է, եւ քարերն ու փուշերը հանուած են: Այդ կը նշանակէ թէ դուն կը հրաժարիս ընելէ այն բաները զոր Աստուած մեզ կ'արգիլէ ընել, եւ իսկապէս կը ճերբազատուիս այն բաներէն զոր Աստուած մեզի կը պատուիրէ ճերբազատուիլ: Հիմա քարեր կամ ուրիշ արգելքներ չկան այլեւս, եւ ուրեմն երբ Աստուծոյ Խօսքը կ'իյնայ այդ հողին վրայ, անիկա ցանուածէն 30, 60, կամ 100 անգամ աւելի շատ պտուղներ կ'արտադրէ: Այսպիսի մարդիկ անպայման պիտի ստանան իրենց աղօթքներուն պատասխանները:

Ստուգելու համար թէ մենք որքան լաւ մշակած ենք բարի հողին սիրտը, կրնանք տեսնել թէ որքան լաւ կը գործադրենք Աստուծոյ Խօսքը: Որքան աւելի շատ լաւ հող մշակած ըլլաս, այդքան աւելի դիւրին կ'ըլլայ Աստուծոյ Խօսքով ապրիլը: Կարգ մը մարդիկ լաւ գիտեն Աստուծոյ Խօսքը, բայց անոնք չեն կրնար գործի դնել զանիկա՝ յոգնածութեան, ծուլութեան, անիրաւ խորհուրդներու եւ փափաքներու հետեւանքով: Անոնք որոնք բարի հողին սիրտը ունին՝ այսպիսի արգելքներ չեն ունենար, ուստի անոնք կը հասկնան ու կը գործադրեն Աստուծոյ Խօսքը՝ անմիջապէս որ կը լսեն զայն: Անգամ մը որ անդրադառնան թէ բան մը կայ որ Աստուծոյ կամքին մէջ է եւ կը հաճեցնէ զԱստուած, անոնք պարզապէս կը կատարեն զանիկա:

Երբ կը մշակես քու սիրտդ, դուն կը սկսիս սիրել այն անձերը՝ զոր ժամանակին կ'ատէիր: Հիմա դուն կրնաս ներել այդ անձերուն՝ որոնց առաջ չէիր կրնար ներել: Նախանձը եւ դատելը պիտի վերածուին սիրոյ եւ ողորմութեան: Ամբարտաւան միտքը պիտի փոխուի վերածուելով խոնարհութեան եւ ծառայութեան: Այսպէս չարութենէն ճերբազատուիլը մէկու մը իր սիրտը թլփատելու համար՝ կը նշանակէ սիրտը մշակել՝ բարի հող մը դարձնելու համար զանիկա։ Ուրեմն, երբ Աստուծոյ Խօսքին սերմը կ՛իյնայ բարի հողին սրտին վրայ, անիկա շուտով կը ծաղկի եւ առատապէս կ՛աճի՝ կրելով Սուրբ Հոգիին ինը պտուղները, ինչպէս նաեւ Լոյսին պտուղը։

Երբ դուն կը փոխես քու սիրտդ՝ զայն վերածելով բարի հողի, այն ատեն դուն կրնաս հոգեւոր հաւատք ստանալ վերէն։ Նաեւ դուն կրնաս ջերմեռանդութեամբ աղօթել որպէսզի Աստուծոյ զօրութիւնը իջեցնես վերէն, որ Սուրբ Հոգիին ձայնը յստակօրէն լսես եւ Աստուծոյ կամքը կատարես։ Այսպիսի մարդիկ այն տեսակի պտուղներն են՝ զոր Աստուած կը ցանկայ հնձել՝ մարդկային մշակումի ընթացքով։

## Անօթին Նկարագիրը. Սրտին Դաշտը

Սիրտը մշակելու կարեւոր ազդակներէն մէկը՝ անօթին նկարագիրն է։ Անօթին նկարագիրը կապ ունի այդ անօթին տարրական յատկանիշներուն հետ։ Այդ մեզի ցոյց կու տայ թէ մէկը ինչպէս կը լսէ Աստուծոյ Խօսքը, ինչպէս միտքը կը պահէ զայն, եւ ինչպէս կը կիրառէ զանիկա։ Աստուած մեզի ցոյց կուտայ տարբերութիւնը՝ ոսկիէ, արծաթէ, փայտէ, կամ կաւէ անօթներուն միջեւ (Բ. Տիմոթէոս 2.20-21)։

Անոնք բոլորն ալ նոյն Աստուծոյ Խօսքը կը լսեն, բայց անոնք տարբեր ձեւով կը լսեն զայն։ Ոմանք զանիկա կ՛ընդունին «Ամէն» ըսելով, մինչ ուրիշներ պարզապէս թոյլ կու տան որ այդ խօսքը սահելով դուրս սպրդի, քանի որ անիկա չհամաձայնիր իրենց խորհուրդներուն հետ։ Ոմանք ջերմեռանդ սրտով կը լսեն զայն եւ կը փորձեն գործի դնել զանիկա, մինչ ուրիշներ կը զգան որ կ՛օրհնուին այդ պատգամէն, սակայն շուտով կը մոռնան զայն։

Այս տարբերութիւնները յառաջ կու գան անօթներուն նկարագրի տարբերութիւններէն: Եթէ դուն կեդրոնանաս Աստուծոյ Խօսքին վրայ մինչ կը լսես զայն, անիկա քու սրտիդ մէջ տարբեր ձեւով պիտի սերմանուի քան թէ երբ դուն Աստուծոյ Խօսքը կը լսես թմրութեամբ եւ առանց կեդրոնացումի: Նոյնիսկ եթէ դուն միեւնոյն պատգամը լսես, արդիւնքը շատ տարբեր պիտի ըլլայ՝ զանիկա քու սրտիդ խորը պահելուն եւ դիպուածաբար լսելուն մէջ:

Գործք Առաքելոց 17.11 կ՛ըսէ. «Ասոնք Թեսաղոնիկէի մէջ եղողներէն աւելի ազնիւ մարիկ էին, որոնք Աստուծոյ խօսքը կատարեալ յօժարութեամբ ընդունեցին եւ ամէն օր գրքերը կը քննէին թէ այս բաները ճի՞շդ են», եւ Եբրայեցիս 2.1 մեզի կ՛ըսէ. «Անոր համար պէտք է ա՛լ աւելի ուշադրութիւն ընենք մեր լսած բաներուն, որ չըլլայ թէ պակսինք»:

Եթէ դուն ժրաջանութեամբ լսես Աստուծոյ Խօսքը, մտքիդ մէջ պահես, եւ զանիկա գործադրես ճիշդ ինչպէս որ է, այն ատեն կրնանք ըսել թէ դուն լաւ նկարագիր ունեցող անօթ մըն ես: Լաւ նկարագրի տէր անօթները հնազանդ կ՛ըլլան Աստուծոյ Խօսքին, ուստի անոնք շուտով կը մշակեն սրտին բարի հողը: Ուրեմն, քանի որ բարի սրտի հող ունին, անոնք բնականաբար պիտի պահեն Աստուծոյ Խօսքը իրենց սրտին խորը, եւ պիտի գործադրեն զայն:

Բարի նկարագիր ունեցող անօթը կ՛օգնէ բարի հողի մշակման գործին, եւ բարի հողը նոյնպէս կ՛օգնէ որ այդ անօթին բարի նկարագիրը մշակուի: Ինչպէս Ղուկաս 2.19-ի մէջ ըսուած է. «Բայց Մարիամ այս ամէն բաները կը պահէր ու իր սրտին մէջ կը մտածէր», Կոյս Մարիամը բարի անօթ մըն էր Աստուծոյ Խօսքը իր մտքին մէջ պահելու, եւ անիկա Յիսուսը յղանալու օրհնութիւնը ստացաւ Սուրբ Հոգիէն:

Ա. Կորնթացիս 3.9 կ՛ըսէ. «Վասն զի մենք Աստուծոյ գործակից

ենք. դուք Աստուծոյ մշակութիւնն էք, Աստուծոյ շինութիւնն էք»: Մենք դաշտ մըն ենք զոր Աստուած կը մշակէ: Մենք կրնանք մաքուր եւ բարի սիրտ մը ունենալ բարի հողի նման, նաեւ բարի անօթ մը՝ ոսկի անօթի նման, եւ կրնանք Աստուծոյ կողմէ գործածուիլ ազնուական նպատակներու համար՝ եթէ Աստուծոյ խօսքը լսենք ու պահենք մեր մտքին մէջ, եւ գործադրենք զայն:

## Սրտին Նկարագիրը. Անօթին Չափը

Կայ ուրիշ գաղափար մը որ կապակցութիւն ունի անօթին նկարագրին հետ: Ասիկա այն մասին է թէ մէկը որքան լայնօրէն կ՚ընդարձակէ եւ կը գործածէ իր սիրտը:. Անօթին նկարագիրը այն է թէ ճական ինչ տեսակի նիւթ կը գործածէ այդ անօթը, մինչ սրտին նկարագիրը այդ անօթին մեծութեան չափն է: Սրտին նկարագիրը կրնայ դասակարգուի չորս տեսակ դասակարգերու միջեւ:

Առաջին դասակարգը անոնք են որոնք իրենցմէ ակնկալուածէն աւելի կ՚ընեն: Ասիկա սրտին լաւագոյն նկարագիրն է: Օրինակի համար, ծնողները իրենց զաւակներէն կը խնդրեն որ գետինը գտնուող աղբը վերցնեն: Յետոյ, գերազանցիկ զաւակները ոչ միայն աղբը կը վերցնեն, այլ նաեւ սենեակն ալ կը մաքրեն: Անոնք իրենց ծնողքին ակնկալածէն աւելին կ՚ընեն, եւ այսպէս մեծ ցնծութիւն կը պատճառեն իրենց ծնողներուն: Ստեփանոս եւ Փիլիպպոս պարզապէս սարկաւագներ էին, բայց անոնք ճիշդ առաքեալներուն նման հաւատարիմ եւ սուրբ էին: Անոնք բերկրանք եւ ցնծութիւն էին Աստուծոյ առջեւ, եւ մեծ զօրութիւն, նշաններ ու հրաշքներ կատարեցին:

Երկրորդ դասակարգը անոնք են՝ որոնք միայն իրենցմէ

ակնկալուածը կ՚ընեն։ Այսպիսի մարդիկ իրենց անձնական պատասխանատուութիւնը կ՚առնեն, բայց անոնք իրապէս հոգ չեն ըներ ուրիշներուն կամ իրենց շրջապատին մասին։ Եթէ ծնողները իրենցմէ խնդրեն որ աղբը վերցնեն, անոնք կը կատարեն զայն ու կը վերցնեն աղբը։ Անոնք կը ճանչցուին իրենց հնազանդութեամբ, բայց չեն կրնար աւելի մեծ ցնծութիւն ըլլալ Աստուծոյ։ Եկեղեցիին մէջ ալ կան կարգ մը հաւատացեալներ որոնք կ՚իյնան այս դասակարգին մէջ։ Անոնք պարզապէս կը կատարեն իրենց պարտականութիւնները եւ իրականութեան մէջ հոգ չեն ըներ ուրիշ երեւոյթներու մասին։ Այսպիսի մարդիկ իրապէս չեն կրնար մեծ բերկրանք եւ ցնծութիւն ըլլալ Աստուծոյ աչքին։

Երրորդ դասակարգը անոնք են որոնք կ՚ընեն այն ինչ որ պէտք է ընեն՝ պարտականութեան զգացումով միայն։ Անոնք ցնծութեամբ եւ շնորհակալութեամբ չէ որ կը կատարեն իրենց պարտականութիւնները, այլ գանգատելով եւ տրտնջալով։ Այսպիսի մարդիկ ամէն բանի մէջ ժխտական կ՚ըլլան ու կը կծծիանան ինքզինքնին զոհելու եւ ուրիշներուն օգնելու մէջ։ Եթէ որոշ պարտականութիւններ տրուին իրենց, անոնք կրնան այդ պարտականութիւնները կատարել պարտականութեան զգացումով, սակայն շատ հաւանական է որ դժուարութիւն տան ուրիշներուն։ Աստուած մեր սրտին կը նայի։ Ան կը ցնծայ երբ մենք մեր պարտականութիւնները կը կատարենք մեր ազատ կամքով եւ Աստուծոյ հանդէպ մեր սիրովը, եւ ո՛չ թէ ստիպողական զգացումով կամ պարտաւորուած ըլլալու զգացումէն մղուած։

Չորրորդ դասակարգը անոնք են որոնք չարութիւն կ՚ընեն։ Այսպիսի մարդիկ պատասխանատուութեան կամ պարտկանութեան որեւէ զգացում չունին։ Ոչ ալ անոնք որեւէ նկատողութիւն ունին ուրիշներու հանդէպ: Անոնք կը պնդեն իրենց անձնական խորհուրդներուն եւ տեսութիւններուն վրայ, եւ դժուարութիւն կը պատճառեն ուրիշներուն: Եթէ այսպիսի մարդիկ հովիւներ ըլլան եւ կամ առաջնորդներ՝ որոնք եկեղեցւոյ անդամներուն հոգ կը տանին, անոնք չեն կրնար սիրով հոգալ անոնց, եւ այսպիսով կը կորսնցնեն հոգիները եւ կամ պատճառ կը դառնան որ անոնք գայթակղին: Անոնք միշտ յանցանքը ուրիշներուն վրայ կը դնեն ձախող արդիւնքներուն համար եւ ի վերջոյ կը լքեն իրենց պարտականութիւնները: Ուրեմն, աւելի լաւ կ՛ըլլայ որ սկիզբէն ոչ մէկ պարտականութիւն տրուի անոնց:

Հիմա, թոյլ տուէք որ ստուգենք թէ սրտի ինչ տեսակ նկարագրի տէր անձեր ենք մենք: Նոյնիսկ եթէ մեր սիրտը բաւականաչափ ընդարձակ չէ, մենք կրնանք զայն փոխել եւ վերածել լայն սրտի: Այդ ընելու համար, հիմնականօրէն մենք պէտք է սրբագործենք մեր սիրտը եւ բարի նկարագրի տէր անօթ մը դառնանք: Մենք պարզապէս չենք կրնար բարի սրտի տէր անձ մը դառնալ երբ մենք գէշ սրտի նկարագիր ունեցող անօթ մըն ենք: Նաեւ կայ միջոց մը, որով մենք կրնանք բարի սրտի նկարագիր մշակել՝ եթէ նուիրումով եւ մեծ փափաքով զոհենք ինքզինքնիս իւրաքանչիւր գործի մէջ:

Անոնք որոնք սրտի բարի նկարագիր ունին՝ կրնան մեծ գործեր ընել Աստուծոյ առջեւ եւ մեծապէս փառաւորել Զինք: Այդ էր Յովսէփի պարագան: Յովսէփ Եգիպտոսէն դուրս ծախուեցաւ իր իսկ եղբայրներուն ձեռքով, եւ դարձաւ ծառայ մը Պետափրէսին, որ Փարաւոնի թիկնապահներու խումբին հրամանատարն էր: Սակայն Յովսէփ ողբ չըրաւ իր կեանքին համար, պարզապէս որովհետեւ ինք ծախուած էր որպէս ծառայ: Յովսէփ այնքան հաւատարմութեամբ կատարեց իր պարտականութիւնը որ իր տիրոջ վստահութիւնը շահեցաւ, եւ այդ պատճառով ալ Պետափրէս իր տունին բոլոր հարցերուն վրայ պատասխանատու դրաւ զինքը: Յետագային, Յովսէփ սխալ ձեւով ամբաստանուեցաւ եւ բանտարկուեցաւ, բայց եւ այնպէս անիկա ճիշդ առաջուայ սովորութեան նման հաւատարիմ էր, եւ վերջաւորութեան բոլոր Եգիպտոսին վարչապետը դարձաւ: Յովսէփ ազատեց երկիրը եւ իր ընտանիքը սաստիկ երաշտէն եւ հիմը դրաւ Իսրայէլի երկիրը կազմելու մէջ:

Եթէ Յովսէփ սրտի բարի նկարագիր ունեցած չըլլար, անիկա ինչ որ իր տէրը իրեն յանձնած էր՝ զայն պիտի ընէր միայն: Անիկա վերջաւորութեան Եգիպտոսի մէջ պիտի մեռնէր որպէս գերի, եւ կամ պիտի վերջանար բանտին մէջ ապրելով: Սակայն Յովսէփ մեծապէս գործածուեցաւ Աստուծոյ կողմէ որովհետեւ անիկա Աստուծոյ առջեւ իր լաւագոյնը ըրաւ իւրաքանչիւր պարագայի մէջ, եւ լայն ու ընդարձակ սրտով գործեց:

## Ցորեն կամ Յարդ

Ադամի անկումէն սկսեալ, երկար ժամանակէ իվեր Աստուած մարդ արարածները կը մշակէ այս ֆիզիքական տարածութեան մէջ: Երբ ժամանակը գայ, Անիկա ցորենը պիտի զատէ յարդէն եւ ցորենը պիտի մտցնէ երկինքի թագաւորութեան մէջ, իսկ յարդը՝ Դժոխքին մէջ: Մատթէոս 3.12 կ՛ըսէ. «Որուն հեծանոցը Իր ձեռքն է եւ Իր կալը պիտի մաքրէ ու Իր ցորենը ամբարը պիտի ժողվէ եւ յարդը պիտի այրէ չմարող կրակով»:

Հոս, ցորեն ըսելով կ՛ակնարկէ անոնց՝ որոնք կը սիրեն զԱստուած եւ կը գործադրեն Իր Խօսքը՝ ճշմարտութեան մէջ ապրելու: Ընդհակառակը, անոնք որոնք Աստուծոյ Խօսքով չեն ապրիր այլ կ՛ապրին չարութեամբ եւ ոչ թէ ճշմարտութիւնով, եւ անոնք որոնք Յիսուս Քրիստոսը չեն ընդունիր եւ մարմնին գործերը կը կատարեն՝ կը պատկանին յարդին:

Աստուած կ՚ուզէ որ իւրաքանչիւր անհատ ըլլայ ցորեն, եւ փրկութիւն գտնէ (Ա. Տիմոթէոս 2.4)։ Ճիշդ կը նմանի պարտիզպանի մը որ կ՚ուզէ հնձել դաշտին մէջ ցանած իր բոլոր սերմերը։ Սակայն հնձելու ժամանակ միշտ ալ պիտի ըլլան յարդեր. նոյնպէս ալ մարդկային մշակութեան մէջ ոչ ամէն ոք պիտի ըլլայ ցորեն, որ կրնայ փրկուիլ։

Եթէ մենք չանդրադառնանք այս կէտին մարդկային մշակութեան մէջ, մէկը կրնայ այսպիսի հարցում մը հարցնել. «Կ՚ըսուի որ Աստուած սէր է, ուրեմն ինչո՞ւ համար Ան թոյլ պիտի տայ որ ոմանք փրկուին, իսկ ուրիշներ՝ երթան դէպի կործանումի ճամբան»։ Ամէն պարագայի, Աստուած Ինք չէ որ Իր ուզածին պէս կը որոշէ անհատական փրկութիւնը։ Իւրաքանչիւր անձի փրկութիւնը կախեալ է իր ազատ կամքէն։ Ամէն մէկ անհատ որ կ՚ապրի այս ֆիզիքական տարածութեան մէջ, ինքը պէտք է ընտրէ ճամբան – կա՛մ դէպի Երկինք եւ կամ դէպի Դժոխք։

Յիսուս ըսաւ Մատթէոս 7.21-ի մէջ. «Ոչ թէ ամէն ով որ Ինծի 'Տէ՛ր, Տէ՛ր,' կ՚ըսէ, պիտի մտնէ երկնքի թագաւորութիւնը, հապա անիկա՝ որ Իմ երկնաւոր Հօրս կամքը կը կատարէ» եւ Մատթէոս 13.49-50-ի մէջ կը կարդանք. «Այսպէս պիտի ըլլայ աշխարհիս վերջը։ Հրեշտակները պիտի ելլեն ու արդարներուն մէջէն չարերը պիտի զատեն. եւ պիտի ձգեն զանոնք կրակի հնոցին մէջ, հոն պիտի ըլլայ լալ ու ակռաներ կրճտել»։

Հոս, «արդարներուն» ըսելով կ՚ակնարկէ հաւատացեալներուն։ Այդ կը նշանակէ թէ Աստուած հաւատացեալներուն մէջէն յարդը պիտի զատէ ցորենէն։ Հակառակ որ կ՚ընդունին Յիսուս Քրիստոսը եւ եկեղեցի կը յաճախեն, անոնք տակաւին չար կը սեպուին եթէ չեն հետեւիր Աստուծոյ կամքին։ Անոնք պարզապէս միայն յարդ են, որոնք պիտի նետուին Դժոխքի կրակին մէջ։

Աստուած Սուրբ Գիրքին միջոցաւ մեզի կը սորվեցնէ Աստուծոյ՝

Ստեղծիչին սրտին, մարդկային մշակութեան նախասահմանումին, եւ կեանքին իսկական նպատակին մասին: Ան կ՛ուզէ որ մենք բարի սրտի նկարագիր ունեցող անօթներ ըլլանք, եւ յառաջ գանք որպէս Աստուծոյ ճշմարիտ զաւակներ – այսինքն ցորենը՝ երկինքի թագաւորութեան մէջ: Սակայն կը տեսնենք թէ ո՜րքան մեծ թիւով մարդիկ անիմաստ բաներու ետեւէ կ՛երթան այս աշխարհին մէջ, որ լեցուն է մեղքերով եւ անօրէնութեամբ: Պատճառը այն է՝ որովհետեւ անոնք կը կառավարուին իրենց շունչով – այսինքն իրենց ցանկութիւններով եւ զգացումներով:

Հոգի, Շունչ, եւ Մարմին — Ա. Հատոր

2-րդ Մաս

# Շունչին Կազմութիւնը
(Շունչին Գործելակերպը՝ Ֆիզիքական Տարածութեան Ծաւալին մէջ)

Ուրկէ՞ կու գան մարդոց խորհուրդները
Արդեօ՞ք Շունչս Յաջողութեան մէջ է

«Մենք խորհուրդներ կը քակենք
եւ Աստուծոյ գիտութեանը դէմ
բոլոր հպարտացած բարձր բաները
ու բոլոր մտքերը
Քրիստոսին կը հնազանդեցնենք
ու գերի կ'ընենք:
Պատրաստ ենք վրէժ առնելու
ամէն անհնազանդութենէ,
որպէս զի ձեր հնազանդութիւնը
կատարեալ ըլլայ»:
(Բ. Կորնթացիս 10.5-6)

Ա. Գլուխ

# Շունչին Կազմութիւնը

Այն ատենէն որ մարդուն հոգին մեռաւ, անոր շունչը սկսաւ տիրապետել իր վրայ՝ մինչ մարդը կ'ապրէր ֆիզիքական ծաւալի տարածութեան մէջ: Մարդուն շունչը ինկաւ Սատանային իշխանութեան տակ, եւ մարդիկ սկսան ունենալ շունչի այլազան գործելակերպեր:

1. Շունչին Սահմանումը

2. Շունչին Զանազան Գործելակերպերը՝ Ֆիզիքական

Տարածութեան Ծաւալին մէջ

3. Խսաւար

Մենք կը տեսնենք Աստուծոյ ստեղծագործութեան հրաշալիքները՝ երբ դիտենք այսպիսի արարածներ, ինչպէս՝ ջղջիկներ, որոնք իրենց որսը կը գտնեն տեղավայրի արձագանգային դրութեամբ. երբ կը տեսնենք լոստի ձուկը եւ տարբեր տեսակի թռչուններ որոնք կը ճամբորդեն հազարաւոր մղոններ, ետքը վերադառնալու իրենց արտադրութեան վայրերը՝ ծնանելու եւ բազմանալու համար, նաեւ փայտփոր թռչուններ որոնք մէկ վայրկեանի մէջ գրեթէ հազար անգամ փայտը կը փորեն:

Մարդիկ ստեղծուած են տիրապետելու այս բոլոր բաներուն վրայ: Մարդուն ճիզիքական արտաքին երեւոյթը այնքան զօրաւոր չէ ինչպէս առիւծներունը կամ վագրերունը: Մարդոց լսողութեան կամ հոտառութեան զգացումները այնքան սուր չեն ինչպէս շուներունը: Այսուհանդերձ, մարդիկ բոլոր արարածներուն վրայ տէր կը կը կոչուին:

Պատճառը այն է՝ որովհետեւ մարդ արարածները ունին հոգի եւ դատողութեան ուժ՝ ուղեղային աւելի բարձր մակարդակի պաշտօնով: Մարդիկ ունին մտային բարձր ընդունակութիւն եւ անոնք կրնան յառաջացնել գիտութիւնն ու քաղաքակրթութիւնը՝ տիրելու համար ամէն բաներու վրայ: Ասիկա մարդուն մտածող կամ խորհող մասն է, որ կապակցութիւն ունի «շնչաւոր էութեան» հետ:

## 1. Ծունչին Սահմանումը

Ուղեղին մէջի յիշողութեան հնարքը, յիշողութեան մէջ պարփակուած գիտութիւնը, եւ խորհուրդները – որոնք կը կազմուին վերստանալով գիտութիւն, այս բոլորը միասին կը կոչուին «շունչ»:

Պատճառը՝ թէ ինչո՞ւ պէտք է յստակօրէն հասկնանք հոգիին, շունչին, եւ մարմնին միջեւ եղող կապը, այն է՝ որպէսզի կարենանք օրինաւոր ձեւով հասկնալ շունչին գործելակերպերը: Այսպէս ընելով, մենք կրնանք վերստանալ շունչի այն տեսակի գործելակերպը՝ զոր Աստուած կը ցանկայ: Շունչին միջոցաւ Սատանային կողմէ կառավարուելէ հեռու մնալու համար, մեր հոգիները պէտք է դառնան մեր տէրը եւ պէտք է իշխեն մեր շունչին վրայ:

Մէրրիամ Ուէպսթըր Բառարանը «շունչ» բառը կը սահմանէ որպէս «անհատական կեանքի մը աննիւթական էութիւնը, կենդանի սկզբունքը, կամ գործի լծող պատճառը, հոգեւոր սկզբունքը՝ որ մարմնաւորուած է մարդ արարածներուն, տրամաբանող եւ հոգեւոր բոլոր արարածներուն, կամ տիեզերքին մէջ»: Սակայն շունչին հոգեւոր իմաստը այս բոլորէն տարբեր է:

Աստուած յիշողութեան գործիք մը դրած է մարդուն ուղեղին մէջ: Ուղեղը ունի բաներ յիշելու գործունէութիւնը: Այս ձեւով մարդիկ կրնան գիտութիւն ամբարել ուղեղին պահեստարանին մէջ եւ պէտք եղած ատեն վերստանալ զայն: Երբ յիշողութեան գործարանին մէջի պարունակութիւնը վերստացուի, այդ կը կոչուի «խորհուրդ»: Այսինքն, խորհուրդը յիշողութեան մէջ դրուած բաները յիշելը եւ զանոնք վերստանալն է: Յիշողութեան գործիքը, անոր մէջ ամբարուած գիտութիւնը, եւ այդ գիտութիւնը վերստանալը – երբ այս բոլորը կ՛առնուին որպէս ամբողջութիւն՝ ասոնց կ՛ակնարկուի որպէս «շունչ»:

Մարդուն շունչը կրնայ բաղդատուիլ տեղեկութիւններ ամբարելու, փնտռելու, եւ այդ տեղեկութիւնները գործածելու հետ՝ ինչպէս համակարգիչի մը մէջ: Մարդիկ ունին շունչ՝ որով անոնք կրնան յիշել եւ խորհիլ, եւ ուստի շունչը սրտին չափ կարեւոր է մարդուն համար։

Կախում ունի թէ մէկը որքան շատ իրողութիւններ տեսած, լսած, եւ ամբարած է, եւ թէ ան որքան լաւ կը յիշէ եւ կը գործածէ այսպիսի իւրաքանչիւր տեղեկութիւն – այդ է որ կը կազմէ անոր յիշողութեան ուժը եւ ուշիմութեան աստիճանը, որ կը տարբերի ուրիշներէն։ Ուշիմութեան մակարդակը կամ ուշիմութեան աստիճանը (IQ) մեծ մասամբ կը որոշուի ժառանգականութեամբ, բայց նաեւ անիկա կրնայ փոխուիլ ստացուած տարրերով, ինչպէս՝ սորվելով եւ փորձառութիւններ ստանալով։ Հակառակ որ երկու անձեր կրնան ուշիմութեան միեւնոյն աստիճանով ծնած ըլլալ, անոնց ուշիմութեան աստիճանը կրնայ ետքը փոխուիլ՝ նայած թէ անոնք որքան շատ փորձառութիւններ կ՚ունենան։

## Շունչին Գործունէութեան Կարեւորութիւնը

Շունչին գործելակերպը կը տարբերի նայած թէ մենք ինչ տեսակի պարունակութիւններ կը դնենք յիշողութեան գործարանին մէջ։ Մարդիկ կը տեսնեն, կը լսեն, եւ կը զգան բաներ, եւ ամէն օր այդ իրողութիւններէն շատ բաներ կը յիշեն։ Անոնք այդ բաները կը յիշեն որպէսզի կարենան ծրագրել ապագան, կամ որպէսզի կարենան տրամաբանել եւ զանազանել շիտակին եւ սխալին միջեւ։

Մարմինը կը նմանի անօթի մը որ կը պարունակէ հոգի եւ շունչ։ Շունչը կարեւոր դեր կը կատարէ մէկու մը նկարագիրը, անձնաւորութիւնը, եւ անոր դատողութեան չափանիշները կազմելու համար, «խորհելու» կամ «մտածելու» պաշտօնով։ Մէկու մը յաջողութիւնը կամ ձախողութիւնը մեծապէս կախեալ է անոր շունչին գործունէութիւններէն։

Հետեւեալը դէպք մըն է որ պատահեցաւ 1920 թուականին, Հնդկաստան, Քոտամուրի կոչուած փոքր գիւղի մը մէջ, որ կը գտնուի Գոլքաթայէն 110քմ հեռու, դէպի հարաւ-արեւմուտք։ Հովիւ Սինկ եւ իր տիկինը միսիոնարներ էին հոն, եւ անոնք տեղացիներէն լսեր էին թէ այդ շրջանին մէջ կային մարդանման հրէշներ, որոնք գայլերուն հետ միասին կ՛ապրէին խուռջի մը մէջ: Երբ Հովիւ Սինկ որսաց այդ վայրի հրէշները, անոնք երկու աղջիկ մարդ արարածներ էին:

Հովիւ Սինկի պահած օրագրութեան համեմատ, այդ երկու աղջիկները արտաքին երեւոյթով միայն մարդ արարածներ էին: Անոնց բոլոր շարժուձեւերը եւ վարմունքները կը նմանէին գայլերու: Անոնցմէ մէկը շուտով մեռաւ, իսկ միւսը՝ որ կը կոչուէր Կամարա, ինը տարի ապրեցաւ Սինկ ընտանիքին հետ եւ յետոյ մեռաւ տեսակ մը արեան թունաւորումէ, որ կը կոչուի միզարիւնութիւն:

Օրուան ընթացքին Կամարա պատին դիմացը կը կենար մութ սենեակի մը մէջ, եւ կը մրափէր, առանց որեւէ շարժում կատարելով: Սակայն գիշերը, ան կը սողոսկէր տունին շուրջ եւ բարձրաձայն կ՛ոռնար, ճիշդ ինչպէս կը լսուի որոշ տարածութենէ մը՝ երբ իսկական գայլեր կ՛ոռնան: Կամարա կը լափէր կերակուրը՝ առանց ձեռքերը գործածելու: Անիկա ճիշդ գայլերու պէս չորս «թաթերով» կը վազէր՝ գործածելով իր ձեռքերը: Երբ կարգ մը պզտիկներ մօտենային իրեն, Կամարա մռմռալով իր ակռաները ցոյց կու տար եւ այդ վայրը ձգելով կ՛երթար:

Սինկ ընտանիքը փորձեցին այս գայլանման աղջիկը վերածել իսկական մարդ արարածի մը, սակայն դիւրին գործ չէր այդ: Միայն երեք տարիներ ետք է որ Կամարա սկսաւ ձեռքերով ուտել, եւ հինգ տարիներ ետք ան սկսաւ դէմքի արտայայտութիւններ ընել՝ տխրութիւն եւ ուրախութիւն ցոյց տալու համար: Մեռնելու ատեն, այն զգացումները զոր Կամարա կարողացաւ արտայայտել՝ շատ նախնական զգացումներ էին, նման շուներու՝ որոնք իրենց պոչերը կը շարժեն իրենց ուրախութիւնը արտայայտելու համար, երբ կը հանդիպին իրենց տէրերուն:

Այս պատմութիւնը մեզի ցոյց կու տայ թէ մարդուն շունչը ուղղակիօրէն կ՛ազդէ մարդ արարածին կազմութեան վրայ: Կամարա մեծցաւ դիտելով գայլերուն շարժուձեւերը: Որովհետեւ ան չէր կրնար հաւաքել մարդ արարածներու գիտութիւնը, Կամարային շունչը չկրցաւ յառաջանալ: Որովհետեւ Կամարա գայլերուն հետ սնուցուեցաւ ու մեծցաւ, ուստի ան ուրիշ միջոց չունէր՝ բացի գործելու ուրպէս գայլ:

## Մարդոց եւ Անասուններուն միջեւ եղող Տարբերութիւնը

Մարդիկ կազմուած են հոգիէ, շունչէ, եւ մարմինէ: Այս բոլորին մէջէն ամենակարեւորը հոգին է: Մարդուն հոգին իրեն կը տրուի Աստուծոյ կողմէ, եւ բնաւ չկրնար անյայտացուիլ: Մարմինը կը մեռնի եւ կը վերադառնայ ափ մը հողի, սակայն հոգին եւ շունչը կը մնան յաւիտեան եւ կ՛երթան կա՛մ Երկինք եւ կա՛մ Դժոխք:

Երբ Աստուած անասուններ ըրաւ, Ան կենաց շունչը չփչեց անոնց մէջ՝ ինչպէս որ մարդ արարածներուն ըրած էր, ուստի անասունները ունին միայն մարմին եւ շունչ: Նաեւ, անոնք ունին յիշողութեան միաւոր մը՝ ուղեղին մէջ: Անոնք իրենց կեանքին ընթացքին կրնան յիշել իրենց տեսածն ու լսածը: Սակայն որովհետեւ հոգի չունին, ուստի անոնք հոգեւոր սիրտը չունին իրենց մէջ: Անոնք միայն կը տեսնեն ու կը լսեն այն ինչ որ պարփակուած է ուղեղի բջիջներուն յիշողութեան միաւորի մթերանոցին մէջ:

Գիրք Ժողովողի 3.21 կ՛ըսէ. «Ո՞վ գիտէ թէ մարդոց որդիներուն շունչը վեր կ՛ելլէ, բայց անասուններուն շունչը վար կ՛իջնէ՝ գետինը»: Այս համարը կ՛ըսէ «մարդոց շունչը»: Հոս գործածուած է «շունչ» բառը, որովհետեւ Հին Կտակարանին մէջ, Յիսուսի աշխարհ գալէն առաջ, մարդոց մէջ բնակող հոգին «մեռած» էր: Ուրեմն, հոգ չէ թէ անոնք փրկուած էին կամ ոչ, երբ մեռնէին՝ կ՛ըսուի որ իրենց «շունչը» ձգած էր զիրենք: Մարդոց շունչը «վեր կ՛ելլէ» ըսելը կը նշանակէ թէ անոնց շունչը չանհետանար, հապա կ՛երթայ կա՛մ Երկինք եւ կա՛մ Դժոխք: Միւս կողմէ, անասուններուն շունչը վար կ՛իջնէ՝ գետինը, որ կը նշանակէ թէ ան կ՛անհետանայ: Անասուններուն ուղեղային բջիջները կը մեռնին իրենց մահուամբ եւ ուղեղին մէջի պարունակութիւնը նոյնպէս կը դադրի գոյութիւն ունենալէ: Անոնք այլեւս շունչի որեւէ գործունէութիւն չեն ունենար: Կարգ մը առասպելներու կամ պատմութիւններու մէջ, սեւ կատուները կամ օձերը վրէժ կ՛առնեն մարդոցմէ. սակայն այսպիսի պատմութիւններ պէտք չէ սեպուին որպէս ճշմարտութիւն:

Անասունները ունին շունչի գործունէութիւն, բայց անիկա շատ սահմանափակ է, որը անհրաժեշտ է միայն անոնց գոյատեւման համար: Այդ գործունէութիւնը բնազդային է եւ բնազդի արդիւնք է: Անոնք բնազդական կերպով կ՛ունենան մահուան վախը: Անոնք կրնան դիմադրողական դառնալ կամ վախ ցուցաբերել՝ եթէ սպառնացող ըլլայ իրենց վրայ, բայց անոնք բնաւ չեն կրնար վրէժ առնել: Անասունները հոգի չունին, ուստի անոնք բնաւ չեն փնտռեր զԱստուած: Արդե՞օք ձուկերը պիտի խորհէին Աստուծոյ հանդիպելու միջոցներ գտնել իրենց լողացած ժամանակ: Ամէն պարագայի, մարդ արարածը բոլորովին տարբեր ուղեգիծ ունի շունչին գործունէութեան նկատմամբ, որ շատ աւելի խոր է քան անասուններունը: Մարդիկ ունին խորհելու կարողութիւն այնպիսի բաներու մասին՝ որոնք ոչ թէ պարզապէս գոյատեւման բնազդային խորհուրդներ են միայն: Անոնք կրնան քաղաքակրթութիւններ մշակել, խորհիլ կեանքի իմաստին մասին, եւ կամ փիլիսոփայական կամ կրօնային խորհուրդներ յառաջացնել:

Մարդիկ աւելի բարձր ուղեգիծ ունին շունչի գործունէութիւններուն նկատմամբ: Ի բաց առեալ իրենց մարմնէն եւ իրենց շունչէն, անոնք օժտուած են հոգիով: Նոյնիսկ անոնք որոնք Աստուծոյ չեն հաւատար՝ ունին հոգի մը: Ասիկա որոշ չափով կը բացատրէ թէ անոնք ինչպէս կրնան տարտամ կերպով զգալ հոգեւոր աշխարհը եւ մահուընէ ետք կեանքի մը կարելիութեան վախը ունենալ: Հոգիով մը՝ որ մեռածի պէս է, անոնք ամբողջութեամբ իրենց շունչով կը կառավարուին: Շունչով կառավարուելով՝ մեղքեր կը գործեն, եւ որպէս հետեւանք, անոնք ի վերջոյ Դժոխք կ՛երթան։

## Շնչաւոր Մարդ

Երբ Ադամ ստեղծուեցաւ, անիկա հոգեւոր արարած մըն էր, որ կը հաղորդակցէր Աստուծոյ հետ։ Այսինքն, Ադամի հոգին էր որ կը տիրէր իր իր վրայ, իսկ իր շունչը կը նմանէր ծառայի մը՝ որ կը հնազանդէր իր հոգիին։ Անշուշտ, նոյնիսկ այն ատեն շունչը ունէր յիշելու եւ խորհելու պաշտօնէութիւնը, բայց որովհետեւ անիրաւութիւն կամ չար խորհուրդներ չկային, ուստի շունչը կը հետեւէր մի միայն հոգիին հրահանգներուն, որ ինքնին կը հնազանդէր Աստուծոյ խօսքին։

Սակայն բարիի ու չարի գիտութեան ծառէն ուտելէն ետքը Ադամի հոգին մեռաւ, եւ Ադամ դարձաւ շնչաւոր մարդ մը, որ կը կառավարուէր Սատանայէն։ Ան սկսաւ անիրաւութեան խորհուրդներ եւ գործեր ամբարել իր ներսիդին։ Երթալով մարդիկ սկսան աւելի ու աւելի եւս հեռացնել ինքզինքնին ճշմարտութենէն, որովհետեւ Սատանան սկսաւ կառավարել իրենց շունչը եւ զիրենք առաջնորդեց դէպի անիրաւութեան ճամբան։ Ուրեմն, շնչաւոր մարդիկը անոնք են՝ որոնց հոգին մեռած է եւ անոնք չեն կրնար հոգեւոր որեւէ գիտութիւն ստանալ Աստուծմէ։

Շնչաւոր մարդիկ, որոնց հոգին մեռած է, չեն կրնար փրկութիւն ստանալ։ Այդ էր պարագան Անանիայի եւ Սափիրայի հետ՝ նախնական եկեղեցիին մէջ։ Անոնք կը հաւատային Աստուծոյ, սակայն ճշմարիտ հաւատք չունէին։ Անոնք դրդուեցան Սատանայէն որպէսզի Սուրբ Հոգիին եւ Աստուծոյ դէմ սուտ խօսին։ Ի՞նչ պատահեցաւ իրենց։

Գործք Առաքելոց 5.4–5 կ՛ըսէ. «Ո՛չ թէ մարդոց սուտ խօսեցար, հապա Աստուծոյ։ Եւ Անանիա այս խօսքերը լսելով՝ ինկաւ ու հոգի տուաւ եւ մեծ վախ ինկաւ ամենուն վրայ, որոնք ասիկա լսեցին»։

Որովհետեւ պարզապէս միայն կ՛ըսէ թէ Անանիա ինկաւ ու «հոգի տուաւ», մենք կրնանք հետեւցնել որ անիկա չփրկուեցաւ։

Ասոր բոլորովին հակառակ, Ստեփանոս հոգեւոր մարդ մըն էր որ կը հնազանդէր Աստուծոյ կամքին: Ան բաւականաչափ սէր ունէր աղօթելու անոնց համար որոնք կը քարկոծէին զինքը: Երբ կը նահատակուէր, Ստեփանոս իր «հոգին» Աստուծոյ ձեռքերուն յանձնեց:

Գործք Առաքելոց 7.58 կ՚ըսէ. «Եւ կը քարկոծէին Ստեփանոսը, որ աղօթք կ՚ընէր ու կ՚ըսէր. ՚Տէ՛ր Յիսուս, ընդունէ իմ հոգիս՚»: Ստեփանոս Սուրբ Հոգին ստացաւ Յիսուս Քրիստոսը ընդունելով եւ իր հոգին վերակենդանացաւ. ուստի, Ստեփանոս աղօթեց, ըսելով. «...ընդունէ իմ հոգիս»: Այդ կը նշանակէ թէ անիկա փրկուեցաւ: Համար մը կայ որ պարզապէս կ՚ըսէ՝ «կեանք», փոխանակ ըսելու «շունչ» կամ «հոգի»: Երբ Եղիա մարգարէն Սարեփթայի որբեւարիին զաւկին կեանքը վերակենդանացուց, գրուած է թէ տղուն կեանքը (հոգին) իր մարմնին դարձաւ. «Տէրը Եղիային ձայնը լսեց ու տղուն [կեանքը] հոգին իր մարմնին դարձաւ եւ անիկա կենդանացաւ» (Գ. Թագաւորաց 17.22):

Ինչպէս յիշուեցաւ, Հին Կտակարանի ժամանակներուն մարդիկ տակաւին չէին ստացած Սուրբ Հոգին, եւ ուրեմն իրենց հոգին չէր կրնար վերակենդանանալ: Ուստի, Աստուածաշունչը չըսեր «հոգի», հակառակ որ տղան փրկուած էր:

## Ինչո՞ւ Աստուած Հրամայեց որ Բոլոր Ամաղեկացիները Կործանին

Երբ Իսրայէլի որդիները Եգիպտոսէն դուրս եկան եւ յառաջ երթալով կ՚ընթանային դէպի Քանանու երկիրը, Ամաղեկացիներուն բանակը ճամբուն մէջ իրենց դէմ կեցաւ: Ամաղեկացիները Աստուծոյ վախը չունէին, թէ Աստուած Իսրայէլի որդիներուն հետ էր, հակառակ որ լսեր էին Աստուծոյ մեծամեծ գործերուն մասին, որոնք յայտնաբերուած էին Եգիպտոսի մէջ: Անոնք, բոլոր իրենց ետեւէն դեգերողներուն ընդմէջէն, յարձակեցան Իսրայէլի որդիներուն վրայ ճիշդ այն ժամանակ երբ

Իսրայէլի որդիները յոգնած եւ ուժասպառ դարձած էին (Բ. Օրինաց 25.17-18)։

Այդ իսկ պատճառով Աստուած հրամայեց Սաւուղ Թագաւորին որ բոլոր Ամաղեկացիները կործանէ (Ա. Թագաւորաց 15-րդ գլուխ)։ Աստուած հրամայեց անոր որ մեռցնէ բոլոր այր մարդիկը, կիները, եւ պզտիկները՝ թէ՛ մանուկները եւ թէ՛ ծերերը, եւ մինչեւ իսկ անոնց արջառները, ոչխարները, ուղտերը, եւ էշերը։

Եթէ հասկացողութիւն չունինք հոգիի մասին՝ մենք չենք կրնար ըմբռնել այսպիսի հրաման մը։ Մէկը կրնայ ինքնիրեն հարց տալ ըսելով. «Աստուած բարի է եւ Անիկա սէր է։ Ուրեմն Աստուած ինչո՞ւ այսպիսի հրաման մը պիտի տայ վայրագօրէն սպաննել տալու ժողովուրդը, որպէս թէ անոնք անասուններ ըլլային»։

Այսուհանդերձ, եթէ դուն հասկնաս այս դէպքին հոգեւոր նշանակութիւնը, այն ատեն կրնաս ըմբռնել թէ Աստուած ինչու այդ հրամանը տուաւ։ Անասուններն ալ նոյնպէս յիշողութեան ուժ ունին, ուստի երբ մարզուին՝ անոնք կրնան յիշել եւ հնազանդիլ իրենց տէրերուն։ Բայց որովհետեւ անոնք հոգի չունին, ուստի անոնք պարզապէս դարձեալ ափ մը հող պիտի դառնան։ Անոնք որեւէ արժէք մը չունին Աստուծոյ աչքին։ Նմանապէս, անոնց որոնց հոգիները մեռած են եւ որոնք չեն կրնար փրկուիլ՝ Դժոխք պիտի իյնան, եւ ճիշդ հոգի չունեցող անասուններու նման, անոնք ալ նոյնպէս որեւէ արժէք չունին Աստուծոյ համար։

Ամաղեկացիները մասնայատուկ կերպով խորամանկ եւ վայրագ էին։ Հոգ չէ թէ որքան շատ ժամանակ տրուած էր իրենց, անոնք այլեւս որեւէ առիթ չունէին դարձի գալու կամ ապաշխարելու՝ քան ինչ որ իրենց տրուեցաւ սկզբնական շրջանին։ Եթէ կար որեւէ մէկը որ արդար էր կամ որեւէ մէկը որ կարելիութիւնը ունէր ապաշխարելու կամ իր ճամբաներէն ետ դառնալու՝ Աստուած անպայման որեւէ միջոցով պիտի փորձէր փրկել զիրենք։ Յիշեցէք Աստուծոյ խոստումը թէ Ինք պիտի չկործանէր մեղքով լեցուն Սոդոմ եւ Գոմոր քաղաքները՝ եթէ հոն պարզապէս տասը արդար մարդիկ գտնուէին միայն։

Աստուած ողորմութեամբ եւ գթութեամբ լեցուն է եւ Անիկա չուտով չբարկանար: Գալով Ամաղեկացիներուն, անոնք բացարձակապէս որեւէ առիթ չունէին փրկութիւն ստանալու, հոգ չէ թէ որքան շատ ժամանակ տրուած էր իրենց: Անոնք ցորենը չէին, այլ յարդը՝ որ կործանումի մէջ պիտի իյնար: Այդ է պատճառը որ Աստուած հրամայեց որ Ամաղեկացիները որոնք Իրեն դէմ կեցան՝ բոլորն ալ կործանէին:

Գիրք Ժողովողի 3.18-ի մէջ կը կարդանք. «Ես իմ սրտիս մէջ ըսի՝ մարդոց որդիներուն վիճակին վրայով՝ թէ Աստուած զանոնք պիտի փորձէ ու պիտի տեսնեն թէ իրենք անասուններ են»: Երբ Աստուած փորձեց ու քննեց իրենց, տեսաւ որ անոնք չէին տարբերիր անասուններէն: Անոնց որոնց հոգիները մեռած են, անոնք միայն շնչաւոր եւ մարմնաւոր կերպով կը գործառնութիւն կ՚ընեն, ուստի անոնք ճիշդ անասուններու նման կը գործեն: Անշուշտ, այս մեղսալից աշխարհին մէջ այսօր կան շատ մարդիկ որոնք նոյնիսկ անասուններէ աւելի գէշ են: Բացայայտ է որ անոնք չեն կրնար փրկուիլ: Միւս կողմէ, անասունները կը մեռնին եւ պարզապէս կը կորսուին: Բայց եւ այնպէս, մարդիկ պէտք է Դժոխք երթան՝ եթէ չեն փրկուած: Մէկ խօսքով, այդպիսի մարդիկ շատ աւելի գէշ են քան անասունները:

## 2. Շունչին Զանազան Գործելակերպերը՝ Ֆիզիքական Տարածութեան Ծաւալին մէջ

Նախնական մարդուն մէջ, հոգին էր որ կը տիրէր մարդուն վրայ, բայց Ադամին մեղքին հետեւանքով, անոր հոգին մեռաւ: Ուստի մարդուն հոգեւոր ուժը սկսաւ դուրս հոսիլ, եւ մարմնաւոր ուժը գրաւեց անոր տեղը: Այդ ատենէն իվեր սկսաւ շունչին գործունէութիւնը, որ կը պատկանէր անիրաւութեան:

Կան երկու տեսակի շնչաւոր գործունէութիւններ: Մէկը կը պատկանի մարմնին, իսկ միւսը՝ հոգիին: Երբ Ադամ կենդանի հոգի էր, ան միայն ճշմարտութեամբ կը սնուցուէր՝

ուղղակիօրէն Աստուծմէ: Այս ձեւով ան ունէր միայն շնչաւոր գործունէութիւններ, որոնք կը պատկանէին Հոգիին: Այսինքն, շունչին այս գործունէութիւնները կը պատկանէին ճշմարտութեան: Բայց երբ Ադամի Հոգին մեռաւ, սկսան շնչաւոր գործունէութիւնները, որոնք կը պատկանէր անիրաւութեան:

Ղուկաս 4.6-ի մէջ կը կարդանք. «Եւ [Սատանան] ըսաւ Անոր. 'Այս ամէն իշխանութիւնը ու անոնց փառքը Քեզի պիտի տամ. վասն զի ինծի յանձնուած է եւ որու որ ուզեմ՝ կու տամ զանիկա'»: Ասիկա պատկեր մըն է ուր Սատանան փորձութեան կ'ենթարկէր Յիսուսը: Սատանան ըսաւ որ այդ ամէն իշխանութիւնը իրեն յանձնուած էր, եւ ոչ թէ ինքը սկիզբէն ունէր այդ բոլորը: Ադամ ստեղծուած էր որպէս տէր՝ բոլոր արարածներուն վրայ, բայց ան գերի դարձաւ Սատանային՝ հնազանդելով մեղքին: Այս իսկ պատճառով, Ադամի իշխանութիւնը յանձնուեցաւ Բանսարկու Սատանային: Անկէ իվեր մարդուն շունչը դարձաւ իր տէրը եւ բոլոր մարդիկը ինկան թշնամի Բանսարկու Սատանային իշխանութեան տակ:

Սատանան չկրնար իշխել Հոգիին վրայ կամ մարդուն ճշմարտալից սրտին վրայ: Անիկա կ'իշխէ մարդոց շնչաւոր էութեան վրայ, որպէսզի անոնց սրտերը գողնայ: Սատանան զանազան տեսակի անիրաւութիւններ կը դնէ մարդոց խորհուրդներուն մէջ: Այն չափով որ ան կը բռնէ ու կը գրաւէ մարդոց շունչը, նոյն չափով Սատանան նոյնպէս կրնայ իշխել մարդոց սրտերուն վրայ:

Երբ Ադամ կենդանի Հոգի էր, անիկա միայն ճմարտութեան գիտութիւնը ունէր, եւ ուրեմն անոր սիրտը ինքնին իր Հոգին էր: Բայց երբ Աստուծոյ հետ իր յարաբերութիւնը դժուարացաւ, ան այլեւս չկրցաւ հայթայթուիլ ճշմարտութեան գիտութիւնով կամ Հոգեւոր ուժով: Փոխարէնը, Ադամ սկսաւ ընդունիլ անիրաւութեան գիտութիւնը, որ Սատանային կողմէ կը տրուէր իրեն՝ շունչին միջոցաւ: Անիրաւութեան այս գիտութիւնը սկսաւ ձեւակերպել անիրաւ սիրտը՝ մարդոց սրտերուն մէջ:

### Քանդէ Շունչին Գործունէութիւնը՝ որ Կը Պատկանի Մարմնին

Արդե՞օք դուն յայտնապէս ըսած ես կարգ մը խօսքեր, կամ ըրած ես բան մը՝ զոր դուն բնաւ չէիր մտածեր ըսել կամ ընել: Պատճառը այն է՝ որովհետեւ մարդիկ իրենց շունչով կը կառավարուին: Որովհետեւ շունչն է որ կը կառավարէ Հոգին, ուստի մեր Հոգին գործունեայ կ՚ըլլայ միայն այն ատեն՝ երբ մենք կը կտրենք շունչին գործունէութիւնները, որոնք կը պատկանին մարմնին: Ուրեմն, մենք ի՞նչպէս կրնանք քանդել մեր շնչաւոր գործունէութիւնները, որոնք մարմնին կը պատկանին: Ամենէն կարեւոր բանը այն է՝ որ մենք պէտք է գիտակցինք այն իրողութեան որ մեր գիտութիւնը եւ մեր խորհուրդները ճիշդ չեն: Միայն այն ատեն է որ մենք կրնանք պատրաստ ըլլալ ընդունելու ճշմարտութեան Խօսքը, որը կը տարբերի մեր անձնական գաղափարներէն:

Յիսուս առակներ գործածեց որպէսզի քանդէ մարդոց սխալ գաղափարները (Մատթէոս 13.34): Անոնք չէին կրնար հասկնալ Հոգեւոր բաները որովհետեւ իրենց կեանքի սերմը խեղդուած էր շնչաւոր էութեան կողմէ, ուստի առակներուն միջոցաւ Յիսուս փորձեց անոնց հասկցնել տալ այս աշխարհին բաները: Սակայն ո՛չ Փարիսեցիները եւ ո՛չ ալ Յիսուսի առաքեալները կրցան հասկնալ Զինքը: Անոնք ամէն բան մեկնաբանեցին իրենց մէջ հաստատուած գաղափարներուն, ինչպէս նաեւ իրենց մարմնաւոր խորհուրդներուն անիրաւ չափանիշին հիման վրայ, եւ ուրեմն անոնք չկրցան ըմբռնել որեւէ Հոգեւոր բան:

Այդ ժամանակուայ օրինապաշտները դատապարտեցին Յիսուսը՝ Շաբաթ օրով հիւանդ մարդ մը բժշկելուն համար: Եթէ միայն տրամաբանութեամբ մտածես, դուն կրնաս տեսնել որ Յիսուս մարդ մըն է որ ճանչցուած եւ սիրուած է Աստուծոյ կողմէ, քանի որ Յիսուս գործադրեց այն զօրութիւնը որով միայն Աստուած կրնայ գործել: Սակայն այդ օրինապաշտերը երէցներուն սովորութիւններուն եւ անոնց մտային կազմութեան պատճառով չկրցան հասկնալ Աստուծոյ սիրտը: Յիսուս փորձեց անոնց հասկցնել իրենց սխալ կարծիքերը եւ անձնական յղացումները:

Ղուկաս 13.15-16 կ'ըսէ. «Այն ատեն Տէրը պատասխան տուաւ անոր ու ըսաւ. 'Կե՛ղծաւոր, ձեզմէ ամէն մէկը շաբաթ օրը իր եզը կամ էշը մսուրէն չա՞րձակեր, որպէս զի տանի ջուր տայ: Հապա ասիկա որ Աբրահամի աղջիկ էր, որ ահա տասնըութ տարի Սատանան կապած էր, չէ՞ր վայլեր որ շաբաթ օր այն կապէն արձակուի»:

Մինչ Յիսուս այս կ'ըսէր, իր բոլոր հակառակորդները կը նուաստանային, եւ բովանդակ ամբոխը կը ցնծար Յիսուսի կողմէ կատարուած բոլոր սքանչելի գործերուն վրայ: Իրողութեան մէջ, անոնք առիթը ունեցան անդրադառնալու իրենց մտային սխալ ըմբռնումներուն: Յիսուս կը փորձէր քանդել մարդոց բոլոր խորհուրները որովհետեւ անոնք իրենց սիրտը պիտի բանային միայն այն ատեն՝ երբ իրենց խորհուրդները ջախջախուէին:

Թոյլ տուէք որ նայինք Յայտնութիւն 3.20 համարին, ուր կը կարդանք հետեւեալը.

Ահա ես դուռը կայներ եմ ու կը զարնեմ. եթէ մէկը Իմ ձայնս լսէ ու դուռը բանայ, անոր քով պիտի մտնեմ եւ անոր հետ ընթրիք պիտի ընեմ, ան ալ Ինծի հետ:

Այս համարին մէջ, «դուռը» կը խորհրդանշէ մեր խորհուրդներուն լայն դուռը, այսինքն՝ «շունչը»: Տէրը մեր խորհուրդներուն դուռը կը զարնէ՝ ճշմարտութեան Խօսքով: Այս վայրկեանին, եթէ մենք մեր խորհուրդներուն դուռը բանանք, այսինքն՝ եթէ մենք քանդենք մեր շնչաւոր էութիւնը եւ Տէրոջը Խօսքը ընդունինք, այն ատեն մեր սրտին դուռը պիտի բացուի: Այսպէս, երբ Իր Խօսքը մեր սրտերուն մէջ կը մտնէ, մենք կը սկսինք գործի դնել Աստուծոյ Խօսքը: Այս կը նշանակէ Տէրոջը հետ «ընթրել»: Եթէ մենք Աստուծոյ Խօսքը ընդունինք միայն «Ամէն» ըսելով, այն ատեն նոյնիսկ եթէ Իր Խօսքը մեր խորհուրներուն կամ մեր տեսութիւններուն հետ համընթաց չքալէր, մենք կրնանք խորտակել մեր շնչաւոր էութեան անիրաւ գործունէութիւնները:

Ինչպէս բացատրուեցաւ, սկիզբը մենք պէտք է մեր խորհուրդներուն դուռը բանանք եւ ետքը մեր սրտին դուռը, որպէսզի աւետարանը կարենայ հասնիլ կենդանի սերմին, որ շրջապատուած է մարդոց շնչաւոր էութեամբ: Այդ ճիշդ կը նմանի հիւրի մը՝ որ մէկու մը տունը կ՛այցելէ: Հիւրը, որ տունէն դուրս կը գտնուի, իր հիւրընկալին հանդիպելու համար պէտք է մեծ դուռը բանայ եւ տունէն ներս մտնէ. Նաեւ, ան պէտք է գաւիթին դուռը բանայ, որպէսզի հասնի հիւրասենեակ:

Շատ ձեւեր կան խորտակելու շունչին գործունէութիւնները, որոնք մարմնին կը պատկանին: Որպէսզի թոյլ տանք որ մարդիկ իրենց խորհուրդներուն եւ իրենց սրտին դուռը բանան՝ աւետարանը ընդունելու, ոմանց պարագային աւելի լաւ կ՛ըլլայ տրամաբանական բացատրութիւններ տալ, իսկ ուրիշներու համար աւելի լաւ կ՛ըլլայ Աստուծոյ զօրութիւնը ցոյց տալ, եւ կամ լաւ այլաբանութիւններ կամ առակներ տալ իրենց: Նաեւ, հաւատքի աճման ընթացքին մենք պէտք է անդադար խորտակենք շնչաւոր անիրաւ գործունէութիւնները՝ անոնց համար որոնք արդէն ընդունած են աւետարանը: Շատ հաւատացեալներ կան որոնք չեն շարունակէր աճիլ հաւատքով եւ հոգիով: Պատճառը այն է՝ որովհետեւ անոնք շարունակական հոգեւոր անդրադարձներ չեն ունենար իրենց շնչաւոր գործունէութիւններուն հետեւանքով, որոնք մարմնին կը պատկանին:

## Յիշողութիւններու Կազմութիւնը

Որպէսզի կարենանք շունչի փափաքելի գործունէութիւններ ունենալ, մենք պէտք է գիտնանք թէ ինչպէս այն գիտութիւնը, որ մեր մէջ ներմուծուած է, մեր մէջ կը մնայ որպէս յիշողութիւն: Երբեմն մենք յստակօրէն կը տեսնենք կամ կը լսենք բան մը, սակայն յետոյ հազիւ թէ բան մը կը յիշենք այդ մասին: Ասոր

Հակառակը, մենք բան մը այնքան յստակ կը յիշենք որ չենք կրնար զայն մոռնալ նոյնիսկ շատ երկար ժամանակ անցնելէն ետք: Այս տարբերութիւնը յառաջ կու գայ այն մեթոտէն որ կը գործածուէր նիւթերը ներմուծելու մեր յիշողութեան դրութեան մէջ:

Յիշողութեան մէջ ներմուծելու առաջին մեթոտը պարզապէս առանց ուշադրութեան զայն նկատելն է: Մենք կրնանք լսել կամ տեսնել բան մը, առանց որեւէ ուշադրութիւն դարձնելու անոր վրայ: Ենթադրէ որ հանրակառքով քու ծննդավայրդ կը վերադառնաս: Դուն կը տեսնես ցորենի եւ ուրիշ բերքերու դաշտեր: Սակայն եթէ դուն ուրիշ խորհուրդներով մտազբաղ ես, քու ծննդավայրդ հասնելէ ետք, իրականութեան մէջ, դուն չես կրնար յիշել ինչ որ տեսար հանրակառքին մէջ նստած ատենդ: Նաեւ, եթէ աշակերտները դասարանին մէջ դաս տրուած ժամանակ կ՛երազեն, անոնք ետքը չեն կրնար յիշել թէ ինչ բանի մասին խօսուեցաւ իրենց դասարանին մէջ:

Երկրորդ, կայ նաեւ պատահական կամ չծրագրուած յիշողութիւնը: Երբ դուրսը ցորենի դաշտերը կը դիտես պատուհանէն, դուն կրնաս զանոնք կապել քու ծնողներուդ հետ: Երբ դաշտը կը դիտես, դուն կրնաս խորհիլ քու հօրդ մասին որ հողը կը մշակէ, եւ յետոյ կրնաս միայն տարտամ կերպով յիշել քու տեսածդ: Նաեւ, դասարանին մէջ, աշակերտները կրնան միայն պատահական կերպով յիշել ուսուցիչին ըսածը: Անոնք կրնան իրենց լսածը յիշել դասէն անմիջապէս ետքը, սակայն քանի մը օր ետք կը մոռնան զայն:

Երրորդը՝ յիշողութեան մէջ սերմանելն է: Եթէ դուն ալ պարտիզպան մըն ես, այն ատեն երբ կը դիտես ցորենի եւ ուրիշ բերքերու դաշտերը, դուն ուշադրութիւն կը դարձնես քու տեսածներուդ: Դուն ուշադրութեամբ պիտի դիտես թէ որքան լաւ ձեւով հոգ կը տարուին դաշտերուն, կամ թէ որքան ջերմանոցներ շինուած են բոյսերու աճման համար, եւ դուն պիտի ուզես կ՚իրարկել զայն քու իսկ հողամշակութեանդ մէջ: Դուն ուշադրութիւն կը դարձնես եւ քու ուղեղիդ մէջ լաւ մը կը սերմանես տեսածդ, որպէս զի կարենաս յիշել մանրամասնութիւնները նոյնիսկ քու ծննդավայրդ վերադառնալէ ետք: Նաեւ, դասարանին մէջ, ենթադրենք որ ուսուցիչը կ՚ըսէ. «Մենք գրաւոր քննութիւն մը պիտի ունենանք այս դասէն անմիջապէս ետքը: Ամէն մէկ սխալ պատասխանի համար ձեզմէ հինգ նիշ պիտի իջնէ»: Յետոյ, աշակերտները հաւանաբար պիտի փորձեն կեդրոնանալ եւ պիտի փորձեն յիշել դասարանին մէջ տրուած ուսուցմունքը: Այս տեսակի յիշողութիւնը շատ հաւանաբար աւելի երկար պիտի տեւէ քան նախկինները:

Չորրորդը՝ ուղեղին եւ սրտին մէջ սերմանելն է: Ենթադրենք որ դուն տխուր շարժանկար մը կը դիտես: Դուն կը ուժգնօրէն կ՚ազդուիս դերասանին հետ միասին եւ ինքզինքդ այնքան շատ կը մտցնես այդ պատմութեան մէջ, որ նաեւ չափազանց շատ արցունք կը թափես: Այս պարագային, պատմութիւնը ոչ միայն քու յիշողութեանդ մէջ պիտի սերմանուի, այլ նաեւ քու սրտիդ մէջ: Այսինքն, այդ պատմութիւնը սրտիդ մէջ կը սերմանուի զգացումներով, ինչպէս նաեւ յիղողութեանդ եւ ուղեղիդ բջիջներուն մէջ: Այն բաները որոնք ուժգին կերպով կը ներմուծուին մէկու մը յիշողութեան եւ սրտին մէջ, տեւական հոն կը մնան, բացի եթէ ուղեղին բջիջները վնասուին: Նաեւ, նոյնիսկ եթէ ուղեղը վնասուի, ինչ որ սրտին մէջ է՝ տակաւին կը մնայ:

Երբ պզտիկ երեխայ մը ականատես դարձած է իր իսկ մօրը մեռցուելուն ինքնաշարժի արկածի մը մէջ, որքան շատ ցնցուած պէտք է ըլլայ ան... Այս պարագային, այդ տեսարանը եւ վշտալի զգացումները զօրաւոր կերպով պիտի սերմանուին իր սրտին մէջ: Այդ դէպքը թէ՛ իր յիշողութեան եւ թէ՛ ալ իր սրտին մէջ պիտի սերմանուի, նաեւ իրեն համար շատ դժուար կ՚ըլլայ մոռնալ զայն: Այսպէս, մենք քննեցինք յիշողութեան չորս տարբեր ձեւերը:

Եթէ ասիկա շատ լաւ հասկնանք, այդ մեզի պիտի օգնէ որ մենք կարենանք կառավարել մեր շնչաւոր գործունէութիւնները:

## Բաներ՝ որ Կ'ուզես Մոռնալ, Սակայն Շարունակ Կը Յիշես զանոնք

Երբեմն մենք շարունակ կը յիշենք այն բաները զոր չենք ուզեր յիշել: Ի՞նչ է պատճառը: Պատճառը այն է՝ որ այդ բաները սերմանուած են թէ՛ մեր ուղեղին եւ թէ՛ մեր սրտին մէջ, զգացումներով միասին:

Սեպենք թէ մէկը կայ զոր դուն կ'ատես: Երբ կը խորհիս իր մասին, դուն կը տառապիս, քու ունեցած ատելութեանդ պատճառով: Այս տեսակ պարագայի մը մէջ, դուն առաջ պէտք է մտածես Աստուծոյ Խօսքին մասին: Աստուած մեզի կ'ըսէ որ մենք նոյնիսկ մեր թշնամիները պէտք է սիրենք, եւ Յիսուս աղօթեց անոնց համար որոնք կը խաչէին Զինքը: Աստուած մեզի կը պատուիրէ նոյնիսկ մեր թշնամիները սիրել, եւ Յիսուս աղօթեց անոնց համար Զինք խաչողներուն համար որ ներում ստանան: Աստուած կը փափաքի որ մենք այսպէս բարութեամբ եւ սիրով լեցուն սիրտ մը ունենանք, այնպէս որ մենք պէտք է քաշելով դուրս հանենք այդ անիրաւ սիրտը՝ որ մեզի տրուած է թշնամի Բանսարկու Սատանային կողմէ:

Մեծ մասամբ պարագաներու մէջ, եթէ նկատի առնենք հիմնական պատճառը, կ'անդրադառնանք որ մենք ուրիշները կ'ատենք չնչին ու սնոտի բաներու համար: Մենք կրնանք անդրադառնալ թէ ինչ է պատճառը որ մենք չենք հնազանդիր Աստուծոյ Խօսքին՝ եթէ մեր անձերուն վրայ խոկանք եւ ինքզինքնիս ցոլացնենք Ա. Կորնթացիս 13-րդ գլխուն հիման վրայ, որ կ'ըսէ թէ մենք պէտք է ուրիշներուն շահը փնտռենք, քաղցր ըլլանք, եւ հասկնանք զանոնք: Երբ մենք կ'անդրադառնանք որ արդարութեամբ չենք գործեր, այն ատեն մեր սրտին մէջի ատելութիւնը կրնայ աստիճանաբար անհետանալ: Եթէ մենք ամէն բանէ առաջ զգանք եւ բարութիւն ներմուծենք, այն ատեն մենք պէտք չենք ունենար տառապելու չար խորհուրդներէ: Նոյնիսկ եթէ ուրիշները բան մը ընեն զոր դուն չես հաւնիր, դուն ատելութիւն պիտի չունենաս անոնց դէմ՝ այնքան ատեն որ դուն բարութեան զգացումներ կը ներմուծես՝ խորհելով. «Անոնք պէտք է պատճառ մը ունենան»:

## Մենք Պէտք Է Իմանանք թէ Ինչ Կը Ներմուծուի Անիրաւութեան հետ Միասին

Հիմա, ի՞նչ պէտք է ընենք անիրաւութեան նկատմամբ զոր մենք արդէն մեր մէջ ներմուծած ենք անիրաւութեամբ լեցուն զգացումներու հետ միատեղ:

Եթէ քու սրտիդ խորը բան մը սերմանուած է, դուն պիտի յիշես զանիկա նոյնիսկ եթէ դուն գիտակցաբար չես փորձեր խորհիլ այդ մասին: Այս պարագային, մենք պէտք է փոխենք մեր զգացումները այդ հարցին կապակցութեամբ: Փոխանակ փորձելու որ չխորհիս այդ մասին, փորձէ փոխել քու խորհուրդդ: Օրինակի համար, դուն կրնաս փոխել քու խորհուրդդ մէկու մը մասին՝ զոր կ՛ատես: Կրնաս սկսիլ խորհիլ իր տեսակէտէն եւ հասկնալ թէ ինչու այդ անձը այդ ձեւով գործած էր՝ նկատի առնելով իր պարագան:
Նաեւ, դուն կրնաս խորհիլ իր լաւ կէտերուն մասին, նաեւ աղօթել իրեն համար: Մինչ կը փորձես իրեն հետ խօսիլ ջերմ եւ մխիթարական խօսքերով, դուն կրնաս պզտիկ նուէրներ տալ իրեն եւ սիրոյ արարքներ ցոյց տալ: Այս ձեւով, ատելութեան զգացումները պիտի փոխուին եւ պիտի վերածուին սիրոյ զգացումներու: Անկէ ետք, դուն այլեւս պիտի չտառապիս երբ իր մասին կը խորհիս:

Նախքան Տէրը ընդունիլս, երբ ես մահուան անկողինի մէջ կը գտնուէի եօթը տարի շարունակ, ես կ՛ատէի մարդիկը: Ես որեւէ դարման չունէի եւ կեանքի մէջ ամէն յոյսէ զուրկ էի։ Միայն թէ պարտքերս երթալով կ՛աւելնային եւ ընտանիքս գրեթէ սնանկացած էր։ Կինս ստիպուած էր աշխատելու որպէսզի մեր ապրուստը ճարէր, եւ մեր ազգականները սիրալիր ընդունելութիւն ցոյց չէին տար իմ ընտանիքիս, որովհետեւ մենք ծանր բեռ էինք իրենց համար։

Եղբայրներուս միջեւ իրարու հետ մեր լաւ յարաբերութիւնը նոյնպէս բոլորովին կտրուած էր։ Այդ ժամանակ ես միայն կը խորհէի իմ դժուար վիճակիս մասին, եւ կը զայրանայի որ լքած էին զիս։ Ես ոխ կը պահէի կնոջս դէմ որ յաճախ կը հաւաքէր իր լաթերը ու կը ձգէր կ՛երթար, նաեւ ոխ կը պահէի իր ընտանիքի անդամներուն դէմ որոնք իմ զգացումներս կը վիրաւորէին կոպիտ խօսքերով։ Երբ ես կը տեսնէի որ անոնք անարգական աչքերով կը դիտէին զիս, ատելութիւնս եւ դժգոհութիւնս երթալով կ՛աւելնար։ Սակայն օր մը այդ ոխակալութիւնը եւ ատելութիւնը բոլորովին անհետացան։

Երբ Տէրը ընդունեցի եւ Աստուծոյ Խօսքը լսեցի, ես անդրադարձայ իմ սխալիս։ Աստուած մեզի կ՛ըսէ որ սիրենք նոյնիսկ մեր թշնամիները եւ Ան իր միածին Որդին տուաւ որպէս քաւութեան նոխազ մեզի համար։ Սակայն ես ինչ տեսակ անձ մըն էի որ կրնար զայրանալ եւ ոխ պահել... Ես սկսայ խորհիլ իրենց տեսանկիւնէն։ Ենթադրենք որ ես ունիմ քոյր մը որ անկարող ամուսինի մը կը հանդիպի։ Քոյրս պէտք է չափազանց տքնաջան աշխատանք թափէ որպէսզի տան ապրուստը ճարէ։ Ուրեմն, ես ի՞նչ պիտի խորհիմ այդ վիճակին մասին։ Ուստի երբ սկսայ իրենց տեսանկիւնէն դիտել հարցը, ես կրցայ հասկնալ իրենց եւ անդրադարձայ որ այդ բոլոր ամբաստանութիւնը իմ պատճառովս եղած էր։

Երբ սկսայ փոխել իմ մտածելակերպս, ես փոխարէնը շնորհակալութեամբ լեցուեցայ իմ կնոջս ընտանիքի անդամներուն վրայ։ Երբեմն անոնք բրինձ կամ այլեւայլ ուրիշ պէտքեր կը հայթայթէին մեզի, եւ ես շնորհակալ էի անոնց համար։ Նաեւ, այդ դժուար ժամանակներուն ընթացքին, ես Տէրը ընդունեցի եւ սկսայ ճանչնալ Երկինքի մասին. ուստի ես այդ բանին համար ալ նոյնպէս շնորհակալութեամբ լեցուեցայ։ Երբ սկսայ մտածելակերպս փոխել, ես շնորհակալութեամբ լեցուեցայ որ հիւանդացած եւ իմ կնոջս հանդիպած էի։ Իմ բոլոր ատելութիւնս փոխուեցաւ սիրոյ։

## Անիրաւութեան Պատկանող Շնչաւոր Գործունէութիւններ

Եթէ դուն անիրաւութեան պատկանող շնչաւոր գործունէութիւններ ունիս, դուն կրնաս ոչ միայն ինքզինքդ վնասել, այլ նաեւ քու շուրջդ գտնուող մարդոց։ Ուստի, թող որ հիմա նկատի առնենք անիրաւութեան պատկանող շնչաւոր գործունէութիւններու սովորական պարագաները, բաներ՝ զոր կրնանք դիւրիւթեամբ գտնել մեր առօրեայ կեանքերուն մէջ։

Առաջինը՝ ուրիշները սխալ հասկնալն է, եւ անկարող ըլլալ զիրենք ընդունիլը։

Մարդիկ կը մշակեն տարբեր տեսակի ճաշակներ, արժէքաւորումներ, եւ մտայղացումներ՝ ճշմարտութեան նկատմամբ։ Ոմանք կը սիրեն տեսնել շողշողուն, անզուգական գծագրութիւններ իրենց հագուստին վրայ, մինչ ուրիշներ կը նախընտրեն պարզ եւ կոկիկ գիծեր։ Նոյնիսկ միեւնոյն շարժանկարին նկատմամբ, ոմանք զայն հետաքրքրական կը գտնեն, իսկ ուրիշներ՝ ձանձրացուցիչ։

Այս տարբերութիւններուն հետեւանքով, մենք կրնանք առանց նկատելու քանի մը տեսակի անհանգստաւէտ զգացումներ ունենալ ուրիշներու նկատմամբ, որոնք մեզմէ շատ տարբեր են։ Անձ մը կրնայ մեկնող անձնաւորութիւն ունենալ, եւ անիկա ուղղակիօրէն կը խօսի իր չսիրած բաներուն մասին։ Ուրիշ անձ մը շատ լաւ չարտայայտեր իր զգացումները, եւ երկար ժամանակ կ՛առնէ բան մը որոշելու, որովհետեւ անիկա մանրամասնութեամբ կը մտածէ բոլոր կարելիութիւններուն մասին: Առաջինին համար այս երկրորդ անձը կը թուի ըլլալ դանդաղ եւ կամ ոչ բաւականաչափ ճկուն կամ աշխոյժ: Միւս կողմէ, այս վերջինը կը խորհի որ առաջին անձը յամառ եւ քիչ մը յանդուգն է, եւ կ՛ուզէ խուսափիլ իրմէ:

Ինչպէս այլաբանութեան մէջ, անիկա անիրաւութեան պատկանող շնչաւոր գործունէութիւն մը կ՛ըլլայ եթէ դուն չկարենաս հասկնալ կամ ընդունիլ ուրիշները: Եթէ մենք միայն մեր հաւնածը սիրենք, եւ եթէ մենք միայն մեր տեսանկիւնով ճիշդ սեպուածը խորհինք, այն ատեն մենք չենք կրնար իրապէս հասկնալ կամ ընդունիլ ուրիշները:

## Երկրորդը՝ դատելու համար է:

Դատել կը նշանակէ եզրակացութիւն մը ունենալ անձի մը կամ բանի մը մասին՝ մեր անձնական խորհուրդներուն կամ զգացումներու գործունէութեան ծիրին հիման վրայ: Կարգ մը երկիրներու մէջ կոպիտ արարք մըն է քիթդ փչել ընթրիքի սեղանին առջեւ նստած ատենդ: Ուրիշ երկիրներու մէջ այդ արարքը կատարելապէս լաւ է: Կարգ մը երկիրներու մէջ կոպիտ արարք մըն է սեղանին վրայ ուտելիքը պարապի տալը կամ վատնելը, մինչ ուրիշ երկիրներու մէջ այդ բանը ընդունուած է եւ նոյնիսկ քաղաքավարական արտայայտութիւն մըն է քիչ մը ուտելիք ձգել պնակին մէջ:

Անձ մը որ կը տեսնէ ուրիշ մը որ իր ձեռքերով կ՛ուտէր՝ հարցուց իրեն թէ արդե՞օք ձեռքերով ուտելը առողջապահական էր կամ ոչ: Յետոյ դիմացինը պատասխանեց ըսելով. «Ես իմ ձեռքերս կը լուամ, ուստի գիտեմ որ անիկա առողջապահական է: Բայց ես չեմ գիտեր թէ որքան մաքուր է այս պատառաքաղը կամ այս դանակը Ուրեմն, իմ ձեռքս աւելի առողջապահական է»: Կախում ունի թէ ինչ տեսակ միջավայրերու մէջ մեծցած ենք եւ ինչ տեսակ բաներ սորված են, միեւնոյն պարագային նկատմամբ զգացումները եւ խորհուրդները պիտի տարբերին: Ուրեմն, մենք մարդկային չափանիշով չէ որ պէտք է դատենք շիտակի եւ սխալի միջեւ, որովհետեւ մարդկային չափանիշը ճշմարտութիւնը չէ:

Ոմանք դատումներ եւ վճիռներ կ՛ընեն այն խորհուրդով որ ուրիշները ճիշդ իրենց ըրածին պէս կ՛ընեն: Անոնք որոնք սուտ կը խօսին կը խորհին որ ուրիշներն ալ նոյն բանը կ՛ընեն: Անոնք որոնք կը սիրեն բամբասել կը խորհին որ ուրիշներն ալ նոյնը կ՛ընեն:

Ենթադրենք որ տեսար մարդ մը եւ կին մը, որոնց լաւ կը ճանչնաս, որոնք միասին պանդոկի մը առջեւ կեցած են: Դուն կրնաս շուտով դատել, այսպէս խորհելով. «Անոնք պանդոկին մէջ պէտք էր միասին եղած ըլլային: Ես կը խորհիմ որ անոնք մասնայատուկ ձեւով կը նային իրարու»:

Սակայն դուն չես կրնար որեւէ ձեւով գիտնալ թէ արդե՞օք այդ մարդը եւ այդ կինը պանդոկին սրճարանին մէջ իրարու հետ խօսակցութիւն ունեցած էին, եւ կամ արդե՞օք ճամբուն մէջ իրարու զարնուեր էին թէ ոչ: Եթէ դուն դատապարտես զիրենք եւ ամբաստանութիւն բերես իրենց դէմ, եւ այս լուրը տարածես ուրիշներուն, այդ սխալ տարաձայնութեան պատճառով այդ մարդիկը տառապելով կրնան մեծ անարդարութիւն, վնաս, կամ կորուստ ունենալ:

Անտեղի պատասխանները նոյնպէս դատաստան ընելէն յառաջ կու գան: Եթէ դուն մէկու մը, որ յաճախ ուշ տուն կու գայ, հարց կու տաս, ըսելով. «Այսօր ժամը քանիի՞ն եկար», ան կրնայ պատասխանել ըսելով. «Այսօր չուշացայ»: Դուն պարզապէս միայն իրեն հարցուցիր թէ ո՞ր ժամուն եկած էր, սակայն ինքը յանդգնօրէն խորհեցաւ որ դուն կը դատէիր զինքը եւ բոլորովին անտեղի պատասխան տուաւ:

Ա. Կորնթացիս 4.5-ի մէջ կը կարդանք. «Ուրեմն ժամանակէն առաջ դատաստան մի՛ ընէք, մինչեւ գայ Տէրը՝ որ խաւարին գաղտնիքը լոյսի պիտի հանէ ու սրտերուն խորհուրդները յայտնի պիտի ընէ եւ այն ատեն ամէն մէկուն գնահատութիւնը Աստուծմէ պիտի ըլլայ»:

Աշխարհի մէջ կան չափազանց շատ դատաստաններ եւ ամբաստանութիւններ, ոչ միայն անձնական մակարդակի վրայ, այլ նաեւ ընտանիքներու, ընկերային շրջանակներու, քաղաքականութեան, եւ նոյնիսկ զանազան երկիրներու մակարդակներու վրայ: Այսպիսի չարութիւնը միայն պայքար եւ մրցակցութիւն կը յառաջացնէ եւ տխրութեան պատճառ կը դառնայ: Մարդիկ կ՛ապրին լայնատարած դատաստաններ ընելով, առանց նոյնիսկ անդրադառնալու իսկական իրողութեան: Անշուշտ, երբեմն իրենց դատումները կրնան ճիշդ ըլլալ, բայց շատ պարագաներու մէջ մեծ մասամբ այդ դատաստանները ճիշդ չեն ըլլար: Նոյնիսկ եթէ ճիշդ ըլլան, դատելը ինքնին չարութիւն է եւ արգիլուած է Աստուծոյ կողմէ, եւ ուրեմն պէտք չէ դատենք:

Երրորդը՝ բամբասելն է:

Մարդիկ ոչ միայն կը դատեն ուրիշները իրենց անձնական խորհուրդներով, այլ նաեւ կը բամբասեն անոնց ետեւէն: Ոմանք անսահման մտային տագնապէ կը տառապին՝ որպէս հետեւանք կայքէջքի ցանցոստայնին վրայ դրուած չարակամ քննադատութիւններուն: Դատելը եւ բամբասելը յաճախակի կերպով տեղի կ՛ունենան մեր ամենօրեայ կեանքերուն մէջ: Եթէ մէկը պարզապէս կ՛անցնի առանց քեզ բարեւելու, դուն կրնաս բամբասել եւ դատապարտել զինքը՝ դիտումնաւոր կերպով քեզ անտեսելու յանցանքով: Կրնայ ըլլալ որ այդ անձը չէր կրցած անդրադառնալ քու ներկայութեանդ, կամ կրնայ ըլլալ որ ան մտազբաղ էր ուրիշ խորհուրդներով. բայց եւ այնպէս, դուն կ՛ընդառաջես ու կը դատապարտես զինքը՝ քու անձնական զգացումներէդ մղուած:

Այդ է պատճառը որ Յակոբու 4.11-12 կը զգուշացնէ մեզ ըսելով.

Մէկզմէկ մի՛ բամբասէք. ան որ իր եղբայրը կը բամբասէ կամ իր եղբայրը կը դատէ, օրէնքը կը բամբասէ եւ օրէնքը կը դատէ: Եթէ օրէնքը դատես, ա՛լ դուն օրէնքը կատարող չես, հապա դատաւոր: Միայն մէկ Օրէնսդիր [ու Դատաւոր] կայ, որ կարող է փրկել եւ կորսնցնել: Դուն ո՞վ ես որ ուրիշը կը դատես:

Ուրիշները դատելը կամ բամբասելը Աստուծոյ նման գործելու ամբարտաւանութիւնն է: Այսպիսի մարդիկ արդէն ինքնզինքնին դատապարտած կ՛ըլլան: Նոյնիսկ ալ աւելի լուրջ հարց մըն է հոգեւոր բաներ դատելը կամ անոնց ետեւէն չարութեամբ խօսիլը: Ոմանք Աստուծոյ հզօր գործերը կամ Աստուծոյ նախասահմանութիւնը կը դատեն ու կը բամբասեն՝ իրենց գիտելիքներուն եւ մտային սահմանափակ շրջագիծերուն միջեւ:

Եթէ մէկը ըսէ. «Ես աղօթքի միջոցաւ բժշկուեցայ անբուժելի հիւանդութենէ մը», այն ատեն անոնք որոնք բարեսիրտ մարդիկ են՝ պիտի հաւատան այդ խօսքը: Սակայն ուրիշներ պիտի դատեն ըսուածը՝ խորհելով. «Ի՞նչպէս կարելի է որ այդպիսի հիւանդութիւն ունեցող անձ մը միայն աղօթքով բժշկուի»: Անպայման անիկա սխալ ախտաճանաչուած էր եւ կամ ինք պարզապէս կը խորհէր թէ լաւացած է»: Ուրիշներ կրնան նոյնիսկ բամբասել եւ դատապարտել զինքը՝ ըսելով որ կը ստէ: Անոնք դատաստան եւ ամբաստանութիւն կ՛ընեն նոյնիսկ Աստուածաշունչին մէջ արձանագրուած իրողութիւններուն վրայ՝ Կարմիր Ծովուն երկուքի բաժնուելուն, արեւուն եւ լուսինին անշարժ կայնելուն, եւ լեղի ջուրը անուշ ջուրի վերածուելուն մասին, ըսելով որ անոնք պարզապէս առասպելներ են:

Ոմանք կ՛ըսեն թէ իրենք կը հաւատան Աստուծոյ, բայց տակաւին կը դատեն եւ կը բամբասեն Սուրբ Հոգիին գործերուն դէմ: Եթէ մէկը կ՛ըսէ թէ իր հոգեւոր աչքերը բացուած են՝ այնպէս որ ինք կրնայ տեսնել հոգեւոր աշխարհը, կամ թէ ինքը կը հաղորդակցի Աստուծոյ հետ, անոնք անտարբերութեամբ կ՛ըսեն թէ ինք սխալ է եւ թէ ասիկա խորհրդապաշտութիւն է: Այս տեսակի գործեր ստոյգ կերպով արձանագրուած են Աստուածաշունչին մէջ, բայց անոնք կը դատապարտեն այդ գործերը իրենց անձնական համոզումներու շրջագիծին միջեւ:

Յիսուսի ժամանակ այս տեսակի շատ անձեր կային: Երբ Յիսուս հիւանդներ բժշկեց Շաբաթ օրով, անոնք պէտք էր կեդրոնանային այն իրողութեան վրայ որ Աստուծոյ զօրութիւնը յայտնաբերուած էր Յիսուսի միջոցաւ: Եթէ այդ բժշկութիւնը Աստուծոյ կամքին համեմատ եղած չըլլար, ամէն բանէ առաջ այսպիսի գործ մը տեղի ունեցած չէր ըլլար Յիսուսի միջոցաւ: Սակայն Փարիսեցիները դատապարտեցին Յիսուսը՝ Աստուծոյ Որդին, եւ բամբասեցին Անոր ետեւէն՝ իրենց անձնական յղացումներուն եւ մտային կազմութեան շրջագիծներուն միջեւ: Եթէ դուն դատես եւ դատապարտես Աստուծոյ գործերը, նոյնիսկ այն պատճառով որ դուն շատ լաւ չես ճանչնար ճշմարտութիւնը, այդ տակաւին ծանր եւ լուրջ մեղք մըն է: Դուն պէտք է շատ զգոյշ ըլլաս որովհետեւ դուն զղջալու եւ դարձի գալու ուրիշ առիթ մը պիտի չունենաս այլեւս եթէ դուն շարունակ դէմ կենաս, հակառակ խօսիս, եւ կամ հայհոյութիւն ընես Սուրբ Հոգիին դէմ:

Անիրաւութեան մէջ շնչաւոր չորրորդ գործունէութիւնը սխալ եւ թերի պատգամ մը հաղորդելն է:

Երբ պատգամ մը կը փոխանցենք, մենք կը միտինք մեր անձնական զգացումներն ու խորհուրդները նեմուծել եւ այս ձեւով պատգամը կը խեղաթիւրուի: Նոյնիսկ եթէ մենք ճիշդ նոյն պատգամը փոխանցենք, նախապէս մտայղացուած իմաստը կրնայ փոխուիլ՝ նայած մեր դէմքի արտայայտութիւններուն եւ ձայնի թոնին: Օրինակի համար, նոյնիսկ երբ մենք միեւնոյն բառով, ինչպէս «հէյ» ըսելով, մէկու մը կը կանչենք, բոլորովին տարբեր իմաստ կը փոխանցէ ընկերային ու քաղցր ձայնով կանչելը, եւ զինք կարծր ու բարկացոտ ձայնով կանչելը: Աւելին, եթէ մենք չենք կրնար ճշգրտօրէն միեւնոյն խօսքը փոխանցել եւ եթէ մեր անձնական բառերով փոխենք այդ խօսքերը, այդ պարագային պատգամին նախնական իմաստը յաճախ կը խեղաթիւրուի:

Մենք այս օրինակները կրնանք մեր առօրեայ կեանքերուն մէջ ալ գտնել, ինչպէս՝ ըսուած խօսքին չափազանցութիւնը կամ կրճատումը: Երբեմն, բնաբանը բոլորովին կը փոխուի: «Արդեօք այդ ճիշդ չէ՞» խօսքը կը վերածուի՝ «Անիկա ճիշդ է, այդպէս չէ՞», եւ «Մենք կը ծրագրենք...,» խօսքը կը վերածուի՝ «Կրնայ ըլլալ որ մենք...» կամ «Կը թուի թէ մենք պիտի....»:

Սակայն եթէ մենք ճշմարտալից սրտեր ունենանք, այն ատենք մենք պիտի չխեղաթիւրենք իրողութիւնները մեր անձնական խորհելակերպերով: Մենք պիտի կարողանանք աւելի ճշգրտութեամբ փոխանցել այդ պատգամները, այն աստիճան որ մենք կը ձերբազատուինք չար սրտերէն եւ չար բնաւորութիւններէն, ինչպէս՝ մեր անձնական շահը փնտռելը, չփորձել պարտաճանաչ ըլլալ, արագ ըլլալ դատելու, եւ ուրիշներու մասին գէշ խօսիլը: Սկսելով Յովհաննու 21.18 համարով, Տէր Յիսուսի խօսքն է Պետրոսի նահատակութեան մասին, որ կ՛ըսէ. «Ճշմարիտ ճշմարիտ կ՛ըսեմ քեզի, թէ երբ դուն պատանի էիր, ինքնիրմէդ գօտի կը կապէիր ու կ՛երթայիր ուր որ ուզէիր. բայց երբ ծերանաս, ձեռքերդ վե՛ր պիտի բռնես եւ ուրիշը գօտիդ պիտի կապէ ու պիտի տանի ուր չես ուզեր»:

Յետոյ Պետրոս սկսաւ հետաքրքրուիլ Յովհաննէսին մասին, եւ հետեւեալ հարցումը հարցուց. «Տէ՛ր, հապա ասիկա ի՞նչ պիտի ըլլայ» (21-րդ համար): Յետոյ Յիսուս պատասխանեց. «Եթէ Ես ուզեմ որ ատիկա կենայ մինչեւ Ես գամ, քու ի՞նչ հոգդ է. դուն Իմ ետեւէս եկուր» (22-րդ համար): Ի՞նչ կը խորհիս. այս պատգամը ի՞նչպէս փոխանցուեցաւ միւս աշակերտներուն: Աստուածաշունչը կ՛ըսէ թէ միւսները ըսին որ այդ աշակերտը պիտի չմեռնի: Բայց Յիսուս ըսել ուզեց որ Պետրոսին չէր վերաբերեր Յովհաննէսի մասին հոգ ընելը, նոյնիսկ եթէ Յովհաննէս ապրէր մինչեւ մեր Տէրոջը վերադարձը: Սակայն աշակերտները բոլորովին սխալ պատգամ փոխանցեցին՝ իրենց անձնական խորհուրդները աւելցնելով:

## Հինգերորդը՝ բացասական զգացումները կամ սխալ համոզումներն են

Որովհետեւ մենք մարմնաւոր գէշ զգացումներ ունինք, ինչպէս՝ յուսախափ ըլլալ, վիրաւորուիլ մեր հպարտութեան մէջ, նախանձիլ, բարկանալ, եւ թշնամութիւն ունենալ, ուստի մենք կ՛ունենանք չնչաւոր անիրաւ գործունէութիւններ, որոնք այդ զգացումներէն յառաջ կու գան: Նոյնիսկ միեւնոյն խօսքին համար, զոր մենք կը լսենք, մեր հակազդեցութիւնը կը փոխուի՝ նայած մեր անձնական զգացումներուն:

Ենթադրենք որ ընկերութեան մը մէջ վարպետը իր գործաւորին կ՛ըսէ. «Չե՞ս կրնար աւելի լաւ գործ մը ընել», այսպէս, մատնանշելով սխալ մը: Այսպիսի պարագայի մը մէջ, կարգ մը մարդիկ հեզութեամբ եւ ժպիտով կ՛ընդունին եղելութիւնը, եւ կ՛ըսեն. «Այո, ես պիտի փորձեմ յաջորդին աւելի լաւ ընել»: Սակայն անոնք որոնք գանգատներ ունէին վարպետին դէմ, անոնք կրնան գէշ զգացումներ կամ դժգոհութիւն ունենալ այդ քննադատութեան նկատմամբ եւ կրնան խորհիլ ըսելով. «Պէ՞տք է անիկա այսպէս գէշ ձեւով խօսի», կամ կրնան ըսել. «Իսկ ի՞նքը. ինքը նոյնիսկ իր իսկ գործը օրինաւոր կերպով չկատարեր»:

Կամ սեպենք թէ վարպետը քեզի խորհուրդ կու տայ ըսանելը. «Ես կը խորհիմ որ աւելի լաւ կ՛ըլլայ եթէ դուն այս բաժինը շտկես այս ձեւով»: Այն ատեն ոմանք պարզապէս պիտի ընդունին զայն ու պիտի ըսեն. «Այդ ալ լաւ գաղափար մըն է: Շնորհակալ ենք քու տուած խորհուրդիդ համար», եւ այդ խորհուրդը նկատի պիտի առնեն: Սակայն ուրիշներ, այդպիսի պարագայի մը մէջ անհանգիստ պիտի զգան եւ իրենց հպարտութիւնը պիտի վիրաւորուի: Այս գէշ զգացումներուն հետեւանքով, անոնք երբեմն կը գանգատին, խորհելով. «Ես իմ լաւագոյնս ըրի որ այս գործը լաւ կատարեմ, ուստի ինքը ի՞նչպէս կրնայ այդքան դիւրիւթեամբ այսպիսի բան մը ըսել: Եթէ ինքը այդքան կարող է, այն ատեն ինչո՞ւ ինքը չըներ այդ գործը»:

Սուրբ Գիրքին մէջ մենք կը կարդանք Յիսուսի մասին երբ Ան կը յանդիմանէր Պետրոսը (Մատթէոս 16.23): Երբ խաչը կրելու Իր ժամանակը հասաւ, Յիսուս թոյլ տուաւ որ Իր աշակերտները գիտնան թէ ինչ պիտի պատահէր: Պետրոս չուզեց որ իր տէրը այդքան մեծապէս չարչարուի եւ ըսաւ. «Քաւ լիցի, Տէ՛ր, այդ բանը Քեզի չըլլայ» (22-րդ համար):

Այս ատեն Յիսուս չփորձեց մխիթարել Պետրոսը, ըսելով. «Ես գիտեմ դուն ինչպէս կը զգաս: Ես շնորհակալ եմ այդ բանին համար: Սակայն Ես պէտք է երթամ»: Այլ ընդհակառակը, Յիսուս յանդիմանեց Պետրոսը, ըսելով. «Ետիս գնա՛, Սա՛տանայ, Ինծի գայթակղութիւն ես դուն. վասն զի Աստուծոյ բաները չես մտածեր, հապա մարդոց բաները» (23-րդ համար):

Որովհետեւ մեղաւորներուն համար փրկութեան ճամբան պէտք էր բացուէր միայն այն ատեն երբ Յիսուս խաչին վրայ այդ տառապանքները կրէր, ուստի անիկա կեցնելը միեւնոյնն էր՝ ինչպէս Աստուծոյ նախասահմանութիւնը կեցնելը: Սակայն Պետրոս որեւէ գէշ զգացում կամ գանգատներ չունեցաւ Յիսուսի դէմ, որովհետեւ ան հաւատաց թէ ինչ որ Յիսուս ըսաւ՝ որոշ իմաստ մը ունէր: Այսպիսի բարեսրտութեամբ, յետագային Պետրոս դարձաւ այնպիսի առաքեալ մը, որ Աստուծոյ սքանչելի զօրութիւնը յայտնաբերեց:

Միւս կողմէն, ի՞նչ պատահեցաւ Յուդա Իսկարիովտացիին: Մատթէոս 26-ի մէջ, Բեթանիացի Մարիամը, որ ծանրագին իւղի շիշ մը ունէր, իւղը թափեց Յիսուսի գլխուն վրայ՝ երբ Ան սեղան նստած էր: Յուդա Իսկարիովտացին մտածեց որ ատիկա կորուստ մըն էր, ուստի ըսաւ. «Այդ իւղը կրնար սուղ գնով ծախուիլ ու աղքատներուն տրուիլ» (9-րդ համար): Բայց իրականութեան մէջ Յուդա կ՛ուզէր գողնալ այդ դրամը:

Հիմա, Յիսուս գովեց Մարիամի ըրածը, որ Աստուծոյ

նախասահմանութեամբըըրած էր, որպէսզի Յիսուսը պատրաստէ Իր թաղումին համար: Այսուհանդերձ, Յուդա գէշ զգացումներ ունեցաւ եւ գանգատեցաւ Յիսուսի դէմ, որովհետեւ Յիսուս չէր ընդունած իր խօսքերը: Վերջաւորութեան, Յուդա չափազանց մեծ մեղք մը գործեց՝ ծրագրելով մատնել Յիսուսը, եւ Զինք ծախելով երեսուն կտոր արծաթի համար:

Այսօր շատ մարդիկ կ՛ունենան շնչաւոր գործունէութիւններ, որոնք ճշմարտութենէ դուրս են: Սակայն երբ նոյնիսկ իրապէս տեսնենք բան մը, մենք որեւէ շնչաւոր գործունէութիւն չենք ունենար այնքան ատեն որ որեւէ զգացում չունինք այդ հարցին նկատմամբ: Երբ բան մը կը տեսնենք, մենք պարզապէս պէտք է կենանք տեսնելու մակարդակին վրայ: Մենք պէտք չէ մեր խորհուրդները օգտագործենք որպէսզի դատենք կամ բամբասենք, որ մեղք է: Ինքզինքնիս ճշմարտութեան մէջ պահելու համար, աւելի լաւ կ՛ըլլայ չտեսնել կամ չլսել որեւէ բան մը՝ որ ճշմարտութիւն չէ: Սակայն եթէ նոյնիսկ մենք ստիպուած ըլլանք որեւէ անիրաւութեան մը հետ շփում ունենալու, տակաւին կրնանք ինքզինքնիս բարութեան մէջ պահել՝ եթէ մենք բարութեամբ մտածենք կամ բարութեամբ զգանք:

## 3. Խաւար

Սատանան ունի խաւարի միեւնոյն զօրութիւնը՝ ինչպէս Արուսեակը, եւ անիկա կը դրդէ մարդիկը որպէսզի անոնք չար խորհուրդներ եւ չար սրտեր ունենան ու չարութեամբ գործեն:

Իրականութեան մէջ չար ոգիներն են որ մեզ կը մղեն ունենալու շնչաւոր գործունէութիւններ, որոնք կը պատկանին անիրաւութեան: Աստուած թոյլ տուաւ որ չար ոգիներու աշխարհը գոյութիւն ունենայ, որպէսզի կատարելագործէ մարդկային մշակումի Իր նախասահմանութիւնը: Չար ոգիները իշխանութիւն ունին այս օդին վրայ՝ մինչ երկրի վրայ տեղի կ՛ունենայ մարդ արարածին մշակումը: Եփեսացիս 2.2 կ՛ըսէ. «Անոնց մէջ ժամանակին կը քալէիք այս աշխարհին բռնած ճամբովը, այս օդին իշխանութեանը իշխանին ուզածին պէս, այն ոգիին՝ որ հիմա ապստամբութեան որդիներուն ներսիդին կը ներգործէ»:

Աստուած արտօնեց որ չար ոգիները կ՛առավարեն խաւարի հոսքը մինչեւ այն ժամանակը երբ Աստուած կ՛աւարտէ մարդկային մշակումը:

Այդ չար ոգիները, որոնք խաւարին կը պատկանին, կը խաբեն մարդիկը որպէսզի անոնք մեղքեր գործեն եւ Աստուծոյ հակառակ կենան: Նաեւ անոնք խստապահանջ կանոններ ունին: Իրենց գլուխը, այսինքն Արուսեակը, ինքն է որ կը կառավարէ խաւարը, իշխելով եւ հրամաններ տալով աւելի ստորադաս չար ոգիներուն: Կան նաեւ ուրիշ շատ արարածներ որոնք կ՛օգնեն Արուսեակին: Անոնք վիշապներն ու իրենց հրեշտակներն են, որոնք գործնական ուժ ունին (Ակնարկ. Յայտնութիւն 12.7): Կայ նաեւ Սատանան, Բանսարկուն, եւ դեւերը:

## Արուսեակը՝ Խաւարի Աշխարհին Գլուխ Գործոցը

Արուսեակը հրեշտակապետ մըն էր որ իր գեղեցիկ ձայնով եւ երաժշտական գործիքներով կը փառաբանէր զԱստուած: Մինչ կը վայելէր իր բարձր դիրքն ու իշխանութիւնը եւ կը սիրուէր Աստուծոյ կողմէ երկար, շատ երկար ժամանակ, վերջաւորութեան անիկա ամբարտաւան դարձաւ եւ դաւաճանեց զԱստուած: Այդ ատենէն իվեր անոր գեղեցիկ տեսքը ահռելի կերպով տգեղցաւ: Եսայեայ 14.12-ի մէջ կը կարդանք. «Ով առաւօտուն ծագող Արուսեակ, ի՞նչպէս երկնքէն ինկար ու մինչեւ գետինը կործանեցար, դուն որ ազգերը նկուն կ՛ընէիր»:

Ներկայիս մարդիկ, առանց անդրադառնալու կը նմանին Արուսեակին կերպարանքներուն՝ իրենց մազի տարօրինակ երեւոյթներով եւ շպարներով: Աշխարհի հակումներուն եւ նորաձեւութիւններուն միջոցաւ, Արուսեակը մարդոց մտքներն ու խորհուրդները կը կառավարէ՝ ինչպէս որ ինք կ՛ուզէ: Արուսեակը հսկայ ազդեցութիւն կը գործէ յատկապէս աշխարհային երաժշտութեան մէջ:

Նաեւ անիկա կը գրգռէ մարդիկը որպէսզի մեղքեր եւ անօրէնութիւններ գործեն՝ արդի յարմարութիւններուն եւ հանգստաւէտութիւններուն միջոցաւ, ներառեալ համակարգիչները: Անիկա չար կառավարիչները կը խաբէ որպէսզի Աստուծոյ դէմ կենան: Կարգ մը երկիրներ պաշտօնապէս կը հալածեն Քրիստոնէութիւնը: Այս բոլորը տեղի կ՛ունենան Արուսեակին դրդումներով եւ անոր շարժառիթներով:

Աւելին, Արուսեակը փորձութեան կ՛ենթարկէ մարդիկը զանազան տեսակի կախարդութիւններով եւ հմայութիւններով, եւ կը հրապուրէ վհուկները կամ կախարդները որպէսզի զինք պաշտեն: Արուսեակը իր լաւագոյնը կ՛ընէ որպէսզի գոնէ մէկ հոգի եւս Դժոխք տանի, եւ պատճառ կը դառնայ որ մարդիկ Աստուծոյ դէմ կենան:

## Վիշապները եւ Անոնց Հրեշտակները

Վիշապները կը գործեն որպէս առաջնորդներ՝ չար ոգիներուն, Արուսեակին իշխանութեան տակ: Մարդիկ կը խորհին որ վիշապը երեւակայական կենդանի մըն է: Սակայն վիշապները իրապէս գոյութիւն ունին չար ոգիներու աշխարհին մէջ: Պարզապէս անոնք անտեսանելի են քանի որ անոնք հոգեւոր արարածներ են: Ինչպէս վիշապներու ամենէն սովորական նկարագրութիւններուն մէջ, անոնք ունին եղջերուներու նման կոտոշներ, դեւերու նման աչքեր, եւ արջառներու նման ականջներ: Անոնք իրենց մորթին վրայ ունին թեփեր, ինչպէս նաեւ չորս ոտքեր: Անոնք որոշ ձեւով կը նմանին վիթխարի սողուններու:

Ստեղծագործութեան ժամանակ վիշապները ունէին երկար, գեղեցիկ, եւ հոյակապ փետուրներ: Անոնք կը շրջապատէին

Աստուծոյ աթոռը: Անոնք ընտանի անասուններու նման կը սիրուէին Աստուծոյ կողմէ, եւ Աստուծոյ մօտ կը կենային: Անոնք մեծ զօրութիւն եւ իշխանութիւն ունէին, եւ ունէին անհամար թիւով քերովբէներ՝ իրենցմէ ստորակարգ: Սակայն յետոյ անոնք Արուսեակին հետ միասին դաւաճանեցին զԱստուած, իրենց հրեշտակները նոյնպէս Արուսեակնին հետ միատեղ ապականեցան, եւ անոնք ալ Աստուծոյ դէմ կեցան: Վիշապներուն այս հրեշտակները նոյնպէս կենդանիներու ահռելի երեւոյթներ ունին: Անոնք զօրութիւն ունին օդին վրայ՝ վիշապներուն հետ միասին, եւ մարդիկը կ՛առաջնորդեն մեղքեր եւ չարութիւններ գործելու:

Անշուշտ, Արուսեակը չար ոգիներու աշխարհին գլուխ գործօցն է, բայց գործնական իմաստով, Արուսեակը իր իշխանութիւնը տուած է վիշապներուն եւ անոնց հրեշտակներուն, որպէսզի անոնք իշխեն օդին վրայ եւ պատերազմին Աստուծոյ պատկանող հոգեւոր էակներուն դէմ: Երկար ատենէ իվեր, վիշապները կը դրդեն մարդիկը որպէսզի անոնք վիշապներու նմանող տիպարներ շինեն կամ քանդակեն, որպէսզի թոյլ տան որ մարդիկ պաշտեն զիրենք: Ներկայիս կարգ մը կրօնքներ բացայայտօրէն կը կուռքի կը վերածեն վիշապները, եւ կը պաշտեն զիրենք, եւ այս մարդիկը կը կառավարուին վիշապներէն:

Յայտնութիւն 12.7-9 հետեւեալ ձեւով կը խօսի վիշապներուն եւ անոնց հրեշտակներուն մասին.

Երկնքի մէջ պատերազմ ծագեցաւ. Միքայէլ ու իր հրեշտակները վիշապին հետ պատերազմեցան: Վիշապն ալ իր հրեշտակներով պատերազմեցաւ, բայց չկրցան դէմ կենալ: Երկնքի մէջ ալ՝ տեղ չգտնուեցաւ անոնց: Ուստի վար ձգուեցաւ մեծ վիշապը, այն առաջուան օձը, որ Բանսարկու ու Սատանայ կը կոչուի, որ բոլոր աշխարհ մոլորեցուց: Իր հրեշտակներն ալ իրեն հետ վար ձգուեցան երկրի վրայ:

Վիշապները իրենց հրեշտակներուն միջոցաւ կը գործեն չար մարդոց: Այսպիսի չար մարդիկ չեն դադրիր նոյնիսկ գարշելի ոճիրներ գործելու, ինչպէս՝ մարդասպանութիւն եւ մաքսանենգութիւն: Ինչպէս յիշուած է Ղեւտացւոց Գիրքին մէջ, վիշապներուն հրեշտակները ունին զանազան կենդանիներու երեւոյթներ, որոնք զզուելի են Աստուծոյ համար: Չարութիւնը կը յայտնաբերուի տարբեր տեսակի երեւոյթներով՝ նայած կենդանիին տեսակին, որովհետեւ իւրաքանչիւր կենդանի տարբեր յատկանիշներ ունի, ինչպէս՝ վայրագութիւն, վարպետութիւն, աղտեղութիւն, կամ խառնակութիւն:

Արուսեակը կը գործէ վիշապներուն միջոցաւ, իսկ վիշապներուն հրեշտակները կը գործեն վիշապներուն կողմէ տրուած հրամաններով: Բաղդատելով երկրի մը հետ, Արուսեակը կը նմանի թագաւորի մը, իսկ վիշապները կը նմանին վարչապետին կամ բանակի ընդհանուր հրամանատարին, որ վարչական իշխանութիւն կը գործադրէ զինուորներուն եւ նախարարներուն վրայ: Երբ վիշապները գործի վրայ ըլլան, անոնք ամէն անգամ ուղղակի Արուսեակէն հրաման չեն ստանար: Արուսեակը արդէն իր միտքը եւ իր խորհուրդները սերմանած է վիշապներուն մէջ, եւ ուրեմն եթէ վիշապները որեւէ բան մը ընեն՝ այդ ինքնաբերաբար կ՚ըլլայ՝ Արուսեակին ցանկութիւններուն համաձայն:

## Սատանան Ունի Արուսեակին Միտը եւ Անոր Չօրութիւնը

Չար ոգիները կրնան մարդոց վրայ ազդեցութիւն ունենալ այն աստիճան որ անոնց սրտերը արատաւորուած են խաւարի մթութեամբ, սակայն դեւերը կամ Բանսարկուն ոչ թէ սկիզբէն կը դրդեն կամ կը զայրացնեն մարդիկը: Սկիզբը Սատանան է որ կը գործէ մարդոց վրայ, յետոյ Բանսարկուն, եւ ի վերջոյ դեւերը: Աւելի պարզօրէն խօսելով, Սատանան Արուսեակին սիրտն է: Անիկա որեւէ հիմնական կերպարան չունի, սակայն տակաւին ան կը գործէ մարդոց խորհուրդներուն միջոցաւ: Սատանան ունի

Արուսեակին ունեցած խաւարի ուժը, եւ անիկա մարդիկը կը մղէ որպէսզի անոնք չար խորհուրդներ եւ չար միտք ունենան՝ գէշ գործեր գործելու համար։

Որովհետեւ Սատանան հոգեւոր արարած մըն է (Յոբ 1.6-7), անիկա զանազան կերպերով կը գործէ՝ անձի մը ունեցած մութ նկարագրի այլազան յատկանիշներուն համեմատ։ Այն անհատները որոնք սուտ կը խօսին, անոնց մէջէն Սատանան կը գործէ խաբէութեան ոգիով (Գ. Թագաւորաց 22.21-23)։ Այն անձերը որոնք կռիւ եւ անհամաձայնութիւն կը պատճառեն՝ մէկ կողմը միւսին դէմ գրգռելով, անոնց մէջէն Սատանան կը գործէ այդպիսի ոգիով (Ա. Յովհաննու 4.6)։ Անոնք որոնք կը սիրեն մարմնին պիղծ ու գարշելի գործերը, անոնց մէջէն Սատանան կը գործէ պիղծ ոգիով (Յայտնութիւն 18.2)։

Ինչպէս որ բացատրուեցաւ, Արուսեակը, վիշապները, եւ Սատանան տարբեր դերեր եւ տարբեր կերպարանքներ ունին, սակայն իրականութեան մէջ անոնք ունին մէկ միտք, մէկ խորհուրդ, եւ մէկ ուժ՝ չարութիւն գործադրելու համար։ Հիմա, թոյլ տուէք որ նկատի առնենք թէ Սատանան ինչպէս կը գործէ մարդոց վրայ։

Սատանան կը նմանի ռատիոյի ալիքի մը, որ կը տարածուի օդին մէջ։ Անիկա չարունակ իր միտքը եւ իր ուժը կը տարածէ օդին մէջ։ Եւ ճիշդ ինչպէս որ ռատիոյի ալիքը կրնայ ստացուիլ ալեհաւաքի մը միջոցաւ, որ եղանակուած կ՚ըլլայ զայն ընդունելու, նոյնպէս ալ միտքը, խորհուրդները, եւ Սատանային խաւարի ուժը կրնան ստացուիլ անոնց կողմէ՝ որոնք պատրաստ են զանոնք ընդունելու։ Հոս, ալեհաւաքը անիրաւութիւնն է, այսինքն խաւարը, որ կը գտնուի մարդոց սրտին մէջ։

Օրինակի համար, սրտին մէջ ատելութեան հանգամանքը կրնայ գործել որպէս ալեհաւաք՝ ընդունելու համար ատելութեան ճայնասփիւռի ալիքները, որոնք օդին մէջ տարածուած են Սատանային կողմէ։ Սատանան մարդոց խորհուրդներուն միջոցաւ խաւարի ուժը անոնց մէջ կը ներմուծէ՝ անմիջապէս որ խաւարի ձայնասփիւռին ալիքը, որ կը ստեղծուի Սատանային կողմէ, եւ մարդոց սրտին մէջի անիրաւութիւնները նոյն արագութեամբ կրկնուին եւ իրարու հանդիպին: Այս ընթացքով, անիրաւ սիրտը պիտի զօրանայ եւ աւելի գործունեայ պիտի դառնայ: Այս է երբ կ՛ըսենք թէ մէկը «Սատանային գործերը կը ստանայ», կամ թէ անիկա Սատանային ձայնը կը լսէ:

Այսպէս, երբ մարդիկ Սատանային ձայնը կը լսեն, անոնք մեղքեր պիտի գործեն խորհուրդներով, եւ աւելին, անոնք գործով ալ մեղքեր պիտի գործեն: Երբ այսպիսի չար բնութիւն ունեցողներ, ինչպէս ատելութիւն եւ նախանձ, Սատանային գործերը ստանան, անոնք պիտի ցանկան վնաս պատճառել ուրիշներուն: Երբ այս վիճակը աւելի եւս զարգանայ, մարդիկ կրնան նոյնիսկ մարդասպանութեան մեղքը գործել:

## Սատանան Խորհուրդներու Անցքին Միջոցաւ Կը Գործէ

Մարդիկ ունին ճշմարտութեան սիրտ եւ անիրաւութեան սիրտ: Երբ մենք կ՛ընդունինք Յիսուս Քրիստոսը եւ Աստուծոյ զաւակները կը դառնանք, Սուրբ Հոգին կու գայ մեր սրտին մէջ եւ կը վերցնէ մեր անիրաւութեան սիրտը: Այդ կը նշանակէ թէ մենք Սուրբ Հոգիին ձայնը կը լսենք մեր սրտին մէջէն: Ասոր հակառակը, Սատանան դուրսէն կը գործէ, եւ ուրեմն անիկա պէտք ունի անցքի մը՝ որով կարենայ թափանցել մարդոց սրտին մէջ: Այդ անցքը մարդոց խորհուրներն են:

Մարդիկ կ՛ընդունին իրենց տեսածը, լսածը, եւ իրենց զգացումներուն հետ միասին կը սերտեն եւ զանոնք կ՛ամբարեն իրենց մտքին ու սրտին մէջ: Ճիշդ պարագային կամ յարմար կացութիւններու մէջ այդ յիշատակները կը վերստացուին: Այս կը կոչուի «խորհուրդ»: Խորհուրդները կը տարբերին նայած թէ ինչ տեսակի զգացումներ ունէիր երբ դուն բան մը ամբարեցիր քու յիշողութեանդ մէջ: Նոյնիսկ ճիշդ նոյն պարագային մէջ, ոմանք այդ տեղեկութիւնը կ՚ամբարեն միայն ճշմարտութեան համեմատ, ուստի անոնք ճշմարտութեան խորհուրդներ պիտի ունենան: Իսկ անոնք որոնք անիրաւութեամբ կ՚ամբարեն այդ տեղեկութիւնը, անոնք անիրաւ խորհուրդներ պիտի ունենան:

Դժբախտաբար մեծ մասամբ մարդոց չուսուցուիր ճշմարտութիւնը, որ Աստուծոյ Խօսքն է: Այդ է պատճառը որ անոնք աւելի շատ անիրաւութիւն ունին քան ճշմարտութիւն՝ իրենց սրտերուն մէջ: Սատանան կը դրդէ եւ կը գրգռէ որպէսզի այսպիսի մարդիկ անիրաւութեան խորհուրդներ ունենան: Ասոնք կը ճանչցուին որպէս «մարմնաւոր խորհուրդներ»: Երբ մարդիկ Սատանայի գործերը կը ստանան, անոնք չեն կրնար հնազանդիլ Աստուծոյ օրէնքին: Անոնք ծառայ կ՚ըլլան մեղքին, որ վերջաւորութեան կը տանի մահուան (Հռովմայեցիս 6.16, 8.6-7):

## Սատանան Ի՞նչ Ձեւերով Իշխանութիւն Կը Շահի Մարդոց Սրտերուն Վրայ

Ընդհանրապէս Սատանան դուրսէն կը գործէ մարդոց խորհուրդներուն անցքին ընդմէջէն, բայց եւ այնպէս բացառութիւններ կան: Օրինակի համար, Աստուածաշունչը կ՚ըսէ որ Սատանան մտաւ Յուդա Իսկարիովտացիին մէջ, որ Տէր Յիսուսի տասներկու առաքեալներէն մէկն էր: Հոս, Սատանան «անոր մէջ մտաւ» ըսելը կը նշանակէ թէ Յուդա շարունակ Սատանայի գործերը կ՚ընդունէր, եւ վերջաւորութեան անիկա իր ամբողջ սիրտը Սատանայի տուաւ: Այս ձեւով անիկա ամբողջութեամբ գրաւուեցաւ Սատանայի կողմէ:

Յուդա Իսկարիովտացին Աստուծոյ հրաշալի զօրութեան փորձառութիւնը ունեցաւ եւ մինչ Յիսուսի կը հետեւէր, անիկա բարութեամբ ուսուցուեցաւ, բայց որովհետեւ Յուդա չձերբազատուեցաւ իր ագահութենէն, ուստի Աստուծոյ դրամը կը գողնար գանձանակէն (Յովհաննու 12.6):

Նաեւ Յուդա ագահութիւն ունէր մեծ պատիւ եւ զօրութիւն

շահելու երբ Մեսիան՝ Յիսուս Քրիստոսը երկրի վրայ իր գահը ստանար: Սակայն իրականութիւնը բոլորովին տարբեր էր իր ակնկալածէն, ուստի անիկա թոյլ տուաւ որ իր խորհուրդները մէկ առ մէկ գրաւուին Սատանային կողմէ: Ի վերջոյ, իր ամբողջ սիրտը գրաւուեցաւ Սատանայէն, եւ Յուդա իր Տէրը ծախեց երեսուն կտոր արծաթի փոխարէն: Կ՛ըսենք որ Սատանան մէկու մը մէջ մտած է երբ Սատանան լման իշխանութիւն ունենայ այդ անձին սրտին վրայ:

Գործք Առաքելոց 5.3-ի մէջ, Պետրոս ըսաւ որ Անանիային եւ Սափիրային սրտերը Սատանայով լեցուած էին, եւ անոնք իրենց ստացուածքին ծախուած գինէն մաս մը իրենց պահած էին, եւ այսպէս սուտ խօսած էին Սուրբ Հոգիին դէմ:

Պետրոս այս ըսաւ որովհետեւ նախապէս բազմաթիւ նմանօրինակ դէպքեր պատահած էին: Ուրեմն, «Սատանան իրենց մէջ մտաւ» կամ «Սատանայով լեցուած էին» արտայայտութիւնները կը նշանակէ թէ այդ մարդիկը ինքնին Սատանան ունէին իրենց սրտին մէջ, եւ անոնք ինքնին Սատանային պէս եղած էին: Հոգեւոր աչքերով դիտելով՝ Սատանան կը նմանի մութ մշուշի մը: Խաւարի ուժը, որ կը նմանի մութ ծուխի մը, կը շրջապատէ այն մարդիկը որոնք մեծ չափով կը ստանան Սատանային գործերը: Սատանային գործերը չստանալու համար, մենք առաջ պէտք է ձերբազատուինք անիրաւութեան բոլոր խորհուրդներէն: Աւելին, մենք պէտք է քաշելով դուրս հանենք անիրաւութեան սիրտը մեր մէջէն: Հիմնականօրէն, այս կը նշանակէ թէ մենք պէտք է հանենք ալեհաւաքը, որ կրնայ Սատանային «ձայնասփիւռի ալիքը» ստանալ:

## Բանսարկու եւ Դեւեր

Բանսարկուն հրեշտակներուն այն մասն է որոնք ապականեցան Արուսեակին հետ միատեղ: Ոչ նման Սատանային, անոնք որոշ կերպարանքներ ունին: Մութ պատկերի մը ընմէջէն, անոնք ունին դէմք, աչքեր, քիթ, ականջներ, եւ բերան՝ հրեշտակներուն նման։ Նաեւ, անոնք ունին ձեռքեր եւ ոտքեր։ Բանսարկուն կը մղէ մարդիկը որպէսզի անոնք մեղքեր գործեն եւ զիրենք կ՛ենթարկէ զանազան փորձութիւններու եւ քննութիւններու։

Սակայն այդ չի նշանակեր որ Բանսարկուն մարդոց մէջ կը մտնէ որ այդ բաները ընեն։ Սատանային կողմէ տրուած հրահանգով, Բանսարկուն կը կառավարէ մարդիկը, որոնք իրենց սրտերը խաւարին յանձնած են, եւ զանոնք կը մղէ գործելու չար գործեր, որոնք ընդունելի չեն։ Սակայն երբեմն Բանսարկուն ուղղակիօրէն կը կառավարէ որոշ մարդիկ որպէս իրենց անօթները։ Այն անձերը որոնք իրենց հոգիները Բանսարկուին ծախած են, ինչպէս վհուկներն ու կախարդները, անոնք կը կառավարուին Բանսարկուին կողմէ եւ կը գործեն որպէս իր անօթները։ Անոնք կը մղեն որ ուրիշ մարդիկ ալ նոյնպէս Բանսարկուին գործերը գործեն։ Ուրեմն, Աստուածաշունչը կ՛ըսէ թէ անոնք որոնք մեղքեր կը գործեն՝ Բանսարկուին կը պատկանին (Յովհաննու 8.44, Ա. Յովհաննու 3.8)։

Յովհաննու 6.70 կ՛ըսէ. «Յիսուս պատասխան տուաւ անոնց. ՛Ես ձեզ տասներկուքդ չընտրեցի՞, բայց ձեզմէ մէկը սատանայ է՛»։ Յիսուս խօսեցաւ Յուդա Իսկարիովտացիին մասին որ պիտի ծախէր Յիսուսը։ Այսպիսի անհատ մը որ մեղքի ծառայ դարձած է եւ ոչ մէկ կապ ունի փրկութեան հետ՝ Բանսարկուի որդի է։ Երբ Սատանան Յուդային մէջ մտաւ եւ իր սիրտը կառավարեց, Յուդա սկսաւ Բանսարկուին արարքները գործել՝ Յիսուսը ծախելով եւ Չինք դաւաճանելով։ Բանսարկուն կը նմանի միջին դասակարգի տնօրէնի մը, որ հրահանգներ կը ստանայ Սատանայէն, եւ մինչ շատ դեւեր կը կառավարէ, անիկա բազմաթիւ հիւանդութիւններ եւ ցաւեր կը պատճառէ մարդոց, եւ զանոնք կը մղէ որ աւելի եւս թշուառութիւններու եւ չարութեան մէջ իյնան։

Սատանան, Բանսարկուն, եւ դեւերը աստիճանական կարգեր ունին։ Անոնք շատ մօտէն կը գործեն իրարու հետ։ Առաջին՝ Սատանան կը գործէ մարդոց անիրաւ խորհուրդներուն վրայ որպէսզի ճամբայ բանայ Բանսարկուին գործունէութեան: Յետոյ, Բանսարկուն կը սկսի գործել մարդոց վրայ որպէսզի զանոնք մղէ մարմնաւոր գործեր եւ սատանայական ուրիշ գործեր գործելու: Սատանան է որ մարդոց խորհուրդներուն ըմդմէջէն կը գործէ, իսկ Բանսարկուն կը մղէ որ մարդիկ այդ խորհուրդները գործի դնեն: Աւելին, երբ չար արարքները որոշ սահմանէ մը անդին կ՚անցնին, դեւերը անմիջապէս այդպիսի մարդոց մէջ կը մտնեն: Անգամ մը որ դեւերը մարդոց մէջ մտնեն, անոնք կը կորսնցնեն իրենց ազատ կամքը եւ կը դառնան դեւերուն խամաճիկները:

Աստուածաշունչը կը հետեւցնէ որ դեւերը չար ոգիներ են, բայց անոնք կը տարբերին ինկած հրեշտակներէն կամ Արուսեակէն (Սաղմոս 106.28, Եսայեայ 8.19, Գործք Առաքելոց 16.16-19, Ա. Կորնթացիս 10.20): Դեւերը ժամանակին մարդ արարածներ էին, որոնք հոգի, շունչ, եւ մարմին ունէին: Երկրի վրայ ապրող մարդոցմէն ոմանք կը մեռնին առանց փրկուելու եւ դարձեալ այս աշխարհը կու գան որոշ, մասնայատուկ պայմաններու մէջ, եւ ասոնք դեւերն են: Մեծ մասամբ մարդիկ յստակ գաղափար չունին չար ոգիներու աշխարհին մասին: Սակայն չար ոգիները կը փորձեն մինչեւ նոյնիսկ մէկ անձ մը եւս առնել եւ տանիլ դէպի կործանումի ճամբան, հասնելով մինչեւ վերջին օրը որ սահմանուած է Աստուծոյ կողմէ:

Այս իսկ պատճառով, Ա. Պետրոս 5.8 կ՚ըսէ. «Արթո՛ւն կեցէք, հսկեցէ՛ք, վասն զի ձեր հակառակորդը, Սատանան՝ մռնչող առիւծի պէս կը պտըտի ու կը փնտռէ թէ ո՛վ կլլէ»: Եւ Եփեսացիս 6.12 կ՚ըսէ. «Վասն զի մեր պատերազմը արիւնի ու մարմնի հետ չէ, հապա իշխանութիւններու ու պետութիւններու հետ եւ այս խաւար աշխարհին իշխաններուն հետ, երկնաւորներուն մէջ եղող չար ոգիներուն հետ»:

Ուրեմն, մենք պէտք է հոգեւորապէս միշտ արթուն եւ զգաստ ըլլանք, որովհետեւ չենք կրնար ազատիլ իյնալէ մահուան ճամբուն մէջ՝ եթէ ապրինք խաւարի ուժին առաջնորդութեան տակ:

Գլուխ 2

# Ինքնութիւն

Ինքնարդարացումը կը կազմուի երբ աշխարհի անիրաւութիւնը մեզի կ'ուսուցուի որպէս ճշմարտութիւն: Մինչ ինքնարդարացումը կը հաստատուի, մտային կառոյց մը կը ստեղծուի: Այսպէս, այդ մտային կառոյցը որ կազմուած է՝ մէկու մը ինքարդարացման կանոնաւոր եւ արդիւնաբեր ամրապնդումն է:

Մինչեւ Մէկու մը «Ինքնութիւնը» Կազմուի

Ինքնարդարացում եւ Մտային Կառոյցներ

Ունենալ Ճշմարտութեան Պատկանող Շնչաւոր Գործունէութիւններ

Ես Ամէն Օր Կը Մեռնիմ

Ժամանակ մըն էր՝ նախքան Տէրը ընդունիլս։ Ես ամէն օր կը պայքարէի իմ հիւանդութիւններուս դէմ, եւ միակ զուարճութիւնը որ ունէի՝ պատերազմական արուեստի վէպեր կարդալն էր։ Յաճախ պատմութիւնները որ կը կարդայի՝ վրէժ առնելու մասին էին։

Տիպար նիւթը այս ձեւով կ՚ընթանայ. երբ հերոսը տակաւին նորաքայլ տատիկ ընող երեխայ մըն է, անոր ծնողները թշնամիի մը կողմէ կը սպաննուին։ Երեխան հազիւ թէ կ՚ազատի ջարդուելէ՝ տան մէջ եղող սպասաւորի մը կողմէ։ Մինչ կը մեծնայ, ան կը հանդիպի պատերազմական արուեստի պետի մը։ Հիմա ինքն ալ կը դառնայ արուեստի գլխապետ մը եւ վրէժ կ՚առնէ թշնամիէն՝ իր ծնողները սպաննելուն համար։ Այս վէպերը մեզի կ՚ըսեն թէ արդար եւ հերոսական է մէկու մը ըրած գէշութեան դէմ հատուցանելը՝ նոյնիսկ իրենց կեանքը վտանգելու գնով։ Սակայն Աստուածաշունչին մէջ Յիսուսի ուսուցմունքը բոլորովին տարբեր է այս տեսակի աշխարհային ուսուցմունքէն։

Մատթէոս 5.43-45 համարներուն մէջ Յիսուս հետեւեալը կը սորվեցնէ. «Լսեր էք որ ըսուեցաւ. ՚Քու ընկերդ սիրես ու թշնամիդ ատես՚։ Բայց ես ձեզի կ՚ըսեմ. "Սիրեցէք ձեր թշնամիները, օրհնեցէք ձեզ անիծողները, բարիք ըրէք անոնց որ ձեզ կ՚ատեն եւ աղօթք ըրէք անոնց համար որ ձեզ կը չարչարեն ու կը հալածեն. որպէս զի ձեր երկնաւոր Հօրը որդիները ըլլաք. վասն զի Իր արեւը կը ծագեցնէ թէ՛ չարերուն եւ թէ՛ բարիներուն վրայ եւ անձրեւ կը ղրկէ թէ՛ արդարներուն եւ թէ՛ մեղաւորներուն վրայ»։

Իմ ապրած կեանքս բարի եւ պարկեշտ կեանք մըն էր։ Շատեր պիտի ըսէին թէ ես այնպիսի անձ մըն էի որ «պէտք չունէի օրէնքին»: Ամէն պարագայի, Տէրը ընդունելէս ետք, երբ ես խոկալ ինքզինքիս վրայ խոկալ՝ Աստուծոյ Խօսքին միջոցաւ որ կը քարոզուէր արթնութեան ժողովի մը ընթացքին, ես անդրադարձայ որ իմ ապրելակերպիս մէջ կային շատ բաներ՝ որոնք սխալ էին: Ես ա՜յնքան ամչցայ ինքզինքէս՝ երբ անրադարձայ իմ գործածած լեզուիս, վարուելակերպերուս, խորհուրդներուս, եւ նոյնիսկ խղճմտանքիս վրայ. բոլորն ալ սխալ էին: Ես կատարելապէս զղջացի Աստուծոյ առջեւ, անդրադառնալով որ ես այնպիսի կեանք մը ապրած էի՝ որ բնաւ իրաւացի չէր:

Անկէ իվեր ես միշտ կը ջանայի անդրադառնալ իմ ինքնարդարացմանս եւ իմ անձնական մտային կառուցուածքներուս վրայ՝ եւ կը քանդէի զանոնք: Ես կ՛ուրանայի իմ «ինքնութիւնս» զոր նախապէս շինած էի, եւ զայն ոչինչ կը սեպէի: Աստուածաշունչ կարդալով, ես դարձեալ կազմեցի իմ «ինքնութիւնս»՝ համաձայն ճշմարտութեան: Ես ծոմ կը պահէի եւ անդադար կ՛աղօթէի որպէսզի ձերբազատուէի սրտիս մէջի անիրաւութիւններէն: Որպէս հետեւանք, ես կրցայ զգալ որ իմ չարութիւնս դուրս կ՛ելլէր եւ ես սկսայ լսել Սուրբ Հոգիին ձայնը եւ առաջնորդութիւն առնել Իրմէ:

## Մինչեւ որ Մէկու մը «Ինքնութիւնը» Կազմուի

Մարդիկ ի՞նչպէս կը ձեւակերպեն իրենց սրտերը եւ ի՞նչպէս կը հիմնեն իրենց արժէքները: Առաջինը՝ ժառանգուած ազդակներն են: Զաւակները կը նմանին իրենց ծնողներուն: Անոնք կը ժառանգեն իրենց ծնողներէն կը ժառանգեն անոնց կերպարանքները, սովորութիւնները, անհատականութիւնները, եւ ծննդական ուրիշ յատկանիշներ: Քորէայի մէջ կ՛ըսեն թէ մենք կը ստանանք «մեր ծնողներուն արիւնը»: Բայց իրականութեան մէջ մենք կը ստանանք ոչ թէ արիւնը՝ այլ կենսուժը, կամ էութիւնը՝ այսինք ներքին ինքնութիւնը: «Էութիւնը» բիւրեղակերպն է ամբողջ կենսուժին՝ որ ամբողջութեամբ կու գայ բոլոր մարմինէն: Ես կը ճանչնամ ընտանիք մը՝ որոնց տղան մեծ ծննդանիշ մը ունի իր շրթունքներուն վերեւ: Իր մայրը նոյն տեսակի ծննդանիշ մը ունէր ճիշդ նոյն կէտին վրայ, սակայն գործողութեամբ հանել տուած էր այդ ծննդանիշը: Հակառակ որ մայրը հանել տուած էր զայն, բայց տակաւին այդ ծննդանիշը իր տղուն անցած էր:

Մարդ արարածներուն սերմը եւ հաւկիթները կենսուժ կը պարունակեն իրենց մէջ: Անոնք ոչ միայն դուրսէ դուրս ֆիզիքական երեւոյթներ ունին, այլ նաեւ կը պարունակեն անհատականութիւնները, խառնուածքները, ուշիմութիւնը, եւ սովորութիւնները: Եթէ յղացման ատեն հօրը կենսուժը աւելի զօրաւոր է՝ զաւակը աւելի իր հօրը պիտի նմանի: Եթէ մօրը կենսուժը աւելի զօրաւոր է՝ այն ատեն զաւակը աւելի իր մօրը պիտի նմանի: Այս է որ իւրաքանչիւր զաւակի սիրտը մէկը միւսէն կը տարբերի:

Նաեւ, մինչ անհատ մը կ՛աճի եւ կը հասուննայ, ան շատ բաներ կը սորվի, եւ այդ բաները նոյնպէս մասնակից կը դառնան իր սրտի դաշտին: Հինգ տարեկանէն սկսեալ, մարդիկ կը սկսին «ինքնութիւն» կազմել այն բաներուն ընդմէջէն զոր կը տեսնեն, կը լսեն, եւ կը սորվին: Մօտ տասներկու տարեկանին անհատը կը սկսի կազմել արժէքներ՝ դատելու չափանիշներուն համար: Տասնութ տարեկանի շուրջ, մէկու մը «ինքնութիւնը» աւելի եւս կ՛ամրապնդուի: Սակայն հարցը այն որ մենք կը նկատենք շատ բաներ՝ որ սխալ են (որպէս թէ անոնք իրապէս ճիշդ ըլլային), եւ զանոնք կը մտաբերենք որպէս ճշմարտութիւն:

Գոյութիւն ունին բազմաթիւ անիրաւ բաներ զոր մենք կը սորվինք այս աշխարհին մէջ: Անշուշտ դպրոցին մէջ մենք շատ բաներ կը սորվինք որոնք օգտակար եւ անհրաժեշտ են մեր կեանքերուն համար, բայց նաեւ կան ուրիշ բաներ որոնք ճշմարտութիւն չեն եւ կ՛ուսուցուին՝ ինչպէս Տարուինեան բարեշրջականութիւնը: Երբ ծնողներ կը սորվեցնեն իրենց զաւակներուն, անոնք անիրաւ բաներ ալ կը սորվեցնեն՝ որպէս թէ այդ բաները ճշմարտութիւն ըլլային: Ենթադրենք որ պզտիկ մը կայ որ դուրսը կը խաղար եւ ուրիշ պզտիկ մը կամ ուրիշ պզտիկներ կը ծեծեն զինքը: Յուսախափութեան մէջ ըլլալով, անոր ծնողները այսպիսի բան մը կ՛ըսեն իրեն. «Դուն օրական երեք անգամ կ՛ուտես՝ ճիշդ ուրիշ պզտիկներու պէս, եւ պէտք է զօրաւոր ըլլաս. ուրեմն ինչո՞ւ ծեծ կերար: Եթէ անոնք մէկ անգամ զարնեն քեզի, դուն ալ փոխարէնը երկու անգամ զարկ իրենց... Դուն ճիշդ ուրիշ պզտիկներու պէս ձեռքեր եւ ոտքեր չունի՞ս: Դուն պէտք է սորվիս ինքզինքիդ հոգ տանիլ»:

Ծնողներ իրենց պզտիկներուն հետ նուաստացուցիչ ձեւով կը վարուին երբ անոնք ծեծ ուտեն իրենց ընկերներէն: Հիմա, ի՞նչ տեսակ խղճմտանք պիտի յառաջանայ այս պզտիկներուն մէջ: Հաւանաբար անոնք պիտի զգան որ իրենք անմիտ յիմարներ են եւ սխալ է թոյլ տալ որ ուրիշները զարնեն իրենց: Եթէ ուրիշները մէկ անգամ զարնեն իրենց, անոնք պիտի խորհին որ իրենք ալ փոխարէնը պէտք է երկու անգամ զարնեն: Այլ խօսքով, անոնք չար բան մը կը ներմուծեն՝ որպէս թէ բարութիւն ըլլար այդ:

Այդ ծնողները, որոնք ճշմարտութեան կը հետեւին, ի՞նչպէս պէտք է սորվեցնեն իրենց պզտիկներուն: Անոնք պէտք է ստուգեն պարագան եւ բարութեամբ ու ճշմարտութեամբ սորվեցնեն պզտիկներուն, որպէսզի անոնք կարենան խաղաղութիւն ունենալ. ուստի ծնողները կրնան այսպիսի բան մը ըսել. «Անուշիկս, պիտի չփորձե՞ս միայն հասկնալ իրենց: Նաեւ, տես թէ արդե՞օք կայ բան մը որ դուն սխալ ըրիր: Աստուած մեզի կ՛ըսէ որ բարութեամբ յաղթենք չարին»:

Եթէ պզտիկները միայն Աստուծոյ Խօսքով ուսուցուին ամէն մէկ պարագայի մէջ, անոնք կարող պիտի ըլլան բարի եւ օրինաւոր խղճմտանքներ յառաջացնել: Սակայն մեծ մասամբ պարագաներու մէջ ծնողները անիրաւութիւն եւ ստութիւն կը սորվեցնեն իրենց պզտիկներուն: Երբ ծնողները սուտ խօսին, պզտիկներն ալ նոյնպէս պիտի ստեն: Ենթադրենք որ հեռաձայնը կը զարնէ եւ աղջիկը կը վերցնէ զայն: Ան իր ձեռքով կը ծածկէ ընկալիչը, այնպէս որ հեռաձայնողը չկրնար լսել: Աղջիկը կ՛ըսէ.

«Հայրիկ, Հօրեղբայր Թոմը քեզ կ՚ուզէ»։ Յետոյ հայրը կ՚ըսէ իր աղջկան. «Իրեն ըսէ որ տունը չեմ»։

Նախքան հեռաձայնը տալը, աղջիկը կը ստուգէ հօրը հետ, որովհետեւ այսպիսի դէպք մը յաճախ պատահած է անցեալին։ Իրենց աճման ընթացքին այսպէս շատ անիրաւ բաներ կ՚ուսուցուին մարդոց, եւ ասկէ աւելին, անոնք կը զարգացնեն այս անիրաւ բաները՝ դատապարտելով եւ բամբասելով, իրենց անձնական զգացումներուն հետ միատեղ։ Այս ձեւով կը կազմուի անիրաւ խղճմտանք մը։

Աւելին, շատ մարդիկ ինքնակեդրոն են։ Անոնք միայն իրենց անձնական շահը կը փնտռեն եւ կը խորհին որ իրենք ճիշդ են։ Եթէ ուրիշ մարդոց մտադրութիւնը կամ անոնց գաղափարները իրենց անձնական գաղափարներուն հետ չհամակերպին, անոնք կը խորհին որ ուրիշները սխալ են։ Սակայն ուրիշները նոյնպէս միեւնոյն ձեւով կը խորհին։ Դժուար է համաձայնութեան մը յանգիլ եթէ ամէն մարդ այս ձեւով խորհի։ Միեւնոյն բանը կը պատահի նոյնիսկ իրար հետ մտերիմ անձերու հետ՝ ինչպէս ամուսինի եւ կնոջ միջեւ, կամ ծնողներու եւ զաւակներու միջեւ։ Մեծ մասամբ մարդիկ իրենց «ինքնութիւնը» այս ձեւով կը կազմեն, եւ ուրեմն որեւէ մէկը պէտք չէ ստիպէ որ «ինքը» ճիշդ է։

## Ինքնարդարացում եւ Գործունէութեան Ծիրեր

Բազմաթիւ մարդիկ իրենց դատաստանի չափանիշները եւ իրենց արժէքներու դրութիւնները կը կազմեն անիրաւութեան պատկանող չնչաւոր գործունէութիւններու ընդմէջէն։ Հետեւաբար, անոնք կ՚ապրին ինքնարդարացման եւ իրենց գործունէութեան ծիրերուն միջեւ։ Աւելին, այս ինքարդարացումը կը կազմուի անիրաւութիւններով, զոր կը ստանան աշխարհէն, եւ զայն կը նկատեն որպէս ճշմարտութիւն։ Անոնք որոնք այսպիսի ինքնարդարացում ունին՝ ոչ միայն ինքզինքնին պարզապէս ճիշդ պիտի սեպեն իրենց ունեցած չափանիշներով, այլ նաեւ իրենց ինքնարդարացումով պիտի փորձեն իրենց գաղափարներն ու համոզումներն ալ պարտադրել ուրիշներու վրայ:

Երբ այս ինքնարդարացումը կ՚ամրապնդուի, անիկա կը դառնայ գործունէութեան ծիր: Այլ խօսքով, գործունէութեան այս ծիրը մէկու մը ինքնարդարացման կանոնաւոր կերպով կազմուած կառոյց մըն է: Գործունէութեան այս ծիրերը կը կազմուին հիմնուած ըլլալով իւրաքանչիւր անձի անհատականութեամբ, ճաշակներով, վարուելակերպերով, տեսութիւններով, եւ խորհուրդներով: Պարագայի մը մէջ երբ երկու ընտրանքներն ալ լաւ են, եթէ դուն անոնցմէ միայն մէկը ընտրես եւ զայն պարտադրես, եւ եթէ այս տեսակէտը ամրապնդուի, անիկա կը դառնայ քու գործունէութեանդ ծիրը: Յետոյ, կը յառաջանայ ձգտում մը՝ աւելի բարեկիրթ ըլլալու եւ աւելի հանդուրժող՝ անոնց հանդէպ որոնք նոյնանման նախապատուութիւններ, անհատականութիւններ կամ նախընտրութիւններ ունին, սակայն նաեւ կայ ձգտում մը աւելի նուազ հանդուրժող ըլլալու անոնց հանդէպ՝ որոնք քեզի հետ համաձայն չեն: Ասոր պատճառը՝ գործունէութեան անձնական ծիրն է:

Այսպիսի գործունէութեան ծիրը մեր առօրեայ կեանքերուն մէջ կը յայտնուի զանազան կերպերով: Նոր ամուսնացած զոյգ մը կրնան չնչին բաներու վրայ վէճեր ունենալ: Ամուսինը կը խորհի որ շիտակ ձեւը՝ ատամնամածուկը յատակէն սեղմելն է, իսկ կինը պարզապէս փողին վրայ որեւէ կէտէ մը կը սեղմէ: Այս պարագային եթէ անոնցմէ մէկը պնդէ իր անձնական ձեւին վրայ, անոնք հակամէտ պիտի ըլլան կռուելու: Վէճերը կը ծագին իրենց սովորութիւններու գործունէութեան ծիրէն, որոնք բոլորովին տարբեր են իրարմէ:

Ենթադրենք որ ընկերութեան մը մէջ կայ պաշտօնեայ մը, որ բոլոր գործը մինակը կ՚ընէ՝ առանց որեւէ մէկուն օգնութիւնը ստանալով: Այս տեսակ մարդոցմէ ոմանք սովորութիւնը ունին ամէն բան առանձին ընելու, որովհետեւ անոնք դժուար միջավայրերու մէջ մեծցած էին եւ պէտք էր առանձին աշխատէին: Պատճառը այն չէ՝ որ անոնք ամբարտաւան են: Ուրեմն, եթէ դուն այդ անձը դատես որպէս ամբարտաւան եւ ինքնակեդրոն, այդ անիրաւ դատողութիւն է:

Մեծ մասամբ պարագաներու մէջ, դիտելով ճշմարտութեան տեսանկիւնէն, մէկու մը ինքնարդարացումը եւ անոր գործունէութեան անձնական ծիրը՝ երկուքն ալ թերի են: Սխալը կը յառաջանայ մէկու մը անիրաւ սրտէն, որ ոչ թէ ուրիշներուն՝ այլ իր անձնական շահերը կը փնտռէ: Նոյնիսկ հաւատացեալներ ունին ինքնարդարացում եւ գործունէութեան ծիրեր՝ որոնց մասին իրենք չեն անդրադառնար թէ իրապէս գոյութիւն ունին:

Անոնք կը խորհին որ իրենք Աստուծոյ Խօսքը կը լսեն եւ որոշ չափով ձերբազատուած են մեղքերէ, եւ թէ իրենք գիտեն ճշմարտութիւնը: Այս գիտութեամբ անոնք ցոյց կու տան իրենց ինքնարդարացումը: Անոնք կը դատեն ուրիշներու վարած հաւատքի կեանքը: Նաեւ անոնք ինքզինքնին կը բաղդատեն ուրիշներու հետ եւ կը խորհին որ իրենք ուրիշներէն լաւ են: Անգամ մը, անոնք միայն լաւ կէտեր կը տեսնեն ուրիշներու մէջ, բայց յետոյ անոնք կը սկսին փոխուիլ եւ փոխարէնը հիմա անոնք միայն անոնց թերութիւնները կը տեսնեն: Անոնք միայն իրենց անձնական կարծիքները կը պնդեն, բայց կ՛ըսեն որ իրենք այդպէս ըրին՝ «Աստուծոյ թագաւորութեան համար»:

Ոմանք կը խօսին որպէս թէ իրենք ամէն բան լաւ գիտեն եւ թէ իրենք արդար են: Անոնք միայն ուրիշներու թերութիւններուն մասին կը խօսին՝ դատաստան ընելով անոնց դէմ: Այդ կը նշանակէ թէ անոնք իրենց անձնական թերութիւնները չեն կրնար տեսնել՝ հապա միայն ուրիշներուն թերութիւնները:

Նախքան որ մենք ճշմարտութեան հետ ամբողջութեամբ փոխուինք, մենք բոլորս ալ ինքնարդարացում ունինք եւ կը զարգացնենք մեր գործունէութեան անձնական ծիրերը: Այն ատիճան որ չարութիւն կ՛ունենանք մեր սրտին մէջ, մենք պիտի ունենանք անիրաւութեան պատկանող շնչաւոր գործունէութիւններ, փոխանակ ունենալու ճշմարտութեան պատկանող գործունէութիւններ: Որպէս հետեւանք, մենք պիտի դատենք ու պիտի բամբասենք ուրիշներու ետեւէն՝ մեր անձնական ինքնարդարացումի մեր գործունէութեան ծիրերու շրջագիծին միջեւ: Որպէսզի կարենանք հոգեւոր աճում արձանագրել, մենք պէտք է նկատի առնենք մեր խորհուրները եւ տեսութիւնները՝ որպէս թէ անոնք ոչինչ ըլլային: Մենք պէտք է քանդենք մեր ինքնարդարացումը եւ մեր գործունէութեան ծիրերը, եւ պէտք է ունենանք ճշմարտութեան պատկանող շնչաւոր գործունէութիւններ:

## Ունենալ Ճշմարտութեան Պատկանող Շնչաւոր Գործունէութիւններ

Մենք կրնանք հոգեւոր աճում արձանագրել եւ փոխուիլ դառնալով Աստուծոյ ճշմարիտ զաւակները՝ երբ մենք կը փոխենք անիրաւութեան պատկանող մեր շնչաւոր գործունէութիւնները եւ զանոնք կը փոխարինենք ճշմարտութեան պատկանող գործունէութիւններու: Ուստի, ի՞նչ պէտք է ընենք որպէսզի կարենանք ճշմարտութեան պատկանող շնչաւոր գործունէութիւններ ունենալ:

## Առաջին՝ մենք պէտք է ամէն բան զանազանենք եւ զատորոշենք ճշմարտութեան չափանիշով

Մարդիկ ունին իրարմէ տարբեր խղճմտանքներ, եւ աշխարհի չափանիշները նոյնպէս իրարմէ կը տարբերին՝ նայած ժամանակին, վայրին, եւ մշակոյթներուն: Նոյնիսկ եթէ դուն շիտակ ձեւով գործեցիր, անիկա կրնայ ոմանց կողմէ նկատուիլ որպէս ոչ-ճիշդ, որովհետեւ անոնք ունին տարբեր արժէքաւորումներ:

Մարդիկ իրենց արժէքները եւ իրենց համար ընդունելի կերպերը կը կազմեն տարբեր միջավայրերու եւ տարբեր մշակոյթներու մէջ, եւ ուրեմն մենք մեր անձնական չափանիշներով չէ դատենք ուրիշները: Միակ ծայրագոյն չափանիշը որով մենք կրնանք շիտակը զանազանել սխալէն, եւ ճշմարիտը անիրաւէն՝ Աստուծոյ Խօսքն է որ ինքնին ճշմարտութիւնն է:

Այն բաները զոր աշխարհային մարդիկը ճիշդ եւ օրինաւոր կը սեպեն՝ անոնց մէջ կան բաներ որոնք կը համաձայնին Աստուածաշունչին հետ, բայց կան նաեւ շատ ուրիշ բաներ որոնք չեն համաձայնիր Աստուածաշունչին հետ: Ենթադրենք որ ընկերներէդ մէկը ոճիր մը գործեց, բայց ուրիշ անձ մը սխալ ձեւով ամբաստանուեցաւ իր տեղը: Այս պարագային, մարդոց մեծ մասը պիտի խորհին որ ընդունելի է չյայտնել քու ընկերոջդ մեղաւոր ըլլալը: Սակայն եթէ դուն լուր կենաս, գիտնալով հանդերձ այն մէկուն անմեղութեան մասին որ սխալ ձեւով ամբաստանուած է, քու արարքդ բնաւ արդարացի պիտի չնկատուի Աստուծոյ առջեւ:

Նախքան Աստուծոյ հաւատալս, երբ անհրաժեշտ ըլլար որ ուրիշ մէկու մը տունը այցելէի ճաշի ատեն, եւ եթէ անոնք ինծի հարցնէին եթէ ես կերած էի կամ ոչ, սովորաբար ես կ՚ըսէի. «Այո, ես արդէն կերած եմ»: Ես բնաւ չէի խորհեր որ այդ ըրածս ճիշդ չէր, որովհետեւ ես այդ կ՚ըսէի որպէսզի դիմացի անձը հանգստացնէի: Սակայն հոգեւոր առումով, անիկա կրնայ արատ մը ըլլալ Աստուծոյ առջեւ, որովհետեւ անիկա իրապէս ճիշդ չէ, հակառակ որ անիկա մեղք մը չէ: Անդրադառնալէ ետք այս իրողութեան, ես սկսայ ուրիշ արտայայտութիւններ ունենալ. «Ես չեմ ճաշած, սակայն այս վայրկեանիս ես չեմ փափաքիր ուտել»:

Կարենալ ամէն բան ճշմարտութեան հետ զատորոշելու համար, մենք պէտք է լսենք եւ սերտենք ճշմարտութեան Խօսքը, եւ զայն պահենք մեր սրտերուն մէջ: Մենք պէտք է կարդանք Աստուածաշունչը եւ պէտք է ձերբազատուինք այս աշխարհին մէջ անիրաւութեամբ կազմած մեր սխալ չափանիշներէն: Հոգ չէ թէ որքան իմաստուն ըլլայ բան մը այս աշխարհին մէջ, եթէ անիկա Աստուծոյ Խօսքին հակառակ է՝ մենք պէտք է ձերբազատուինք անկէ։

Երկրորդ՝ ճշմարտութեան պատկանող շնչաւոր գործունէութիւններ ունենալու համար մեր զգացումները եւ յուզումները պէտք է ճշմարտութեան համաձայն ըլլան։

Այն կերպը որով իրողութիւնները մեր մէջ կը տեղադրենք՝ կարեւոր դեր կը խաղայ երբ մենք կը փորձենք զգալ համաձայն ճշմարտութեան։ Ես մայր մը տեսայ որ իր զաւակը կը յանդիմանէր, ըսելով. «Եթէ դուն այս բանը ընես, Հովիւը պիտի յանդիմանէ քեզի»։ Մայրը իր զաւկին խորհիլ կու տայ որ Հովիւը վախազդու անձ մըն է։ Այսպիսի պզտիկ մը որոշ չափով պիտի վախնայ ու պիտի խուսափի Հովիւէն, փոխանակ Հովիւին մօտ ըլլալու իր աճման ընթացքին։

Շատ երկար ժամանակ առաջ, ես տեսարան մը տեսայ շարժանկարի մը մէջ։ Աղջիկ մը շատ մտերիմ էր փիղի մը հետ, եւ փիղը իր կնճիթը կը փաթթէր աղջկան վիզին։ Օր մը, երբ աղջիկը կը քնանար, թունաւոր օձ մը եկաւ եւ փաթթուեցաւ անոր վիզին։ Եթէ աղջիկը գիտնար որ անիկա թունաւոր օձ մըն էր, անիկա անհեթեթօրէն պիտի վախնար ու պիտի սարսափէր։ Բայց իր աչքերը գոց էին քունի մէջ եւ ինք պարզապէս խորհեցաւ որ անիկա փիղին կնճիթն էր։ Ուստի աղջիկը բնաւ չզարմացաւ։ Ընդհակառակը, անիկա խորհեցաւ որ այդ արարքը շատ ընկերային է։ Ուրեմն, զգացումները կը տարբերին խորհուրդներուն համեմատ։

Մեր զգացումները կը տարբերին՝ համաձայն մեր խորհուրդներուն։ Մարդիկ կը խորշին ճճիներէն, որդերէն, կամ թունաւոր փոքր սողուններէն։ Երբ անոնք համեղ հաւուն հոտը կ՛առնեն՝ կը ճաշակեն զայն, հակառակ որ հաւերը այսպիսի որդեր եւ սողուններ կ՛ուտեն։ Հիմա մենք կրնանք տեսնել թէ ինչպէս բանի մը մասին մեր զգացումները կախեալ են մեր խորհուրդներէն։ Հոգ չէ թէ ինչ տեսակի անձ մը կը տեսնենք կամ ինչ տեսակի գործ մը կ՚ընենք, մենք պէտք է միայն լաւ ձեւով խորհինք եւ զգանք:

Ամէն բանէ վեր, որպէսզի կարենանք լաւ ձեւով խորհիլ եւ զգալ ամէն բանի մէջ, մենք պէտք է միայն լաւ բաներ տեսնենք, լսենք, եւ տեղադրենք: Ասիկա մասնաւորապէս ճիշդ է այս օրերուն մէջ, երբ մենք պարզապէս որեւէ բանի մասին կրնանք տեսնել զանգուածային հաղորդամիջոցներու միջոցաւ, կամ համացանցին վրայ: Այսօր աւելի եւս չարութիւն, վայրագութիւն, բռնութիւն, խաբէութիւն, անձնակեդրոնութիւն, խորամանկութիւն, եւ դաւաճանութիւն կը տիրեն մեր շուրջը՝ քան որեւէ ուրիշ ժամանակ պատմութեան մէջ: Որպէսզի կարենանք ինքզինքնիս ճշմարտութեան հետ պահել, աւելի լաւ կ՚ըլլայ կարելի եղածին չափ չտեսնել, չլսել, կամ չտեղադրել այս բաները: Ամէն պարագայի, նոյնիսկ եթէ մենք ստիպուած ըլլանք դիմագրաւելու այս բաները, այդ վայրկեանին մենք կրնանք ճշմարտութեամբ եւ բարութեամբ տեղադրել իրողութիւնները: «Ի՞նչպէս» - կրնաս դուն հարց տալ...

Օրինակի համար, անոնք որոնք իրենց պզտիկ տարիքին վախնալիք պատմութիւններ լսած են դեւերու կամ արիւն ծծող յարալէզներու մասին եւ վախազդու զգացումներ ունին անոնց մասին, երբ մինակ մնան մութին մէջ՝ սոսկում պատճառող շարժանկար մը դիտելէ ետք մասնաւորաբար, անոնք կը սարսափին կամ կը սարսռան երբ որեւէ սարսափազդու ձայն մը լսեն կամ տարօրինակ շուքեր տեսնեն: Եթէ անոնք մինակ ըլլան, կրնայ շատ չնչին բան մը կրնայ պատահիլ՝ որ պատճառ կը դառնայ որ անոնք իրենց վախէն ցնցումի մէջ մտնեն:

Սակայն եթէ մենք լոյսի մէջ ապրինք, Աստուած կը պաշտպանէ մեզ եւ չար ոգիները չեն կրնար դպչիլ մեզի: Փոխարէնը, անոնք կը զարհուրին ու կը սարսափին այն հոգեւոր լոյսէն որ մեր մէջէն դուրս կու գայ: Եթէ հասկնանք այս իրողութիւնը, մենք կրնանք փոխել մեր զգացումները: Մենք ի սրտէ կը հասկնանք որ չար ոգիները վախազդու էակներ չեն, ուստի մեր զգացումները նոյնպէս կրնան փոխուիլ: Որովհետեւ մենք կրնանք նուաճել խաւարի աշխարհը, այն ատեն նոյնիսկ եթէ դեւեր երեւնան, մենք պարզապէս կրնանք զանոնք դուրս քշել՝ Յիսուս Քրիստոսի անունով:

Թող որ նկատի առնենք մէկ պարագայ մը եւս երբ մարդիկ անտեղի զգացումներ կ՚ունենան: Մօտ 20 տարիներ առաջ, եկեղեցւոյ անդամներուն հետ միասին ուխտի գացեր էի: Յունաստան՝ մարզադաշտի մը մէջ կար մերկ մարդու մը արձանը: Փորագրուած գրութիւնը՝ մարզանքը եւ մարմնավարժութիւնը քաջալերելու մասին էր՝ առողջ մարդոց համար, որոնք առողջ ազգի մը հիմը կը կազմեն: Հոն, ես կարողացայ տեսնել տարբերութիւնը՝ Եւրոպական ուրիշ երկիրներէ եղող զբօսաշրջիկներու եւ մեր եկեղեցւոյ անդամներուն միջեւ:
Կին անդամներէն ոմանք առանց որեւէ դժուարութեան նկարներ կ՚առնէին արձանին առջեւ, բայց ուրիշ կիներ կը կարմրէին: Անոնք կը խուսափէին այդ վայրէն, որպէս թէ կը տեսնէին բան մը՝ զոր պէտք չէր տեսնէին: Պատճառը որ անոնք կը կարմրէին արձանին առջեւ՝ որովհետեւ անոնք չնական մտքեր ունէին: Անոնք անպատշաճ զգացում ունէին մերկութեան մասին, եւ այդ իսկ պատճառով անոնք այդ տեսակի զգացում ունեցան երբ մերկ մարդու մը արձանը տեսան: Այսպիսի մարդիկ նոյնիսկ կը դատեն զանոնք՝ որոնք մօտէն կը սերտեն այսպիսի արձան մը: Սակայն այդ Եւրոպացի զբօսաշրջիկները որեւէ ամօթի զգացում կամ նմանօրինակ զգացումներ չէին ունենար: Անոնք այդ նոյն արձանը կը դիտէին գնահատութեամբ՝ որպէս արուեստի սքանչելի կտոր մը:

Այս պարագային, ոչ մէկը պէտք է դատէ այդ Եւրոպացի զբօսաշրջիկները՝ ըսելով որ անոնք անամօթ են: Եթէ մենք կարենանք հասկնալ տարբեր մշակոյթներ եւ մեր անիրաւ զգացումները փոխենք ճշմարտութեան պատկանող զգացումներու, այն ատեն մենք պէտք չէ անհանդիստ կամ ամօթ զգանք: Ադամ իր մերկութեամբ կ՛ապրէր երբ անիկա գիտութիւն չունէր մարմնի մասին, որովհետեւ Ադամ որեւէ շնական միտք չունէր, եւ այսպիսի ձեւով ապրիլը աւելի գեղեցիկ էր:

Երրորդ՝ ճշմարտութեան պատկանող շնչաւոր գործունէութիւններ ունենալու համար մենք պէտք չէ միայն մեր տեսանկիւնէն դիտուած բաները ընդունինք, այլ նաեւ ուրիշներու տեսանկիւնէն դիտուած բաներն ալ նոյնպէս:

Եթէ դուն միայն քու անձնական տեսանկիւնէդ, փորձառութենէդ, եւ խորհելակերպէդ դիտուած բաները եւ պարագաները ընդունիս, այն ատեն շնչաւոր բազմաթիւ անիրաւ գործունէութիւններ պիտի յառաջանան: Շատ հաւանաբար դուն պիտի աւելցնես կամ պակսեցնես ուրիշներուն խօսքերէն՝ քու անձնական խորհուրդներուդ համեմատ: Դուն կրնաս սխալ հասկնալ, դատել, բամբասել, եւ տեղի տալ գէշ զգացումներու ծագումին:

Ենթադրենք որ անձ մը որ արկածի մը մէջ վիրաւորուած է, չափազանց շատ կը գանգատի իր ցաւին մասին: Անոնք որոնք այսպիսի ցաւի փորձառութիւնը չեն ունեցած, կամ անոնք որոնք մեծ հանդուրժողականութիւն ունին ցաւի նկատմամբ, անոնք կրնան խորհիլ որ այդ անձը պզտիկ բանի մը վրայ մեծ աղմուկ կը հանէ: Եթէ դուն ուրիշ մարդոց խօսքերը ընդունիս քու անձնական տեսանկիւնիդ եւ փորձառութիւններուդ հիման վրայ, այն ատեն դուն անիրաւ շնչաւոր գործունէութիւններ պիտի ունենաս: Եթէ դուն փորձես հասկնալ ուրիշին տեսանկիւնէն դիտելով, այն ատեն դուն կրնաս հասկնալ զինք եւ իր զգացած ցաւին քանակը:

Եթէ դուն միայն կարենաս հասկնալ դիմացի անձին պարագան եւ ընդունիլ զինք, այն ատեն դուն ամենուն հետ խաղաղութեան մէջ պիտի ըլլաս: Դուն պէտք պիտի չունենաս ատելու կամ որեւէ անհանգիստ զգացում ունենալու: Հակառակ որ դուն կրնաս վնաս կրել կամ հակառակութիւն դիմագրաւել դիմացի անձին պատճառով, եթէ դուն ամէն բանէ առաջ իր մասին մտածես, այն ատեն դուն պիտի չատես զինքը, այլ պիտի սիրես զինք ու պիտի խղճաս իր վրայ: Եթէ դուն ճանչնաս Յիսուսի սէրը, որ մեզի համար խաչուեցաւ, եւ եթէ դուն գիտնաս Աստուծոյ շնորհքը, այն ատեն դուն կրնաս նոյնիսկ քու թշնամերդ սիրել: Այս էր պարագան Ստեփանոսի հետ: Հակառակ որ ան մինչեւ ի մահ կը քարկոծուէր՝ առանց անձնապէս որեւէ յացանք ունենալու, Ստեփանոս չատեց այն անձերը որոնք կը քարկոծէին զինքը, այլ աղօթեց անոնց համար:

Բայց երբեմն մենք կը գտնենք որ դիւրին բան չէ ճշմարտութեան պատկանող շնչաւոր գործունէութիւններ ունենալը՝ ինչպէս որ մենք կը փափաքինք: Ուրեմն, մենք միշտ պէտք է արթուն ըլլանք մեր խօսքերուն եւ արարքներուն նկատմամբ, եւ փորձենք փոխել մեր անիրաւ շնչաւոր գործունէութիւնները, զանոնք փոխարինելով ճշմարիտ գործունէութիւններու: Մենք կրնանք Աստուծոյ զօրութեամբ ու շնորհքով, եւ Սուրբ Հոգւոյն օգնութեամբ ունենալ շնչաւոր ճշմարիտ գործունէութիւններ, մինչ կ՚աղօթենք եւ կը շարունակենք փորձել:

## Ես Ամէն Օր Կը Մեռնիմ

Պօղոս Առաքեալ ատեն մը կը հալածէր Քրիստոնեաները քանի որ ան ունէր զօրաւոր մտային կառոյցներ եւ ինքնարդարացում: Սակայն Տէրոջը հանդիպելէ ետք, Պօղոս անդրադարձաւ որ իր ինքնարդարացումը եւ իր ունեցած մտային կառոյցները շիտակ չէին, եւ անիկա ինքզինքը այնքան շատ խոնարհեցուց որ իր ունեցած բոլոր բաները աղբ սեպեց: Սկիզբը Պօղոս պայքարներ ունեցաւ իր սրտին մէջ, անդրադառնալով որ չարութիւնը իր մէջ ներկայ էր, եւ կը պատերազմէր այն մէկուն հետ որ կ՚ուզէր բարիք ընել (Հռովմայեցիս 7.23-24):

Սակայն Պօղոս կը դաւանէր գոհութիւն տալ Աստուծոյ,

հաւատալով որ Յիսուս Քրիստոսի մէջ կեանքի օրէնքը եւ Սուրբ Հոգին զինք ազատ կ՛արձակէր մեղքի ու մահուան օրէնքէն: Հռովմայեցիս 7.25-ի մէջ, անիկա ըսաւ. «Գոհութիւն Աստուծոյ մեր Տէրոջը Յիսուս Քրիստոսին ձեռքով: Ուրեմն ես ինքս մտքով Աստուծոյ օրէնքին կը ծառայեմ ու մարմնով՝ մեղքի օրէնքին», եւ Ա. Կորնթացիս 15.31-ի մէջ կ՛ըսէ. «Վկայ կը բերեմ այն պարծանքը՝ որ ձեր վրայ ունիմ Քրիստոս Յիսուս մեր Տէրոջմով, որ ես ամէն օր կը մեռնիմ»:

Պօղոս առաքեալ վկայեց ըսելով. «Ես ամէն օր կը մեռնիմ», եւ այս կը նշանակէ թէ անիկա ամէն օր իր սիրտը կը թլփատէր: Այսինքն, ան կը ձերբազատուէր իր մէջ եղող անիրաւութիւններէն, ինչպէս՝ հպարտութիւն, ինքնահաստատում, ատելութիւն, դատապարտութիւն, բարկութիւն, ամբարտաւանութիւն, եւ ագահութիւն: Ինչպէս որ ինք դաւանեցաւ, Պօղոս ձերբազատուեցաւ այդ բաներէն, արիւն թափելու աստիճան պայքարելով անոնց դէմ: Աստուած իրեն շնորհք եւ զօրութիւն տուաւ, եւ Սուրբ Հոգւոյն զօրութեամբ Պօղոս փոխուեցաւ եւ վերածուեցաւ հոգիի մարդու որ ունէր միայն շնչաւոր գործունէութիւններ՝ ճշմարտութեան մէջ: Վերջապէս, Պօղոս դարձաւ հզօր առաքեալ մը որ աւետարանը քարոզեց՝ բազմաթիւ սքանչելիքներու եւ նշաններու ընկերակցութեամբ:

Գլուխ 3

# Մարմնաւոր Բաներ

Ոմանք իրենց մտքերուն մէջ մեղքեր կը գործեն, ինչպէս՝ նախանձութիւն, անձնասիրութիւն, դատապարտութիւն, բամբասանք, եւ շնութիւն։ Այս մեղքերը դուրսէն յայտնի չեն ըլլար, բայց այսպիսի մեղքեր կը գործուին որովհետեւ անոնք մեղսալից յատկութիւններ ունին իրենց մէջ:

Մարմինը եւ Մարմնին Գործերը

«Մարմինը Տկար է» Խօսքին Իմաստը

Մարմնաւոր Բաներ - Մեղքեր որ Մտքին մէջ Կը Գործուին

Մարմնին Ցանկութիւնը

Աչքերուն Ցանկութիւնը

Կեանքի Ամբարտաւանութիւնը

Այն անհատներուն համար՝ որոնց Հոգին մեռած է, անոնց շունչը կը դառնայ իրենց տէրը եւ կ՛իշխէ իրենց մարմնին վրայ։ Ենթադրենք որ դուն ծարաւ ես եւ կ՛ուզես բան մը խմել։ Այն ատեն շունչը պիտի հրամայէ ձեռքերուն որ գաւաթը վերցնէ եւ բերանդ տանի։ Բայց եթէ այդ վայրկեանին մէկը անարգանքներ արձակէ քու վրադ եւ եթէ բարկանաս՝ դուն կրնաս գաւաթը կտրել փափաքիլ։ Ի՞նչ տեսակի շնչաւոր գործունէութիւն է ասիկա։

Այս կը պատահի երբ Սատանան կը դրդէ շունչը՝ որ մարմնին կը պատկանի։ Մարդիկ թշնամի Բանսարկու Սատանային գործերը կը ստանան այն չափով որ անոնք անիրաւութիւն կ՛ունենան իրենց մէջ։ Եթէ ընդունին Սատանային գործերը, անոնք կրնան անիրաւ խորհուրդներ ունենալ, եւ եթէ ընդունին Բանսարկուին գործերը, անոնք անիրաւութեան գործեր կը յայտնաբերեն։

Բարկութեամբ գաւաթը կտրելու խորհուրդը Սատանային կողմէ տրուած էր, եւ եթէ դուն աւելի եւս յառաջ երթաս եւ իրապէս կտրես գաւաթը, ատիկա Բանսարկուին գործն է։ Այդ խորհուրդը կը կոչուի «մարմնաւոր բան», իսկ գործը կը կոչուի «մարմնաւոր գործ»։ Պատճառը՝ թէ ինչու մենք անիրաւութեան պատկանող շնչաւոր գործունէութիւններ եւ արարքներ կ՛ունենանք այն է՝ որովհետեւ Ադամի անկումին իվեր մեղսալից բնութիւնները սերմանուած են թշնամի Բանսարկու Սատանային կողմէ, եւ անոնք բաղադրուած են մարդ արարածներու մարմիններուն հետ միասին։

## Մարմինը եւ Մարմնին Գործերը

Հռովմայեցիս 8.13 կ՛ըսէ. «Վասն զի եթէ մարմնաւորապէս ապրելու ըլլաք, պիտի մեռնիք. բայց եթէ Հոգիով մարմնին գործերը սպաննէք, պիտի ապրիք»:

Հոս, «պիտի մեռնիք» ըսելը կը նշանակէ թէ դուք յաւիտենական մահ պիտի դիմագրաւէք, որ Դժոխքն է: Ուրեմն, «մարմին» ըսելով ոչ թէ միայն մեր ֆիզիքական մարմիններուն կ՛ակնարկէ: Անիկա հոգեւոր իմաստ ալ ունի:

Յետոյ կ՛ըսէ որ եթէ մենք Հոգիով մարմնին գործերը սպաննենք՝ պիտի ապրինք: Արդե՞օք այդ կը նշանակէ թէ մենք պէտք է ձերբազատուինք մարմնին գործերէն ինչպէս՝ նստիլ, երկննալէն ինչպէս՝ նստիլ, երկննալ, ուտել, եւայլն: Անշուշտ ոչ... Հոս, «մարմինը» ըսելով կ՛ակնարկէ պատեանը կամ պահեստամանը որմէ դուրս հոսած էր Հոգիին գիտութիւնը, որ մարդոց տրուեցաւ Աստուծոյ կողմէ: Ասոր հոգեւոր իմաստը կարենալ հասկնալու համար, մենք պէտք է իմանանք թէ Ադամ ինչ տեսակ էակ մըն էր:

Երբ Ադամ ապրող էակ մըն էր, իր մարմինը թանկագին էր, եւ անկորնչելի: Ադամ չծերացաւ եւ կարելի չէր որ ան մեռնէր կամ կործանէր: Ադամ ունէր փայլուն, գեղեցիկ, եւ հոգեւոր մարմին մը: Ադամի վերաբերմունքները նոյնպէս երկրի վրայ որեւէ ազնուական մարդէ մը աւելի արժանապատիւ էին: Բայց այն ատենէն որ մեղքը մտաւ Ադամի մէջ եւ որպէս արդիւնք իր մեղքին, Ադամի մարմինը անարժէք մարմին մը դարձաւ, անասուններու մարմնին նման:

Թոյլ տուէք որ այլաբանութիւն մը տամ ձեզի: Երբ կայ գաւաթ մը քիչ մը հեղուկով լեցուն, այդ գաւաթը կրնայ բաղդատուիլ մեր մարմնին, իսկ հեղուկը՝ մեր Հոգիին: Նոյն գաւաթը կրնայ տարբեր արժէքներ ունենալ նայած թէ ինչ տեսակի հեղուկ կը պարունակէ անիկա: Նոյնն էր պարագան Ադամի մարմնին հետ:

Որպէս կենդանի Հոգի, Ադամ ունէր միայն ճշմարտութեան գիտութիւնը, ինչպէս՝ սէր, բարութիւն, ճշմարտասիրութիւն, եւ արդարութիւն, նաեւ Աստուծոյ լոյսը, որոնք տրուած էին Աստուծոյ կողմէ: Բայց երբ Ադամի Հոգին մեռաւ, ճշմարտութեան գիտութիւնը իր մէջէն դուրս Հոսեցաւ, եւ ճշմարտութեան փոխարէն Ադամ Բանսարկու Սատանային կողմէ Հայթայթուեցաւ մարմնաւոր բաներով: Ադամ փոխուեցաւ Հետեւելով անիրաւութիւններուն, որոնք իրմէ մաս մը դարձան: Ըսուած է. «Հոգիվո մարմնին գործերը կը մեռցուին»:Հոս «մարմնին գործերը» ըսելով կ՛ակնարկէ այն գործունէութիւններուն որոնք յառաջ կու գան մարմինէն, որ բաղադրուած է անիրաւութիւններու Հետ:

Օրինակի Համար, կան մարդիկ որոնք իրենց բռունցքը կը բարձրացնեն, ուժգին կերպով դուռեր կը գոցեն, եւ կամ կոպիտ վերաբերմունքի այլեւայլ արտայայտութիւններ կ՛ունենան երբ բարկանան: Ոմանք աղտոտ լեզու կը գործածեն իւրաքանչիւր նախադասութեան մէջ զոր կը խօսին: Ուրիշներ տռփանքով կը նային Հակառակ սեռի պատկանող անձերուն, եւ դարձեալ ուրիշներ լկտի վերաբերմունքներ կը ցուցադրեն:

Մարմնին գործերը ըսելով կ՛ակնարկուի ոչ միայն մեղքերու բացայայտ գործունէութեան, այլ նաեւ ուրիշ գործեր որոնք կատարեալ չեն Աստուծոյ առջեւ: Երբ կարգ մը մարդիկ ուրիշներու Հետ խօսած ատեննին անգիտակցաբար մատով ցոյց կու տան մարդոց կամ իրերու: Ոմանք երբ կը ուրիշներու Հետ կը խօսին՝ իրենց ձայնը կը բարձրացնեն, այն աստիճան՝ որ այնպէս կը թուի թէ իրենք վիճաբանութիւն մը կ՛ունենան: Այս բաները չնչին կը սեպուին, բայց անոնք մարմնաւոր արարքներ են որոնք յառաջ կու գան մարմնէն, որ բաղադրուած է անիրաւութեան Հետ:

«Մարմին» բառը յաճախակի կերպով գործածուած է Աստուածաշունչին մէջ: Հետեւեալ Համարին մէջ, Յովհաննու 1.14, «մարմին» բառը գործածուած է իր բառացի իմաստով. «Բանը մարմին եղաւ ու մեր մէջ բնակեցաւ, (եւ Անոր փառքը տեսանք՝ Հօրմէն միածնի փառքին պէս,) շնորհքով ու ճշմարտութիւնով լեցուն»: Բայց եւ այնպէս, աւելի յաճախ այդ բառը գործածուած է հոգեւոր իմաստով:

Հռովմայեցիս 8.5 կ՚ըսէ. «Քանզի մարմնաւոր եղողները մարմնին բաները կը մտածեն ու հոգեւոր եղողները՝ հոգիին բաները»: Եւ Հռովմայեցիս 8.8 կ՚ըսէ. «Վասն զի մարմնով եղողները չեն կրնար Աստուծոյ հաճոյ ըլլալ»:

Հոս, «մարմին» բառը հոգեւոր իմաստով գործածուած է, եւ անիկա կ՚ակնարկէ մեղսալից բնութիւններուն որոնք բաղադրուած են մարդուն մարմնին հետ: Բաղադրուած մեղսալից բնութիւնները եւ մարմինն է որուն մէջէն դուրս հոսեցաւ ճշմարտութեան գիտութիւնը: Թշնամի Բանսարկու Սատանան զանազան մեղսալից բնութիւններ սերմանեց մարդոց մէջ, եւ անոնք միասնաբար մարմնին հետ կատարեալ դարձան: Անոնք անմիջապէս չեն յայտնաբերուիր որպէս գործունէութիւն, բայց այս յատկութիւնները հիմա ներկայ են մարդոց մէջ, այնպէս որ որեւէ ժամանակ անոնք կրնան յայտնուիլ որպէս գործունէութիւն:

Երբ մենք կը նշենք այս մարմնաւոր յատկութիւններէն իւրաքանչիւրը, մենք կ՚ըսենք որ այդ «մարմնաւոր բան մըն է»: Ատելութիւն, նախանձ, անձնասիրութիւն, նենգութիւն, խաբեբայութիւն, ամբարտաւանութիւն, բարկութիւն, դատապարտութիւն, բամբասանք, շնութիւն, եւ ագահութիւն, այդ բոլորին կ՚ակնարկուի որպէս «մարմին», իսկ անոնցմէ իւրաքանչիւրը կ՚ակնարկուի որպէս մարմնաւոր յատկութիւն:

## Ի՞նչ Կը Նշանակէ՝ «Մարմինը Տկար է»

Երբ Յիսուս Գեթսեմանիի մէջ կ՚աղօթէր, առաքեալները կը

քնանային: Յիսուս ըսաւ Պետրոսին. «Արթուն կեցէք եւ աղօթք ըրէք, որպէս զի փորձութեան մէջ չմտնէք: Հոգին յօժար է, բայց մարմինը տկար» (Մատթէոս 26.41): Սակայն այս չի նշանակեր որ առաքեալներուն մարմինները տկար էին: Պետրոս չարքաշ եւ տոկուն կազմուածք մը ունէր, քանի որ ան ձկնորս եղած էր: Ուստի, «մարմինը տկար է» ըսելը ի՞նչ կը նշանակէ:

Այդ կը նշանակէ թէ որովհետեւ Պետրոս տակաւին Սուրբ Հոգին չէր ստացած, անիկա մարմնաւոր մարդ մըն էր որ ամբողջութեամբ չէր ձերբազատուած մեղքերէն, եւ ուստի Պետրոս Հոգիին պատկանող մարմին չէր մշակած: Երբ մէկը կը ձերբազատուի իր մեղքերէն եւ կը քալէ Հոգիին ուղղութեամբ, այսինքն երբ ան կը դառնայ Հոգիի եւ ճշմարտութեան մարդ մը, իր շունչը եւ իր մարմինը կը սկսին կառավարուիլ իր Հոգիին կողմէ: Ուրեմն, նոյնիսկ եթէ մարմինը շատ յոգնած ըլլայ, եթէ դուն իրապէս կ՛ուզես սրտանց արթուն մնալ, այն ատեն դուն կրնաս քնանալէ խուսափիլ:

Բայց այդ ժամանակ Պետրոս տակաւին Հոգիով չէր քալեր, եւ ուստի ան չկրցաւ կառավարել իր մարմնաւոր յատկանիշները՝ ինչպէս յոգնածութիւնը եւ ծուլութիւնը: Ուստի, հակառակ որ Պետրոս ուզեց արթուն մնալ, բայց չկրցաւ: Պետրոս կը գտնուէր իր ֆիզիքական սահմաններուն միջեւ: Այսպիսի ֆիզիքական սահմաններու միջեւ ըլլալը կը նշանակէ թէ մարմինը տկար է:

Սակայն Յիսուս Քրիստոսի յարութենէն եւ համբառնալէն ետքը, Պետրոս Սուրբ Հոգին ստացաւ: Հիմա անիկա ոչ միայն կրցաւ իշխել իր ֆիզիքական յատկութիւններուն վրայ, այլ նաեւ բազմաթիւ հիւանդներ բժշկեց եւ նոյնիսկ մեռելները վերակենդանացուց: Պետրոս աւետարանը տարածեց այնպիսի հզօր հաւատքով եւ քաջութեամբ, որ անիկա ընտրեց գլխիվայր խաչուիլ աւետարանին համար:

Յիսուսի պարագային, Անիկա Աստուծոյ թագաւորութեան աւետարանը քարոզեց եւ գիշեր-ցորեկ մարդիկ բժշկեց, հակառակ որ Յիսուս չէր կրնար ուտել կամ նոյնիսկ օրինաւոր ձեւով քնանալ: Բայց որովհետեւ Իր Հոգին էր որ կը կառավարէր Իր մարմինը, ուստի նոյնիսկ այնպիսի պարագայի մը մէջ ուր Ինք չափազանց շատ յոգնած էր, Յիսուս կրցաւ աղօթել այն աստիճան որ Իր քրտինքը արեան կաթիլներու նման գետին կը հոսէր: Յիսուս ո՛չ նախնական մեղք ունէր եւ ո՛չ ալ ինքնակամ ձեւով գործուած մեղք: Ուրեմն, Ան կրնար Հոգիով կառավարել Իր մամինը:

Կարգ մը Հաւատացեալները մեղքեր կը գործեն եւ պատճառաբանութիւններ կու տան ըսելով. «Մարմինս տկար է»: Բայց անոնք այդպէս կ՛ըսեն որովհետեւ չեն գիտեր այս արտայայտութեան Հոգեւոր իմաստը: Մենք պէտք է հասկնանք որ խաչին վրայ Յիսուսի արիւն թափելը մեզ փրկեց ոչ միայն մեր մեղքերէն, այլ նաեւ մեր տկարութիւններէն: Մենք կրնանք թէ՛ Հոգիով եւ թէ՛ մարմնով առողջ ըլլալ, եւ ընել այնպիսի բաներ` որոնք մարդկային սահմանափակումներէն անդին են` եթէ մենք միայն հաւատք ունենանք եւ հնազանդինք Աստուծոյ Խօսքին: Աւելին, մենք ունինք Սուրբ Հոգիին օգնութիւնը, եւ ուրեմն մենք պէտք չէ ըսենք թէ չենք կրնար աղօթել կամ թէ ուրիշ ընտրանք չունէինք` հապա մեղքեր գործելու, որովհետեւ մեր մարմինը տկար է:

## Մարմնաւոր Բաները - Մտքին մէջ Գործուած Մեղքեր

Եթէ մարդիկ մարմին ունին, այսինքն եթէ անոնք ունին մեղսալից բնութիւններ որոնք կ՛ամբողջանան իրենց մարմնին հետ, անոնք մեղքեր կը գործեն ոչ միայն մտքով, այլ նաեւ արարքներով: Եթէ իրենց մէջ կը կրեն խարդախութեան յատկանիշներ, աննպաստ պայմաններու մէջ անոնք պիտի խաբեն ուրիշները: Եթէ այդ մեղքը իրենց սրտին մէջ գործեն եւ ոչ թէ գործնականապէս, ասիկա կը կոչուի «մարմնաւոր բան»:

Ենթադրենք որ դուն կը տեսնես գոհարեղէնի գեղեցիկ կտոր մը, որ քու դրացիիդ կը պատկանի: Եթէ դուն նոյնիսկ մտածես առնել կամ գողնալ զայն, այն ատեն դուն արդէն մեղքեր գործեցիր քու սրտիդ մէջ: Մեծ մասամբ մարդիկ ասիկա չեն նկատեր որպէս մեղք: Սակայն Աստուած սրտերը կը քննէ եւ նոյնիսկ թշնամի Բանսարկու Սատանան գիտէ մարդոց այս տեսակի սիրտը, ուստի ան կրնայ ամբաստանութիւններ բերել այս տեսակ մեղքի մը դիմաց, այսինքն՝ մարմնաւոր բանի մը դէմ:

Մատթէոս 5.28-ի մէջ Յիսուս ըսաւ. «Բայց ես ձեզի կ՚ըսեմ. "Ով որ կին մարդու կը նայի անոր ցանկալու համար, ալ անիկա իր սրտին մէջ շնութիւն ըրաւ անոր հետ"»: Ա. Յովհաննու 3.15 կ՚ըսէ. «Ամէն ով որ իր եղբայրը կ՚ատէ՝ մարդասպան է: Գիտէք թէ ամէն մարդասպան իր մէջ յաւիտենական կեանք չունի»: Եթէ դուն քու սրտիդ մէջ մեղքեր գործես, այդ կը նշանակէ թէ դուն հիմը դրած ես որպէսզի այդ մեղքը իրապէս ի գործ դնես:

Դուն քու դէմքիդ վրայ ունիս ժպիտ մը, եւ այնպէս կը ձեւացնես որ կը սիրես դիմացինը, հակառակ որ դուն կ՚ատես զայն եւ կ՚ուզես զարնել այդ անձը: Եթէ բան մը պատահի եւ դուն այլեւս չկարենաս հանդուրժել այդ վիճակին, քու բարկութիւնդ բորբոքելով դուրս կը պայթի, եւ դուն կրնաս վիճաբանիլ կամ կռուիլ այդ անձին հետ: Բայց եթէ դուն դուրս նետես կամ ձերբազատուիս ինքնին ատելութեան այդ մեղսալից բնութենէն, այն ատեն դուն բնաւ պիտի չատես այդ անձը, նոյնիս եթէ անիկա չափազանց շատ նեղութիւն պատճառէ քեզի:

Ինչպէս գրուած է Հռովմայեցիս 8.13-ի մէջ. «Վասն զի եթէ մարմնաւորապէս ապրելու ըլլաք, պիտի մեռնիք...», մինչեւ որ չձերբազատուիս մարմնաւոր բաերէն, ի վերջոյ դուք մարմնաւոր արարքներ պիտի գործես: Այսուհանդերձ, Սուրբ Գիրքը նաեւ կ՚ըսէ. «...բայց եթէ Հոգիով մարմնին գործերը սպաննէք, պիտի ապրիք»: Ուստի կարելիութիւնը կայ աստուածային եւ սուրբ արարքներ գործելու՝ մինչ մէկ առ մէկ կը ձերբազատուիք մարմնաւոր բաներէն: Հիմա, ի՞նչպէս կրնանք մենք շուտով ձերբազատուիլ մարմնաւոր բաներէն եւ գործերէն:

Հռովմայեցիս 13.13-14 կ՛ըսէ. «Որպէս զի ցորեկ ատեն՝ պարկեշտութեամբ պտըտինք, ո՛չ թէ անառակութիւններով ու գինովութիւններով եւ ո՛չ թէ խառնակ անկողիններով ու պղծութիւններով եւ ո՛չ թէ հակառակութիւնով ու նախանձով. Հապա ձեր վրայ հագէք Տէր Յիսուս Քրիստոսը ու խնամք մի՛ տանիք մարմնին՝ ցանկութիւններու համար», եւ Ա. Յովհաննու 2.15-16 կ՛ըսէ. «Մի՛ սիրէք աշխարհը, ոչ ալ ինչ որ աշխարհի մէջ է: Եթէ մէկը աշխարհը կը սիրէ, անոր ներսիդին Հօրը սէրը չկայ. քանզի ամէն բան որ աշխարհի մէջ է՝ մարմնի ցանկութիւնը ու աչքերու ցանկութիւնը եւ այս կեանքին ամբարտաւանութիւնը՝ Հօրմէն չէ, հապա այս աշխարհէն է»:

Այս համարներէն մենք կրնանք անդրադառնալ թէ աշխարհի մէջ բոլոր բաները մարմնի ցանկութենէն, աչքերու ցանկութենէն, եւ կեանքի ամբարտաւանութենէն յառաջ կու գան: Ցանկութիւնը ուժի աղբիւրն է որ մարդիկը կը մղէ ապականացու մարմինը փնտռելու եւ զայն ընդունելու: Ցանկութիւնը մղիչ հզօր ուժ մըն է, որ մարդոց լաւ զգալ կու տայ աշխարհի նկատմամբ ու կը մղէ որ մարդիկ սիրեն զայն:

Թող որ հիմա վերադառնանք այն տեսարանին ուր Եւա փորձուեցաւ օձին կողմէ, Ծննդոց 3.6-ի ընդմէջէն, որ կ՛ըսէ. «Կինը տեսնելով որ ծառը աղէկ է կերակուրի համար եւ հաճելի՝ աչքերուն ու փափաքելի իմաստուն ընելու համար, առաւ անոր պտուղէն ու կերաւ եւ իր էրկանն ալ տուաւ եւ անիկա լա կերաւ»:

Օձը Եւային ըսաւ թէ Եւա կրնար Աստուծոյ պէս ըլլալ: Այն վայրկեանին որ Եւա ընդունեց այդ խօսքը, մեղսալից բնութիւնը մտաւ իր մէջը եւ հոն տեղաւորուեցաւ որպէս մարմին: Հիմա, մարմնին ցանկութիւնը ներս մտաւ եւ այդ պտուղը իրեն լաւ երեւցաւ որպէս ուտելիք: Աչքերուն ցանկութիւնը ներս մտաւ եւ այդ պտուղը մեծ երջանկութիւն պատճառեց: Կեանքի ամբարտաւանութիւնը ներս մտաւ եւ այդ պտուղը փափաքելի էր մէկը իմաստուն դարձնելու: Մինչ Եւա ասիկա ընդունեց որպէս ցանկութիւն, անիկա ուզեց ուտել այդ պտուղը եւ այդպէս ալ ըրաւ: Անցեալին, Եւա բնաւ մտադրութիւն չէր ունեցած անհնազանդ ըլլալու Աստուծոյ Խօսքին, բայց երբ իր ցանկութիւնը գրգռուեցաւ, այդ պտուղը լաւ եւ գեղեցիկ երեւցաւ իրեն: Որովհետեւ Եւա փափաքեցաւ Աստուծոյ նման ըլլալ, ուստի ան վերջաւորութեան անհնազանդ եղաւ Աստուծոյ:

Մարմնին ցանկութիւնը, աչքերուն ցանկութիւնը, եւ կեանքին ամբարտաւանութիւնը մեզի զգացնել կու տան որ մեղքը եւ չարութիւնը բարի ու գեղեցիկ են: Յետոյ անիկա ծնունդ կու տայ մարմնաւոր բաներու, եւ ի վերջոյ մարմնաւոր գործերու: Ուրեմն, մարմնաւոր բաները կտրել նետելու համար, մենք առաջին անգամ պէտք է ձերբազատուինք այս երեք տեսակի ցանկութիւններէն: Յետոյ մենք կրնանք սկսիլ մեր սրտերէն դուրս հանելու ինքնին մարմինը:

Եթէ Եւան տեղեակ ըլլար թէ որքան մեծ ցաւ պիտի պատճառէր այդ պտուղը ուտելը, ան բնաւ պիտի չզգար որ այդ պտուղը բարի էր ուտելու եւ հաճելի՝ աչքերուն: Այլ ընդհակառակը, Եւան նոյնիսկ պիտի զզուէր դպչելէ կամ դիտելէ այդ պտուղը, ալ ուր մնաց զայն ուտելը: Նմանապէս, եթէ մենք անդրադառնանք որ աշխարհը սիրելը որքան մեծ ցաւ պիտի բերէ մեզի եւ թէ այդ պատճառ պիտի դառնայ որ մենք Դժոխքի պատիժին մէջ իյնանք, այն ատեն մենք վստահաբար պիտի չսիրենք աշխարհը: Անգամ մը որ անդրադառնանք թէ որքան անարժէք են մեղքով արատաւորուած աշխարհային բաները, այն ատեն մենք ցանկութիւններէն: Թոյլ տուէք որ աւելի եւս մանրամասնութեամբ քննենք այս կէտը:

## Մարմնին Ցանկութիւնը

Մարմնին ցանկութիւնը մարմնին հետեւելու եւ մեղքեր գործելու բնութիւնն է: Երբ մենք ունինք հետեւեալ յատկութիւնները ինչպէս՝ ատելութիւն, բարկութիւն, անձնական ցանկութիւն, զգացական ցանկութիւն, նախանձ, եւ հպարտութիւն, այն ատեն կրնայ մարմնին ցանկութիւնը շարժման մէջ դրուիլ: Երբ մենք կը դիմագրաւենք այնպիսի պարագայ մը, որուն մէջ մեղսալից բնութիւնները կը գրգռուին, այն ատեն մեր հետաքրքրութիւնը կը սկսի աթննալ: Ասիկա մեզի պիտի մղէ որ այնպէս զգանք թէ մեղքերը բարի եւ գեղեցիկ են: Այս կէտին վրայ կը յայտնուին մարմնաւոր բաները, եւ անոնք կը զարգանան վերածուելով մարմնաւոր գործերու:

Օրինակի համար, ենթադրենք որ նոր հաւատացեալ մը կ՛որոշէ խմիչքը կեցնել, բայց անիկա տակաւին փափաք ունի խմիչք գործածելու, որ մարմնաւոր բան մըն է: Ուստի, եթէ անիկա գինետուն երթայ կամ տեղ մը՝ ուր մարդիկ ալքոլային խմիչք կը գործածեն, մարմնին ցանկութիւնը կը սկսի գրգռուիլ գաւաթ մը խմիչք առնելու: Յետոյ այս արարքը աւելի եւս կը գրգռէ մարդուն ցանկութիւնը եւ զինք կը մղէ իրապէս խմելու եւ գինովնալու:.

Թոյլ տուէք որ ուրիշ օրինակ մը տամ: Եթէ մենք ուրիշները դատելու եւ զանոնք ամբաստանելու կամ բամբասելու յատկութիւնները ունինք, մենք պիտի միտինք ուրիշ մարդոց մասին խօսուած տարաձայնութիւնները լսել ուզել: Մենք կրնանք այնպէս զգալ թէ հաճելի է լսել կամ սխալ լուրեր տարածել եւ ուրիշներու մասին խօսիլը: Եթէ մենք բարկութիւն ունինք մեր մէջինը, եւ եթէ բան մը կայ որ չհամաձայնիր մեզի հետ, այն ատեն մենք կազդուրուած եւ լաւ պիտի զգանք մէկու մը վրայ կամ բանի մը վրայ բարկանալով՝ այդ իսկ պատճառով: Եթէ մենք փորձենք զսպել ինքզինքնիս չհետեւելու համար մարմնին յատկութիւններուն՝ բարկանալու մէջ, մենք աւելի ցաւալի եւ անտանելի կը գտնենք այդ: Եթէ մենք հպարտ նկարագիր մը ունինք, այն ատեն մեր հպարտութեան մէջ մենք կրնանք ինքզինքնիս վրայ պարծենալու բնութիւնը ունենալ: Մեր մէջ եղող այդ յատկութիւններուն հետեւելով, մեր հպարտութեան մէջ մենք նաեւ պիտի ուզենք ծառայութիւն ստանալ ուրիշներէն: Եթէ մենք հարստանալու ցանկութիւն ունինք, մենք պիտի փորձենք ամէն գնով հարստանալ, նոյնիսկ վնաս եւ տառապանք պատճառելով ուրիշներուն: Մարմնին այս ցանկութիւնը երթալով պիտի աւելնայ մինչ մենք աւելի եւս մեղքեր կը գործենք:

Սակայն նոյնիսկ եթէ մէկը նորահաւատ մըն է եւ տկար հաւատք ունի, երբ ջերմեռանդութեամբ աղօթէ՝ անիկա շնորհք կը ստանայ՝ հաղորդակցելով ուրիշ անդամներու հետ ու կը լեցուի Սուրբ Հոգիով կը լեցուի: Հետեւաբար, իր մարմնի ցանկութիւնը դիւրութեամբ չէ որ պիտի գրգռուի: Նոյնիսկ եթէ մարմնին ցանկութիւնը կ՛արթննայ իր մտքին մէկ ծայրին մէջ, ան կրնայ անմիջապէս հեռացնել զայն ճշմարտութեան գիտութեամբ: Բայց եթէ ան դադրի աղօթելէ եւ կորսնցնէ Սուրբ Հոգիին լեցունութիւնը, այն ատեն անիկա առիթ պիտի տայ թշնամի Բանսարկու Սատանային որպէսզի դարձեալ գրգռէ մարմնին ցանկութիւնը:

Ուստի, ի՞նչ բան անհրաժեշտ է ժերբազատուելու համար մարմնին ցանկութիւններէն: Հարկաւոր է Սուրբ Հոգիին լեցունութիւնը պահել, որպէսզի հոգին փնտռելու քու փափաքդ աւելի զօրաւոր մնայ քան մարմինը փնտռելու ցանկութիւնդ: Մենք պէտք է միշտ հոգեւորապէս արթուն եւ զգաստ ըլլանք՝ ինչպէս որ ըսուած է Ա. Պետրոս 5.8-ի մէջ. «Արթո՛ւն կեցէք, հսկեցէ՛ք, վասն զի ձեր հակառակորդը, Սատանան՝ մռնչող առիւծի պէս կը պտըտի ու կը փնտռէ թէ ո՛վ կլլէ»:

Այդ ընելու համար մենք պէտք չէ դադրինք ջերմեռանդութեամբ աղօթելէ: Նոյնիսկ եթէ շատ զբաղ ըլլանք Աստուծոյ գործը ընելով, մենք պիտի կորսնցնենք Սուրբ Հոգիին լեցունութիւնը՝ եթէ մենք դադրինք աղօթելէ: Այն ատեն ճամբան պիտի բացուի որպէսզի մարմնին ցանկութիւնը դարձեալ գրգռուի: Այս ձեւով մենք կրնանք մեղքեր գործել մտքով, եւ ետքը՝ գործով: Այդ է պատճառը որ նոյնիսկ Յիսուս, Աստուծոյ Որդին, բարի օրինակ մը դրաւ՝ անդադար աղօթելով երկրի վրայ իր ապրած ժամանակ: Յիսուս բնաւ չդադրեցաւ աղօթելէ Հօրը հետ հաղորդակցելու, եւ Իր կամքը կատարելագործելու համար:

Անշուշտ, եթէ դուն ձերբազատուիս մեղքէ եւ գոհացում ստանաս, այն ատեն մարմնին ցանկութիւնը պիտի չյայտնուի, եւ այսպէս դուն պիտի չենթարկուիս մարմնին ու մեղքեր պիտի չգործես: Ուստի, անոնք որոնք սրբագործուած են՝ պիտի աղօթեն ոչ թէ որպէսզի ձերբազատուին մարմնին ցանկութենէն, այլ որպէսզի աւելի եւս լեցուին Հոգիով եւ աւելի հզօր ձեւով կատարելագործեն Աստուծոյ թագաւորութիւնը:

Ի՞նչ կ՚ընենք մենք մարդկային աղտ ունենանք մեր հագուստներուն վրայ: Մենք ոչ թէ միայն սրբելով պիտի հանենք զայն, այլ նաեւ օճառով ամբողջութեամբ պիտի լուանք հագուստը, որպէսզի հոտը անհետանայ: Եթէ մեր հագուստին վրայ որդ մը կամ թրթուռ մը ըլլայ, մենք պիտի զարհուրինք եւ անմիջապէս դուրս պիտի թօթուենք զայն: Սակայն սրտին մեղքերը աւելի կեղտոտ եւ աւելի աղտոտ են քան մարդու աղտը կամ որեւէ որդ մը: Ինչպէս արձանագրուած է Մատթէոս 15.18-ի մէջ. «Իսկ բերնէն ելած բաները սրտէն յառաջ կու գան եւ անոնք կը պղծեն մարդը», անոնք վնաս կը պատճառեն մարդուն՝ հասնելով մինչեւ անոր ոսկորներուն եւ ծուծին, եւ չափազանց մեծ ցաւ կը պատճառեն:

Ի՞նչ կը պատահի եթէ կինը երեւան հանէ որ իր ամուսինը սեռային յարաբերութիւն ունի ուրիշ մէկու մը հետ: Կնոջ համար ո՞րքան ցաւալի պիտի ըլլայ այդ իրողութիւնը: Միեւնոյնն է՝ այր մարդուն պարագային: Ընտանիքին մէջ խաղաղութիւնը խափանելը վիճաբանութիւններու դուռ պիտի բանայ, եւ կամ նոյնիսկ պատճառ պիտի դառնայ որ ընտանիքը իրարմէ բաժնուի: Ուրեմն, մենք պէտք է շուտով ձերբազատուինք մարմնին ցանկութիւններէն, որովհետեւ անիկա մեղքի ծնունդ կու տայ եւ աննպաստ հետեւանքներ կը յառաջացնէ:

## Աչքերու Ցանկութիւնը

«Աչքերու ցանկութիւնը» մէկու մը սիրտը կը գրգռէ՝ լսելով ու տեսնելով, եւ կը մղէ որ անհատը մարմնաւոր բաներ փնտռէ: Հակառակ որ այդ կը կոչուի «աչքերու ցանկութիւն», աչքերու ցանկութիւնը մարդոց սրտերուն մէջ կը յայտնուի տեսնելով, լսելով, եւ զգալով, իրենց աճման ընթացքին: Այսինքն, անոնց տեսած ու լսած բաները կը շարժեն իրենց սիրտը՝ տալով իրենց զգացումներ, եւ այս ընթացքով անոնք կ՚ունենան «աչքերու ցանկութիւն»:

Երբ բան մը կը տեսնես, եթէ դուն ընդունիս զայն զգացումով միատեղ, այն ատեն դուն նոյնանման զգացում պիտի ունենաս երբ դարձեալ անոր նման բան մը տեսնես: Նոյնիսկ առանց գործնականապէս տեսնելու զայն, եթէ դուն միայն պարզապէս լսես այդ մասնայատուկ բանին մասին, դուն անցեալի փորձառութիւններ պիտի վերյիշես, այնպէս որ քու աչքերու ցանկութիւնդ կրնայ գրգռուիլ: Եթէ դուն շարունակես ընդունիլ աչքերու ցանկութիւնը, անիկա քու մարմնի ցանկութիւնդ պիտի շարժէ եւ վերջաւորութեան դուն մեղք պիտի գործես:

Ի՞նչ պատահեցաւ երբ Դաւիթ տեսաւ Բերսաբէն՝ Ուրիայի կինը, որ լոգանք կ՚առնէր: Դաւիթ չձերբազատուեցաւ իր աչքերու ցանկութենէն, այլ ընդունեց զայն, եւ այս ձեւով իր մարմնին ցանկութիւնը արթնցաւ, որ իր մէջ փափաքը արթնցուց որ այդ կինը առնելու ցանկայ: Ի վերջոյ, Դաւիթ առաւ Բերսաբէն եւ մինչեւ իսկ անոր ամուսինը՝ Ուրիան առաջին շարքի խիստ սաստիկ պատերազմի դաշտը ղրկեց, որպէսզի զարնուի ու մեռնի:

Այս ընելով, Դաւիթ մեծ փորձութիւն գալու պատճառ դարձաւ ինքն իր վրայ։

Եթէ մենք չձերբազատուինք աչքերու ցանկութենէն, այդ կը շարունակէ մեղսալից բնութիւններ գրգռել մեր մէջ։ Օրինակի համար, եթէ մենք լկտի ու խայտառակ նիւթեր դիտենք, ատիկա շնացող մտքին մեղսալից բնութիւնը կը գրգռէ մեր մէջը։ Մինչ մեր աչքերով կը տեսնենք, աչքերուն ցանկութիւնը կու գայ մեր մէջը, եւ Սատանան ալ նոյնպէս մեր խորհուրդները կը մղէ դէպի անիրաւութեան ուղղութիւն։

Աստուծոյ հաւատացողները պէտք չէ ընդունին աչքերու ցանկութիւնը։ Դուն պէտք չէ տեսնես կամ լսես այն ինչ որ ճշմարտութիւն չէ, եւ դուն նոյնիսկ պէտք չէ երթաս տեղ մը ուր դուն կրնաս կապի մէջ ըլլալ անիրաւ բաներու հետ։ Հոգ չէ թէ որքան շատ կ՛աղօթես, ծոմ կը պահես, եւ կամ ամբողջ գիշերը կ՛աղօթես որպէսզի ձերբազատուիս մարմնէն, եթէ դուն չձերբազատուիս աչքերու ցանկութենէն, քու մարմնի ցանկութիւնդ դարձեալ պիտի զօրանայ, եւ աւելի եւս ուժով պիտի գրգռուի։ Որպէս հետեւանք, դուն չես կրնար դիւրութեամբ ձերբազատուիլ մարմնէն եւ դուն այնպէս պիտի զգաս որ շատ դժուար է մեղքերու դէմ պայքարիլ։

Օրինակի համար, եթէ պատերազմի մը մէջ քաղաքի պատերուն միջեւ գտնուող զինուորները քաղաքին դուրսէն մթերքներ ստանան, անոնք կռիւը շարունակելու զօրութիւնը կը ստանան։ Դիւրին պիտի չըլլայ թշնամիին ուժը քանդել քաղաքին պատերուն միջեւ։ Ուրեմն, քաղաքը նուաճելու համար մենք պէտք է սկիզբը պաշարենք զայն եւ պէտք է մթերքի հայթայթման գիծերը կտրենք, որպէսզի թշնամի ուժը չկարողանայ որեւէ ուտելիք կամ զէնքեր ստանալ։ Եթէ մենք շարունակենք յարձակիլ՝ միաժամանակ պահպանելով այս կացութիւնը, ի վերջոյ թշնամի ուժը պիտի կործանի։

Գործածելով այս օրինակը, եթէ քաղաքին մէջ գտնուող թշնամի ուժը անիրաւ է, այսինքն մեր մէջի մարմինը, այն ատեն քաղաքին դուրսէն եղող օգնական ուժերը պիտի դառնան աչքերուն ցանկութիւնը։ Եթէ մենք չձերբազատուինք աչքերու ցանկութենէն, այն ատեն, նոյնիսկ ծոմապահութեամբ եւ աղօթքով, մենք պիտի չկարողանանք ձերբազատուիլ մեղքերէն, որովհետեւ մեղսալից բնութիւնները շարունակ զօրութիւն կը ստանան։ Ուստի, ամէն բանէ առաջ մենք նախ պէտք է ձերբազատուինք աչքերու ցանկութենէն, եւ յետոյ պէտք է աղօթենք ու ծոմ պահենք, որպէսզի ինքզինքնիս ազատագրենք մեղսալից բնութիւններէն։ Այն ատենք մենք Աստուծոյ շնորհքով եւ Իր զօրութեամբ պիտի կարողանանք դուրս հանել այդ մեղսալից բնութիւնները եւ Սուրբ Հոգիին լեցունութիւնը ստանալ։

Թոյլ տուէք որ նոյնիսկ աւելի պարզ օրինակ մը տամ ձեզի։ Եթէ մենք շարունակենք մաքուր ջուր թափել անօթի մը մէջ որ աղտոտ ջուրով լեցուած է, այդ աղտոտ ջուրը ի վերջոյ պիտի մաքրուի։ Սակայն ի՞նչ կը պատահի եթէ մենք թէ՛ մաքուր ջուր եւ թէ՛ աղտոտ ջուր լեցնենք այդ անօթին մէջ։ Հոգ չէ թէ որքան երկար ատեն լեցնենք, անօթին մէջի աղտոտ ջուրը պիտի չմաքրուի եթէ անիկա ամբողջութեամբ մաքուր ջուր չէ։ Նոյն ձեւով, մենք պէտք չէ ընդունինք որեւէ անիրաւութիւն, այլ պէտք է միայն ճշմարտութիւնը ընդունինք, որպէսզի ձերբազատուինք մարմնէն եւ կարենանք մշակել Հոգիին սիրտը։

## Կեանքի Ամբարտաւանութիւնը

Մարդիկ կը միտին պարծենալու ցանկութիւնը ունենալ։ «Կեանքի ամբարտաւանութիւնը» «մեր բնութեան մէջի ունայնութիւնն ու ամբարտաւանութիւնն է, զոր մենք ունինք այս կեանքի հաճոյքներուն նկատմամբ»։ Օրինակի համար, անոնք կ՛ուզեն պարծենալ իրենց ընտանիքով, զաւակներով, ամուսինով կամ կնոջմով, սուղ հագուստներով, գեղեցիկ տունով, կամ թանկարժէք գոհարեղէններով: Անոնք կ՛ուզեն ճանչցուիլ իրենց արտաքին երեւոյթներով կամ տաղանդներով: Անոնք նոյնիսկ կը պարծենան ազդեցիկ մարդոց կամ հռչակաւոր անձերու հետ բարեկամութիւններ ունենալով: Եթէ դուն կեանքի ամբարտաւանութիւնը ունիս, այդ ըսել է թէ դուն արժէք կու տաս այս աշխարհի հարստութեան, համբաւին, գիտութեան, տաղանդներուն, եւ արտաքին երեւոյթներուն, եւ մեծ խանդավառութեամբ կը փնտռես զանոնք:

Բայց ի՞նչ օգուտ ունի այսպիսի բաներով պարծենալը: Ժողովողի Գիրքին առաջին գլխուն 2-3 համարները կ՛ըսեն թէ ամէն բան ունայնութիւն է եւ արեւուն տակ մէկու մը քաշած բոլոր աշխատանքը ունայնութիւն է: Ինչպէս որ արձանագրուած է Սաղմոս 103.15-ի մէջ. «Մարդուն օրերը խոտի պէս են, դաշտի ծաղիկի պէս կը ծաղկին», այս աշխարհով պարծենալը չկրնար մեզի իրական արժէք կամ կեանք տալ: Ընդհակառակը, ատիկա Աստուծոյ հանդէպ թշնամութիւն է եւ մեզ կ՛առաջնորդէ դէպի մահ: Եթէ ձերբազատուինք անիմաստ մարմնէն, այն ատեն մենք պիտի ազատագրուինք պարծենալէ կամ ցակութիւն ունենալէ, եւ այսպէս մենք միայն ճշմարտութեան պիտի հետեւինք:

Ա. Կորնթացիս 1.31 մեզի կ՛ըսէ թէ ով որ կը պարծենայ, Տէրոջմով թող պարծենայ: Այդ կը նշանակէ թէ մենք պէտք չէ ինքզինքնիս բարձրացնելու համար պարծենանք, հապա ատիկա պէտք է Աստուծոյ փառքին համար ընենք: Այսինքն, մենք պէտք է խաչին համար եւ Տէրոջմով պարծենանք, որ մեզ փրկեց, ինչպէս նաեւ երկինքի թագաւորութեան համար, զոր Տէրը պատրաստած է մեզի համար: Նաեւ, մենք պէտք է պարծենանք շնորհքին, օրհնութիւններուն, եւ փառքին համար, եւ այն ինչ որ Աստուած մեզի տուած է: Երբ մենք Տէրոջմով կը պարծենանք, Աստուած կը հաճի անով եւ մեզի դարձեալ նիւթական եւ հոգեւոր օրհնութիւններ կու տայ:

Մարդուն պարտականութիւնը ակնածանքով Աստուծմէ վախնալ ու Զինք սիրել է, եւ իւրաքանչիւր անձի արժէքը պիտի որոշուի այն չափին համեմատ որ անիկա կը դառնայ հոգիի մարդ (Ժողովողի 12.13):

Անգամ մը որ մենք կը ձերբազատուինք մեղքերէ եւ չարութիւններէ, այսինքն մարմնին գործերէն եւ մարմնին բաներէն, եւ կը վերստանանք Աստուծոյ կորսուած պատկերը, մենք կրնանք առաջին մարդուն՝ Ադամի մակարդակէն անդին անցնիլ, որ կենդանի հոգի մըն էր: Այս կը նշանակէ թէ մենք կրնանք հոգիի մարդիկ եւ լման հոգիի մարդիկ դառնալ: Ուրեմն, մենք պէտք չէ պաշար հայթայթենք մարմնին համար՝ անոր ցանկութիւններուն հետեւելու համար, այլ պէտք է միայն ինքզինքնիս Քրիստոսով հագուեցնենք:

Գլուխ 4

# Կենդանի Հոգիին Մակարդակէն Անդին

Անգամ մը որ մենք քանդենք մեր մարմնաւոր խորհուրդները, մարմնին պատկանող շունչին գործունէութիւնը կ'անհետանայ, եւ միայն հոգիին պատկանող շնչաւոր գործունէութիւնը կը մնայ: Շունչը ամբողջութեամբ կը հնազանդի հոգիին՝ որ տէր է, «Ամէն» ըսելով: Երբ Տէրը կը կատարէ իր պարտականութիւնը՝ որպէս տէր, իսկ ծառան՝ իր ծառայի պարտականութիւնը, այն ատեն կ'ըսենք թէ մեր շունչը յաջողութեան մէջ է:

Մարդոց Սահմանափակ Սիրտը

Հոգիի Մարդ Դառնալ

Կենդանի Հոգի եւ Մշակուած Հոգի

Հոգեւոր Հաւատքը Ճշմարիտ Սէր է

Դէպի Սրբութիւն

Նոյնիսկ նորածին մանուկները մարդ արարածներ են, բայց անոնք չեն կրնար գործել որպէս կատարեալ մարդ արարած։ Անոնք որեւէ գիտութիւն չունին։ Անոնք նոյնիսկ իրենց ծնողները չեն կրնար ճանչնալ։ Անոնք չեն գիտեր թէ ինչպէս պէտք է ողջ մնան։ Նմանապէս Ադամ, որ ստեղծուած էր որպէս ապրող Հոգի, սկիզբը չկրցաւ կատարել իր պարտականութիւնները որպէս մարդ։ Ադամ իմաստալից էակ մը դարձաւ Հոգիին գիտութեամբ լեցուելէ ետք միայն։ Ան սկսաւ ապրիլ որպէս բոլոր արարածներու տէրը, մինչ ինք մէկ առ մէկ Հոգիին գիտութիւնը կը սորվէր Աստուծմէ։ Այդ ժամանակ Ադամի սիրտը ինքնին Հոգին էր, ուստի պէտք չկար «սիրտ» բառը գործածելու։

Սակայն մեղք գործելէն ետքը Ադամի Հոգին մեռաւ։ Հոգիին գիտութիւնը սկսաւ քիչ-քիչ դուրս հոսիլ իրմէ, եւ փոխարէնը Ադամ լեցուեցաւ մարմնին գիտութեամբը, որ իրեն կը հայթայթուէր թշնամի Բանսարկու Սատանային կողմէ։ Ադամին սիրտը այլեւս չկրցաւ «Հոգի» կոչուիլ, եւ այդ ատենէն իվեր անիկա սկսաւ կոչուիլ «սիրտ»։

Հիմնականօրէն, Ադամին սիրտը ստեղծուած էր Աստուծոյ պատկերով, որ Հոգի է։ Ադամին սիրտը նոյնպէս կրնար ընդարձակուիլ այն չափով որ անիկա լեցուէր Հոգիինն գիտութեամբը։ Սակայն Ադամի Հոգին մեռնելէ ետք, անիրաւութեան գիտութիւնը գրաւեց իր հոգին, եւ հիմա Ադամի սրտին չափը սկսաւ որոշ սահմանափակումներ ունենալ: Շունչին միջոցաւ, որ դարձաւ մարդոց տէրը, մարդիկ սկսան տարբեր տեսակի գիտութիւններ ներս առնել, եւ անոնք սկսան տարբեր ձեւերով օգտագործել այս տեսակի գիտութիւնը: Տարբեր գիտութիւններուն համեմատ, եւ այդ գիտութիւնը տարբեր ձեւերով օգտագործելնուն համար, մարդոց սրտերը սկսան տարբեր ձեւերով շարժիլ:

Ուրեմն, նոյնիսկ անոնք որոնք համեմատաբար լայն սրտեր ունին, եւ որոնք տակաւին կարող չեն անհատական ինքարդարացումի, անձնական կառոյցներու, իրենց իսկ տեսակէտներու սահմաններով հաստատուած սահմանափակումներէն անդին երթալ: Սակայն այնգամ մը որ մենք Տէր Յիսուս Քրիստոսը կ՚ընդունինք, Սուրբ Հոգին կը ստանանք, եւ Հոգիին միջոցաւ ծնունդ կու տանք մեր հոգիներուն, այն ատեն մենք կրնանք մարդկային այս սահմանափակումներէն անդին երթալ: Աւելին, այն աստիճան որ մենք կը մշակենք հոգիին սիրտը, մենք կրնանք զգալ եւ սորվիլ անսահման հոգեւոր աշխարհին մասին:

## Մարդոց Սահմանափակ Սիրտը

Երբ չնչաւոր մարդիկ Աստուծոյ Խօսքը կը լսեն, սկիզբը պատգամը կը տեղադրուի անոնց ուղեղին մէջ, բայց յետոյ անոնք կը սկսին մարդկային խորհուրդներ օգտագործել: Այս իսկ պատճառով անոնք չեն կրնար Աստուծոյ Խօսքը ընդունիլ իրենց սրտերուն մէջ: Բնականաբար, անոնք չեն կրնար անդրադառնալ հոգեւոր բաներու մասին, ոչ ալ կրնան ինքզինքնին ճշմարտութեամբ փոխել: Անոնք կը փորձեն հոգեւոր աշխարհը հասկնալ իրենց իսկ սահմանափակ սրտերու սահմաններուն միջեւ, եւ այսպէս անոնք բազմաթիւ դատողութիւններ կ՚արձակեն: Նաեւ անոնք բազմաթիւ սխալ հասկացողութիւններ եւ դատումներ կ՚ունենան՝ նոյնիսկ Աստուածաշունչի պատրիարքներուն նկատմամբ:

Երբ Աստուած հրամայեց Աբրահամին որ իր միակ որդին՝ Իսահակը ընծայէ որպէս զոհ, ոմանք կ՚ըսեն թէ Աբրահամի համար շատ դժուար պէտք էր եղած ըլլար հնազանդիլը: Անոնք հետեւեալ ձեւով բան մը կ՚ըսեն. Աստուած արտօնեց որ Աբրահամ երեք օր ճամբորդէ դէպի Մօրիայի Լեռը, որպէսզի անոր հաւատքը փորձէ: Ճամբուն վրայ Աբրահամ անշուշտ ժամանակը ունեցաւ տգնաժամային մեծ փորձառութենէ մը անցնելու, մինչ կը խորհէր թէ արդե՞օք պէտք էր հնազանդեր Աստուծոյ հրամանին կամ ոչ: Սակայն վերջաւորութեան Աբրահամ ընտրեց հնազանդիլ Աստուծոյ խօսքին:

Աբրահամ իրապէս այսպիսի հարցե՞ր ունեցաւ: Անիկա առտու կանուխ դուրս ելաւ տունէն, առանց իր կնոջ՝ Սառային խորհուրդը առնելու: Աբրահամ կատարելապէս Աստուծոյ զօրութեան եւ բարութեան վրայ վստահեցաւ, Աստուծոյ, որ կարող էր մեռելները վերակենդանացնել: Այս իսկ պատճառով ան կրցաւ իր որդին՝ Իսահակը ընծայել, առանց որեւէ վարանումի: Աստուած տեսաւ Աբրահամի ներքին սիրտը ու անդրադարձաւ անոր հաւատքին եւ սիրոյն: Որպէս հետեւանք, Աբրահամ դարձաւ հաւատքի հայր, եւ կոչուեցաւ «Աստուծոյ բարեկամը»:

Եթէ անհատ մը չհասկնար հաւատքի մակարդակը եւ հնազանդութիւնը, որոնք կրնան հաճեցնել զԱստուած, այդ անձը կրնայ սխալ հասկացողութիւններ ունենալ այսպիսի բաներու մասին, որովհետեւ անիկա իր սահմանափակ սրտին եւ իր հաւատքի մակարդակին սահմաններուն ընդմէջէն կը խորհի: Մենք կրնանք հասկնալ այն անձերը որոնք ծայրագոյն չափով կը սիրեն զԱստուած եւ կը հաճեցնեն Զինք, այն աստիճան որ անոնք կը ձերբազատուին մեղքերէ ու կը մշակեն հոգիին սիրտը:

## Հոգիի Մարդ Դառնալ

Աստուած հոգի է եւ ուրեմն Ան կ՛ուզէ որ Իր զաւակներն ալ նոյնպէս հոգիի մարդիկ դառնան: Հիմա, մենք ի՞նչ պէտք է ընենք որպէսզի դառնանք հոգիի մարդ, որուն հոգին է որ կը տիրէ իր շունչին եւ իր մարմնին վրայ: Ամէն բանէ աւելի, մենք պէտք է ձերբազատուինք անիրաւ խորհուրդներէ, այսինքն մարմնաւոր խորհուրդներէ, որպէսզի չկառավարուինք Սատանային կողմէն: Փոխարէնը, մենք պէտք է Սուրբ Հոգիին ձայնը լսենք, որ մեր սրտերը կը շարժէ ճշմարտութեան Խօսքին միջոցաւ: Մենք պէտք է թոյլ տանք որ մեր շունչը կատարելապէս հնազանդի այդ ձայնին: Երբ Աստուծոյ Խօսքը կը լսենք, մենք պէտք է ընդունինք զայն «Ամէն» ըսելով, եւ պէտք է ջերմեռանդութեամբ աղօթենք մինչեւ որ կարենանք Իր Խօսքին հոգեւոր իմաստը հասկնալ:

Այս ընելով, եթէ մենք Սուրբ Հոգիին լեցունութիւնը ստանանք, մեր հոգին պիտի դառնայ մեր Տէրը, եւ մենք կրնանք հասնիլ հոգեւոր այն մակարդակի չափին երբ մենք կրնանք ամէն օր հաղորդակցիլ Աստուծոյ հետ: Այս ձեւով, երբ շունչը կատարելապէս կը հնազանդի տիրոջը՝ այսինքն հոգիին, եւ կը գործէ որպէս ծառայ, այն ատեն մենք կ՛ըսենք թէ մեր շունչը «յաջողութեան մէջ է»: Եթէ շունչը յաջողութեան մէջ ըլլայ, մենք ամէն բաներու մէջ պիտի յաջողինք եւ առողջ պիտի ըլլանք:

Եթէ մենք կարենանք յստակօրէն հասկնալ շնչաւոր գործունէութիւնները եւ վերագտնենք զայն այնպիսի ձեւով մը որ Աստուած կը փափաքի, այն ատեն մենք այլեւս Սատանային դրդումները պիտի չընդունինք: Այս ձեւով, մենք կրնանք վերստանալ Աստուծոյ կորսուած պատկերը զոր Ադամ կորսնցուց իր անկումին պատճառով: Հիմա, Հոգիին, շունչին, եւ մարմնին միջեւ կարգն ու կանոնը օրինաւոր ձեւով պիտի հաստատուի, եւ մենք կրնանք ճշմարտապէս Աստուծոյ զաւակներ դառնալ: Այն ատեն մենք կրնանք նոյնիսկ կենդանի Հոգիի մակարդակէն անդին երթալ, որ Ադամի մակարդակն էր: Մենք ոչ թէ միայն պարզապէս իշխանութիւն պիտի ստանանք բոլոր բաներուն վրայ իշխելով, այլ նաեւ մենք յաւիտենական ցնծութիւն եւ ուրախութիւն պիտի ստանանք երկնային թագաւորութեան մէջ, որ աւելի բարձր մակարդակի վրայ է քան Եդեմի Պարտէզը: Ինչպէս ըսուած է Բ. Կորնթացիս 5.17-ի մէջ. «Ուրեմն եթէ մէկը Քրիստոսի մէջ է, անիկա նոր ստեղծուած մըն է. հիները անցան, եւ ահա ամէն բան նոր եղաւ», այսպէս մենք բոլորովին նոր արարած մը պիտի դառնանք Տէրոջը մէջ:

## Կենդանի Հոգի եւ Մշակուած Հոգի

Երբ մենք կը հնազանդինք Աստուծոյ հրամաններուն որ մեզի կ՚ըսէ ընել որոշ բաներ եւ պահպանել որոշ բաներ, այդ կը նշանակէ թէ մենք մարմնին գործերը չենք գործեր, եւ ինքզինքնիս կը պահենք ճշմարտութեամբ: Միեւնոյն այս չափով մենք երթալով աւելի եւս կը դառնանք Հոգիի մարդիկ: Այնքան ատեն որ մենք մարմնաւոր մարդիկ ըլլանք որոնք անիրաւութիւն կը գործեն, մենք կրնանք զանազան հարցեր ունենալ կամ հիւանդութիւններ ստանալ, բայց անգամ մը որ Հոգիի մարդիկ դառնանք, մենք ամէն բաներու մէջ պիտի յաջողինք եւ առողջ պիտի ըլլանք:

Նաեւ, մինչ մենք կը ձերբազատուինք չարութենէն ինչպէս որ Աստուած մեզի կ՚ըսէ ձերբազատուիլ որոշ բաներէ, մե «մարմնաւոր բաները» եւ մարմնաւոր խորհուրդները պիտի մերկացուին, այնպէս որ մենք պիտի ունենանք այն շունչը՝ որ կը պատկանի ճշմարտութեան: Երբ մենք միայն ճշմարտութեամբ կը մտածենք, մենք աւելի յստակ ձեւով պիտի լսենք Սուրբ Հոգիին ձայնը: Եթէ մենք կատարելապէս մնանք ու բնակինք Աստուծոյ հրամաններուն մէջ, որոնք մեզի կ՛ըսեն որոշ բաներ պահել, չընել, կամ ձերբազատուիլ, այն ատեն մենք կրնանք ճամչցուիլ որպէս Հոգիի մարդիկ, որովհետեւ մենք որեւէ անիրաւութիւն պիտի չունենանք մեր մէջը: Ասկէ զատ, եթէ մենք ամբողջութեամբ իրագործենք Աստուծոյ հրամանները, որ մեզի կ՛ըսէ ընել որոշ բաներ, այմ ատեն մենք պիտի դառնանք կատարեալ Հոգիի մարդիկ:

Աւելին, մեծ տարբերութիւն կայ այս Հոգիի մարդոց եւ Ադամի միջեւ, որ կենդանի Հոգի մըն էր: Ադամ բնաւ մարմնաւոր փորձառութիւն չէր ունեցած մարդկային մշակոյթի ընդմէջէն, եւ այսպէս, ան չէր կրնար նկատուիլ որպէս կատարեալ Հոգեւոր արարած մը: Ան բնաւ չէր կրնար հասկնալ որեւէ բան մը՝ վիշտի, ցաւի, մահուան, կամ բաժանումի մասին, որոնք մարմնին կողմէ կը պատճառուին: Միւս կողմէ, այս կը նշանակէ թէ Ադամ չէր կրնար ճշմարիտ գնահատութիւն, կամ շնորհակալութիւն, կամ սէր ունենալ: Հակառակ որ Աստուած շատ կը սիրէր զինքը, Ադամ չէր կրնար արժեւորել թէ որքան բարի էր սէրը: Ադամ լաւագոյն բաները կը վայելէր, բայց չէր կրնար զգալ որ ինք չափազանց ուրախ էր: Ան չէր կրնար Աստուծոյ ճշմարիտ զաւակ ըլլալ, որ կարենար իր սիրտը բաժնեկցիլ Աստուծոյ հետ: Միայն երբ մէկը մարմնաւոր բաներու մէջէն կ՛անցնի, եւ կը ճանչնայ զանոնք, այն ատեն է որ անիկա կրնայ ճշմարիտ Հոգեւոր արարած մը դառնալ:

Երբ Ադամ կենդանի Հոգի մըն էր, անիկա որեւէ մարմնաւոր բանի փորձառութիւնը չէր ունեցած: Ուրեմն, Ադամ միշտ կարելիութիւնը ունէր ապականելու եւ ընդունելու մարմինը։ Ադամի հոգին ճշմարիտ իմաստով կատարեալ եւ լման հոգի մը չէր, այլ անիկա հոգի մըն էր որ կրնար մեռնիլ։ Այդ է պատճառը թէ ինչու համար Ադամ կենդանի էակ կոչուեցաւ, որ կը նշանակէ կենդանի հոգի։ Ուրեմն, ոմանք կրնան հարց տալ թէ կենդանի հոգի մը ի՞նչպէս կրնայ ընդունիլ Սատանայական փորձութիւնը։ Թոյլ տուէք որ հոս այլաբանութիւն մը տամ ձեզի։

Ենթադրենք որ ընտանիքի մը մէջ կան երկու շատ հնազանդ զաւակներ։ Անգամ մը անոնցմէ մէկը տաք ջուրէն այրեցաւ, մինչ միւսը բնաւ չէր այրած։ Օր մը, մայրը ցոյց տուաւ եռացած ջուրի թէյամման մը եւ պզտիկներուն ըսաւ որ չդպչին անոր։ Ընդհանրապէս անոնք շատ լաւ կը հնազանդին իրենց մօրը, ուստի երկուքն ալ չդպան թէյամանին։

Սակայն պզտիկներէն մէկը անգամ մը արդէն փորձառութիւնը ունեցած էր որ եռացած թէյամանը վտանգաւոր է, ուստի անիկա կամաւոր կերպով կը հնազանդի։ Նաեւ, ան կը հասկնայ իր մօրը սիրտը՝ զիրենք սիրելու եւ պաշտպանել փորձելու։ Ասոր հակառակ, միւս պզտիկը, որ նախապէս այդպիսի փորձառութիւն չէր ունեցած, իր հետաքրքրութիւնը կ՛արթննայ երբ կը տեսնէ թէյամանը եւ շոգին որ դուրս կ՛ելլէ։ Թերեւս ան չկրնար հասկնալ իր մօրը նպատակը։ Միշտ ալ կարելիութիւնը կայ, որ հետաքրքրութեան որպէս արդիւնք, ան փորձէ տաք թէյամանին դպչիլ։

Նոյնն էր պարագան Ադամի կենդանի հոգիին նկատմամբ։ Ադամ լսած էր որ մեղքերը եւ չարութիւնը վախազդու են, բայց ան բնաւ անոնց փորձառութիւնը չէր ունեցած։ Իրեն համար բնաւ միջոց մը չկար ճշգրտօրէն հասկնալու թէ ինչ էր մեղքը եւ չարութիւնը։ Որովհետեւ Ադամ իրերու միջեւ յարաբերականութեան փորձառութիւնը չէր ունեցած, վերջաւորութեան ան իր ազատ կամքով ընդունեց Սատանային փորձութիւնը եւ կերաւ արգիլուած պտուղը:

Ադամէն բոլորովին տարբեր, կենդանի Հոգին, որ բնաւ չէր հասկցած տարբեր բաներու միջեւ եղող յարաբերականութիւնը, Աստուած կ՛ուզէր ճշմարիտ զաւակներ, որոնք մարմնին փորձառութիւնը ունենալէ ետք, կ՛ունենան Հոգիի սրտեր, եւ որոնք, որեւէ պարագայի տակ, բնաւ պիտի չփոխեն իրենց մտքերը: Անոնք շատ լաւ կը հասկնան մարմնին եւ Հոգիին միջեւ եղող հակադրութիւնները: Անոնք այս աշխարհին մէջ փորձառութիւնը ունեցած են մեղքերու եւ չարութեան, ցաւի եւ վիշտի, ուստի անոնք գիտեն թէ որքան ցաւալի, աղտոտ, եւ անիմաստ է մարմինը: Նաեւ, անոնք շատ լաւ կը ճանչնան Հոգին, որ մարմնին հակառակն է: Անոնք գիտեն թէ որքան գեղեցիկ եւ բարի է անիկա: Ուստի, իրենց ազատ կամքով, անոնք բնաւ նորէն պիտի չընդունին մարմինը: Այս է տարբերութիւնը կենդանի Հոգիին եւ մշակուած Հոգիին միջեւ:

Կենդանի Հոգին պարզապէս առանց պայմանի պիտի հնազանդի, իսկ մշակուած Հոգին սրտանց պիտի հնազանդի՝ բարիի եւ չարի փորձառութիւնը ունենալէն ետք: Աւելին, Հոգիի այն մարդիկը որոնք ձերբազատուած են ամէն տեսակի մեղքերէ եւ չարութիւններէ, Երկինքի երրորդ թագաւորութիւնը մտնելու օրհնութիւնը կը ստանան՝ Երկինքի զանազան բնակավայրերու միջեւ, իսկ լման Հոգիի տէր մարդիկ կը մտնեն Նոր Երուսաղէմ քաղաքը:

## Հոգեւոր Հաւաքը Ճշմարիտ Սէր է

Անգամ մը որ մեր հաւատքի արշաւին մէջ մենք կը դառնանք Հոգիի տէր մարդիկ, մենք պիտի կարողանանք բոլորովին տարբեր չափի ուրախութիւն եւ ցնծութիւն զգալ։ Մենք ճշմարիտ խաղաղութիւն պիտի ունենանք մեր սրտին մէջ։ Մենք միշտ պիտի ցնծանք, անդադար պիտի աղօթենք, եւ ամէն բանի մէջ շնորհակալութիւն պիտի յայտնենք, ինչպէս գրուած է Ա. Թեսաղոնիկեցիս 5-րդ գլխուն 16-18 համարներուն մէջ։ Այն ատեն մենք կը հասկնանք Աստուծոյ սիրտը եւ կամքը՝ մեզ ճշմարիտ ուրախութիւն տալուն համար, ուստի մենք կրնանք ճշմարիտ սրտերով սիրել զԱստուած, եւ շնորհակալութիւն յայտնել Իրեն։

Մենք լսեցինք որ Աստուած սէր է, բայց Հոգիի տէր մարդիկ դառնալէ առաջ մենք չենք կրնար իրապէս ճանչնալ այդ սէրը։ Մարդկային մշակումի ընթացքին ընդմէջէն Աստուծոյ նախասահմանութիւնը հասկնալէ ետք միայն մենք կրնանք խորապէս հասկնալ որ Աստուած Ինքնին սէր է եւ թէ ինչպէս մենք պէտք է ամէն բանէ առաջ եւ ամէն բանէ վեր Զինք սիրենք։

Այնքան ատեն որ մեր սրտերուն մէջէն մենք չենք ձերբազատուիր մարմնէն, մեր սէրն ու գոհունակութիւնը ճշմարտալից չեն։ Հակառակ որ կ՚ըսենք թէ մենք կը սիրենք զԱստուած եւ շնորհակալ ենք Իրմէ, այսուհանդերձ մենք կրնանք փոխել մեր կեանքի ընթացքը երբ իրերը այլեւս օգուտ չեն բերեր մեզի։ Կ՚ըսենք թէ մենք շնորհակալ ենք երբ հարցերը լաւ ընթանան, բայց որոշ ժամանակ մը ետքը, մենք շուտով կը մոռնանք այդ շնորհքը։ Եթէ դժուար հարցեր ըլլան մեր առջեւը, փոխանակ շնորհքը յիշելու, մենք յուսախափ կ՚ըլլանք եւ կամ նոյնիսկ կը բարկանանք։ Մենք կը մոռնանք երախտապարտ ըլլալը եւ այն շնորհքը՝ զոր ստացանք։

Սակայն Հոգիի մարդոց գոհունակութիւնը իրենց սրտին խորերէն կու գայ, ուստի այդ բնաւ չփոխուիր՝ նոյնիսկ ժամանակի անցումով։ Անոնք կը հասկնան Աստուծոյ նախասահմանութիւնը որ մարդ արարածները կը մշակէ հակառակ անտանելի ցաւերուն որ անկէ կը յառաջանայ, եւ անոնք ճշմարտապէս շնորհակալութիւն կը յայտնեն իրենց սրտին խորերէն: Նաեւ, անոնք ճշմարտապէս կը սիրեն եւ շնորհակալութիւն կը յայտնեն Տէր Յիսուսին, որ խաչը ելաւ մեզի համար, նաեւ Սուրբ Հոգիին, որ մեզ կ՛առաջնորդէ ճշմարտութեան մէջ: Անոնց սէրն ու շնորհակալութիւնը բնաւ չեն փոխուիր:

## Դէպի Սրբութիւն

Մարդիկ ապականած են մեղքերով, սակայն Յիսուս Քրիստոսը ընդունելէ ետք եւ փրկութեան շնորհքը ստանալէ յետոյ, անոնք կրնան կերպարանափոխուիլ Սուրբ Հոգիին հաւատքով եւ զօրութեամբ: Անոնք կրնան կենդանի հոգիի մակարդակէն անդին երթալ: Այն աստիճան որ անիրաւութիւնները կը հեռանան իրենցմէ եւ փոխարէնը կը լեցուին ճշմարտութեամբ, անոնք կը դառնան հոգիի մարդիկ, իրենց մէջ կատարելագործելով սրբութիւնը:

Շատ պարագաներու մէջ երբ մարդիկ չար բաներ կը տեսնեն, անոնք իրենց տեսածը կը միախառնեն իրենց մէջ գտնուող անիրաւութիւններուն հետ, անոր ընդմէջէն չարութիւն զգալով եւ խորհելով:. Այս ձեւով, անոնք հակամէտ կը դառնան չար արարքներ ցուցաբերելու: Սակայն անոնք որոնք սրբագործուած են, անոնք որեւէ անիրաւութիւն չունին իրենց մէջ, եւ ուրեմն որեւէ չար խորհուրդ կամ որեւէ չար արարք դուրս չի գար իրենց մէջէն: Նախ եւ առաջ անոնք չար բաներ չեն տեսներ, բայց նոյնիսկ եթէ պատահի որ տեսնեն, այդ բաները չեն միախառնուիր չար խորհուրդներով կամ չար արարքներով:

Մենք կրնանք սրբագործուած նկատուիլ եթէ մենք մշակենք

բարի սիրտ մը, որ ոչ մէկ բիծ կամ արատ ունի, դուրս քաշելով նոյնիսկ այն չարութիւնը որ մեր սրտին խորը դրուած է: Անոնք որոնք Հոգեւոր խորհուրդներ ունին, այսինքն անոնք որոնք միայն ճշմարտութեամբ կը տեսնեն, կը լսեն, կը խօսին ու կը գործեն, անոնք Աստուծոյ ճշմարիտ զաւակներ են որոնք Հոգիի մակարդակէն անդին անցած են:

Ինչպէս որ արձանագրուած է Ա. Յովհաննու 5.18-ի մէջ. «Գիտենք թէ ան, որ Աստուծմէ ծնած է՝ մեղք չի գործեր: Ա՛ն որ Աստուծմէ ծնած է՝ իր անձը կը պահէ ու չարը անոր չի դպչիր»: Հոգեւոր աշխարհին մէջ ուժը մեղքէ զերծ ըլլալն է: Մեղքէ զուրկ ըլլալ կը նշանակէ սրբութիւն: Այս իսկ պատճառով մենք կրնանք վերագտնել այն իշխանութիւնը որ տրուած էր կենդանի Հոգի՝ Ադամին, եւ այսպէս կրնանք յաղթել եւ նուաճել թշնամի Բանսարկու Սատանան այն չափով որ մենք կը ձերբազատուինք մեր մեղքերէն:

Անգամ մը որ Հոգիի մարդիկ դառնանք, թշնամի Բանսարկուն չկրնար նոյնիսկ դպչիլ մեզի, եւ անգամ մը որ մենք լման Հոգիի մարդիկ դառնանք եւ բարութիւն ու սէր հաստատենք, մենք պիտի կարողանանք Սուրբ Հոգիին հզօր գործերը կատարել, եւ մեծ ու սքանչելի գործեր պիտի ընենք:

Մենք կրնանք Հոգիի մարդիկ եւ լման Հոգիի մարդիկ դառնալ՝ միմիայն սրբացուելով (Ա. Թեսաղոնիկեցիս 5.23): Եթէ մենք մտածենք Աստուծոյ մասին որ մինչեւ հիմա կը մշակէ մարդկութիւնը, եւ ո՜րչափ երկար ժամանակէ իվեր կը կրէ զիրենք, որպէսզի ճշմարիտ զաւակներ շահի, այն ատեն մենք կրնանք հասկնալ որ կեանքի մէջ ամենէն իմաստալից բանը Հոգիի մարդիկ ըլլալը եւ լման Հոգի մարդիկ դառնալն է:

 Հոգի, Շունչ, եւ Մարմին - Ա. Հատոր

3-րդ Մաս

# Հոգիին Վերստացումը

Արդե՞օք Ես Մարմնաւոր թէ Հոգեւոր Անձ Մըն Եմ

Հոգին եւ Լման Հոգին Ի՞նչպէս Կը Տարբերին Իրարմէ

Յիսուս պատասխան տուաւ, «Ճշմարիտ ճշմարիտ կ'ըսեմ քեզի, Եթէ մարդ մը ջուրէն ու Հոգիէն չծնանի, չկրնար Աստուծոյ թագաւորութիւնը մտնել: Մարմինէն ծնածը մարմին է ու Հոգիէն ծնածը հոգի է»:
(Յովհաննու 3.5-6)

Գլուխ 1

# Հոգի եւ Լման Հոգի

Որովհետեւ իրենց հոգիները մեռած են, այդ պատճառաւ մարդկութիւնը պէտք ունի փրկութեան: Մեր Քրիստոնէական կեանքը աճման մէջ եղող հոգիին ընթացքն է, անոր վերակենդանացումէն ետք:

Ի՞նչ է Հոգին

Վերստանալ Հոգին

Հոգիին Աճման Ընթացքը

Բարի Հոգիի Մշակումը

Մարմնաւորին Հետքերը

Լման Հոգիի մէջ Ըլլալու Ապացոյցը

Օրհնութիւններ՝ որ Կը Տրուին Հոգիի եւ Լման Հոգիի Մարդոց

Մարդուն հոգին մեռաւ Ադամի մեղքին հետեւանքով: Անկէ իվեր մարդոց շունչը եւ միտքը դարձան իրենց տէրը: Մարդիկ շարունակաբար անիրաւութիւններ կ՛ընդունին եւ կը հետեւին իրենց մարմնին ցանկութիւններուն: Վերջաւորութեան, անոնք չեն կրնար փրկութիւն ստանալ: Որովհետեւ մարդիկ կը կառավարուին իրենց շունչով, որ կը գտնուի Սատանային ազդեցութեան տակ, անոնք մեղքեր կը գործեն եւ Դժոխք կ՛երթան: Այդ է պատճառը թէ ինչու մարդ արարածները պէտք ունին փրկութեան: Աստուած կը փնտռէ ճշմարիտ զաւակներ որոնք փրկուած են մարդկային մշակումի ընթացքով, այսինքն Աստուած կը փնտռէ հոգի եւ լման հոգիի մարդիկ:

Ինչպէս որ Ա. Կորնթացիս 6.17 կ՛ըսէ. «Իսկ ան որ Տէրոջը կը մօտենայ, Անոր հետ մէկ հոգի կ՛ըլլայ», Աստուծոյ ճշմարիտ զաւակները անոնք են՝ որոնք միացած են Յիսուս Քրիստոսի հետ՝ հոգիով:

Մինչ մենք կ՛ընդունինք Յիսուս Քրիստոսը, մենք կը սկսինք ապրիլ ճշմարտութեան մէջ՝ Սուրբ Հոգիին օգնութեամբ: Եթէ մենք կատարեալ չափով ճշմարտութեան մէջ ապրինք, այդ կը նշանակէ թէ մենք դարձած ենք հոգիի մարդիկ, որոնք Տէրոջը սիրտը ունին: Այս կը պատահի երբ մենք Տէրոջը հետ մէկ հոգի կ՛ըլլանք: Հակառակ որ մենք մէկ հոգի եղած ենք, այսուհանդերձ Աստուծոյ հոգին եւ մարդոց հոգիները բոլորովին տարբեր են իրարմէ: Աստուած ինքնին հոգի է՝ առանց ֆիզիքական մարմնի, բայց մարդոց հոգին կը պարփակուի ֆիզիքական մարմնի մի մէջ։ Աստուած ունի Հոգիի կերպարանքը՝ որ կը պատկանի երկինքին, մինչ մարդիկ ունին Հոգիի կերպարանքը՝ ֆիզիքական մարմնի մը մէջ, որ ստեղծուած է երկրի հողէն։ Կստահաբար մեծ տարբերութիւն կայ Աստուծոյ՝ այսինքն Ստեղծիչին, եւ մարդ արարածներու միջեւ, որոնք միայն ստեղծուածներ են։

## Ի՞նչ է Հոգին

Շատ մարդիկ կը խորհին որ «Հոգի» բառը կրնայ փոխանակուիլ «շունչ» բառին հետ։ Անգլերէնի մէջ Մէրիամ Ուէպսթըրի Բառարանը կ՛ըսէ թէ Հոգին «ոգեւորող կամ կենսական սկզբունք մըն է որ կը պահպանուի կեանք տալու ֆիզիքական արարածներուն, կամ գերբնական էակ մը, իրական էութիւն մը»։ Բայց Աստուծոյ տեսանկիւնէն Հոգին բան մըն է որ բնաւ չմեռնիր, բնաւ չփճանար կամ բնաւ չփոխուիր. անիկա յաւիտենական է։ Հոգին ինքնին կեանքը եւ ճշմարտութիւնն է։

Եթէ մենք պիտի ուզենք գտնել բան մը՝ որ Երկրի վրայ ունի Հոգիին յատկանիշները, այդ պիտի ըլլայ ոսկին։ Ոսկիին փայլքը եւ անոր շողշողունութիւնը բնաւ չփոխուիր ժամանակի անցումով, եւ անիկա բնաւ չփճանար կամ չկերպարանափոխուիր։ Այս իսկ պատճառով Աստուած մեր հաւատքը կը նմանցնէ մաքուր ոսկիի, նաեւ Երկինքի մէջ ոսկիով եւ ուրիշ թանկարժէք քարերով եւ գոհարներով պատուած տուներ կը շինէ։

Առաջին մարդը՝ Ադամ ստացաւ Աստուծոյ նախնական բնութենէն մաս մը՝ երբ Աստուած անոր ռնգունքներուն մէջ կեանքի շունչը փչեց։ Ադամ ստեղծուեցաւ որպէս անկատար Հոգի։ Ասոր պատճառը այն է՝ որովհետեւ կարելիութիւնը կար որ Ադամ վերադառնար իր մարմնաւոր էութեան՝ հողին յատկանիշներով։ Ադամ լոկ «Հոգի» մը չէր միայն։ Անիկա «կենդանի Հոգի» մըն էր, այսինքն «կենդանի արարած» մը։

Ի՞նչ է պատճառը որ Աստուած Ադամը ստեղծեց որպէս

կենդանի հոգի մը: Որովհետեւ Աստուած ուզեց որ Ադամ կենդանի հոգիի մակարդակէն անդին անցնի, եւ մարդկային մշակումի ընդմէջէն փորձառութիւնը ունենայ մարմնաւորին, ի վերջոյ դուրս գալու համար որպէս լման հոգիի մարդ մը: Ասիկա կը կիրառուի ոչ միայն Ադամի վրայ, այլ նաեւ Ադամի յաջորդող բոլոր սերունդներուն վրայ: Այս իսկ պատճառաւ նոյնիսկ դարերէն առաջ Աստուած պատրաստեց Յիսուս Փրկիչը, եւ Օգնականը՝ Սուրբ Հոգին:

## Հոգին Վերստանալու Համար

Ադամ անչափելի ժամանակաշրջան մը ապրեցաւ Եդեմի Պարտէզին մէջ՝ որպէս կենդանի հոգի մը, բայց վերջաւորութեան Աստուծոյ հետ Ադամի յարաբերութիւնը խստացաւ՝ իր մեղքին պատճառով: Այն ատեն Սատանան սկսաւ անիրաւութեան գիտութիւնը ցանել Ադամի մէջ՝ անոր շունչին միջոցաւ: Այս ընթացքին մէջ, հոգիին գիտութիւնը (որ Աստուծոյ կողմէ տրուած էր), սկսաւ անհետանալ, եւ փոխարինուեցաւ մարմնին պարունակութիւններով, որ Սատանային կողմէ տրուած անիրաւութեան գիտութիւնն է:

Ժամանակի անցումով, մարդը երթալով լեցուեցաւ մարմնաւոր պարունակութիւններով: Անիրաւութիւնը շրջապատեց եւ խեղդեց կեանքի սերմը մարդուն մէջ: Այնպէս կը թուէր թէ անիրաւութիւնը կ՚արգելափակէր եւ կը սահմանափակէր կեանքի սերմը, այնպէս որ անիկա բոլորովին անգործունեայ դարձաւ: Այն վիճակին մէջ երբ կեանքի սերմը բոլորովին անգործունեայ կը դառնայ, մենք կ՚ըսենք որ հոգին «մեռած» է: Հոգին մեռած է ըսելը կը նշանակէ թէ Աստուծոյ Լոյսը (որ կեանքի սերմը կրնայ գործունեայ դարձնել) անհետացած է: Հիմա, ի՞նչ պէտք է ընենք մեռած հոգին վերակենդանացնելու համար:

Ամէն բանէ առաջ, մենք պէտք է ջուրէն եւ Հոգիէն ծնանինք:

Մինչ մենք կը լսենք Աստուծոյ Խօսքը որ ճշմարտութիւնն է, եւ կ՛ընդունինք Յիսուս Քրիստոսը որպէս մեր անձնական Փրկիչը, Աստուած մեզի Սուրբ Հոգիին պարգեւը կու տայ մեր սրտերուն մէջ: Յովհաննու 3.5-ի մէջ Յիսուս ըսաւ. «Ճշմարիտ ճմարիտ կ՛ըսեմ քեզի, եթէ մարդ մը ջուրէն ու Հոգէին չծնանի, չի կրնար Աստուծոյ թագաւորութիւնը մտնել»: Ասկէ կը տեսնենք թէ մենք կրնանք փրկուիլ միայն երբ կը ծնանինք ջուրէն, որ Աստուծոյ Խօսքն է, եւ Սուրբ Հոգիէն:

Սուրբ Հոգին կու գայ մեր սրտերուն մէջ եւ կը պատճառէ որ կեանքի սերմը դարձեալ գործունեայ դառնայ: Այս է մեր մեռած հոգիին վերակենդանացումը: Աստուած մեզի կ՛օգնէ որ ձերբազատուինք մարմնէն, որոնք անիրաւութիւններն են, կ՛օգնէ որ քանդենք չնչաւորին անիրաւ գործերը եւ մեզ կը հայթայթէ ճշմարտութեան գիտութիւնը: Եթէ մենք չստանանք Սուրբ Հոգին, մեր մեռած հոգին չկրնար վերակենդանանալ, ոչ ալ մենք կրնանք հասկնալ Աստուծոյ Խօսքին հոգեւոր իմաստը: Խօսքը, զոր չենք կրնար հասկնալ, չկրնար սերմանուիլ մեր սրտին մէջ եւ մենք չենք կրնար հոգեւոր հաւատք չահիլ: Մենք միայն Սուրբ Հոգիին օգնութեամբ է որ կրնանք հոգեւոր հասկացողութիւն եւ սրտանց հաւատալու հաւատքը ունենալ: Ասոր հետ միատեղ, երբ աղօթենք՝ մենք կրնանք զօրութիւն ստանալ Աստուծոյ Խօսքը գործադրելու եւ անով ապրելու: Առանց Իր օգնութեան՝ աղօթքի միջոցաւ, զօրութիւն պիտի չունենանք գործադրելու Աստուծոյ Խօսքը:

Երկրորդ՝ մենք պէտք է չարունակ հոգիի ծնունդ տանք՝ Սուրբ Հոգիին միջոցաւ:

Անգամ մը որ մեր մեռած հոգին կը վերակենդանանայ Սուրբ Հոգին ստանալով, մենք պէտք է չարունակ մեր հոգին լեցնենք ճշմարտութեան գիտութիւնով: Այս կը նշանակէ հոգիի ծնունդ տալ՝ Սուրբ Հոգիին միջոցաւ: Մինչ մենք տքնաջանօրէն կ՚աղօթենք Սուրբ Հոգիին օգնութեամբը, որպէսզի արիւն թափելու աստիճան պայքարինք մեղքերու դէմ, սրտին մէջի չարութիւնը եւ անիրաւութիւնը պիտի հեռանայ: Աւելին, այն աստիճան որ մենք կ՚ընդունինք Սուրբ Հոգիին կողմէ հայթայթուող ճշմարտութեան գիտութիւնը, ինչպէս՝ սէր, բարութիւն, ճշմարտասիրութիւն, հեզութիւն, եւ խոնարհութիւն, մենք երթալով աւելի եւս ճշմարտութիւն եւ սրտի բարութիւն պիտի ունենանք: Այլ խօսքով, ճշմարտութիւնը ընդունիլը՝ Սուրբ Հոգիին միջոցաւ, կը նշանակէ շրջել այն քայլերը որոնք առնուած են այն ընթացքին մէջ որուն հետեւանքով մարդկութիւնը ապականած է Ադամի անկումէն իվեր:

Այսուհանդերձ կան մարդիկ որոնք ստացած են Սուրբ Հոգին, սակայն չեն փոխեր իրենց սիրտը: Անոնք չեն հետեւիր Սուրբ Հոգիին փափաքներուն, այլ փոխարէնը կը շարունակեն ապրիլ մեղքերու մէջ, հետեւելով մարմնին փափաքներուն: Սկիզբը անոնք կը փորձեն ձերբազատուիլ մեղքերէ, բայց ժամանակի ընթացքին որոշ կէտէ մը ետք անոնք գաղջ կը դառնան իրենց հաւատքին մէջ եւ կը դադրին մեղքերու դէմ պայքարելէ: Այն վայրկեանէն որ դադրին մեղքերու դէմ պայքարելէ, անոնք կ՚ընկերանան աշխարհին կամ մեղքեր կը գործեն: Անոնց սրտերը որ երթալով աւելի եւս կը մաքրուէին ու կը ճերմկնային, կը սկսին դարձեալ արատաւորուիլ մեղքով: Հակառակ որ մենք ստացած ենք Սուրբ Հոգին, եթէ մեր սրտերը շարունակաբար անիրաւութիւններով թրջուին, մեր մէջ եղող կեանքի սերմը չկրնար զօրութիւն ստանալ:

Ա. Թեսաղոնիկեցիս 5.19 մեզ կը զգուշացնէ ըսելով. «Սուրբ Հոգին մի՛ մարէք»: Մենք կրնանք հասնիլ այնպիսի վիճակի մը՝ երբ մենք կ՚ունենանք անուն մը՝ թէ մենք ողջ ենք, բայց այնքան ատեն որ այնքան ատեն որ չենք փոխեր ինքզինքնիս Սուրբ Հոգին ստանալէ ետք, մենք տակաւին մեռած ենք (Յայտնութիւն 3.1): Ուստի, նոյնիսկ եթէ Սուրբ Հոգին ստացած ըլլանք, այս Սուրբ Հոգին կամաց-կամաց պիտի մարի եթէ մենք շարունակենք մեղքերու եւ չարութեան մէջ ապրիլ:

Ուրեմն, մենք պէտք է շարունակ փորձենք փոխել մեր սրտերը մինչեւ որ անիկա կատարելապէս ճշմարիտ սիրտ մը դառնայ: Ա. Յովհաննու 2.25-ի մէջ կ՛ըսէ. «Եւ ասիկա է այն խոստումը, որ Ինք ձեզի խոստացաւ, այսինքն՝ յաւիտենական կեանքը»: Այո, Աստուած մեզի խոստում տուած է: Բայց եւ այնպէս պայման մը կայ անոր հետ կապուած:

Այդ պայմանը այն է որ մենք պէտք է միացած ըլլանք Տէրոջը եւ Աստուծոյ հետ՝ գործադրելով Աստուծոյ Խօսքը զոր լսած ենք, որպէսզի Աստուած մեզի յաւիտենական կեանք տայ: Մենք չենք կրնար փրկութիւն ստանալ, նոյնիսկ եթէ ըսենք թէ մենք կը հաւատանք Տէրոջը, մինչեւ որ իրապէս ապրինք Աստուծոյ եւ Տէրոջը մէջ:

## Հոգիին Աճման Ընթացքը

Յովհաննու 3.6 կ՛ըսէ. «Մարմինէն ծնածը մարմին է ու Հոգիէն ծնածը հոգի է»: Ինչպէս գրուած է, մենք չենք կրնար հոգիի ծնունդ տալ այնքան ատեն որ մենք կը մնանք մարմնի մէջ:

Ուրեմն, անգամ մը որ ստացած ենք Սուրբ Հոգին եւ մեր մեռած հոգին վերակենդանացած է, հոգին պէտք է շարունակէ աճիլ: Ի՞նչ կը պատահի երբ մանուկ մը օրինաւոր ձեւով չաճիր կամ բնաւ չաճիր այլեւս: Այդ պզտիկը պիտի չկարողանայ բնական կեանք մը ապրիլ: Նոյնն է պարագան հոգեւոր կեանքի նկատմամբ: Աստուծոյ այն զաւակները որոնք կեանք ստացած են՝ պէտք է շարունակեն աւելցնել իրենց հաւատքը, եւ պէտք է աճեցնեն իրենց հոգիները:

Աստուածաշունչը մեզի կ՛ըսէ թէ ամէն մէկուն հաւատքի չափը կը տարբերի միւսէն (Հռովմայեցիս 12.3): Ա. Յովհաննու 2-րդ գլխուն 12-14 համարներուն մէջ մեզի կը խօսի հաւատքի տարբեր մակարդակներուն մասին, զանոնք դասակարգելով մանուկներու, պզտիկներու, երիտասարդներու, եւ հայրերու հաւատքին.

Կը գրեմ ձեզի, ո՛րդեակներ, վասն զի ձեր մեղքերը թողուած են Անոր անուան համար: Կը գրեմ ձեզի, հա՛յրեր, վասն զի դուք ճանչցաք զԱնիկա, որ սկիզբէն է: Կը գրեմ ձեզի երի՛տասարդներ, վասն զի դուք չարին յաղթեցիք: կը գրեմ ձեզի, տղա՛քներ, վասն զի դուք ճանչցաք Հայրը: Գրեցի ձեզի, երի՛տասարդներ, վասն զի դուք ուժով էք եւ Աստուծոյ խօսքը ձեր մէջ կը բնակի ու չարին յաղթեցիք»:.

Այն չափով որ կը փոխենք ինքզինքնիս ճշմարիտ սիրտ ունենալու համար, նոյն չափով ալ Աստուած մեզի հաւատք կու տայ վերէն: Ասիկա այն հաւատքն է որով մենք կը սրտանց կը հաւատանք, որը «հոգիի ծնունդ տալ է՝ Սուրբ Հոգիին միջոցաւ»: Հետեւեալն է այն՝ ինչ որ Սուրբ Հոգին կ՛ընէ. Սուրբ Հոգին մեզի կ՛արտօնէ որ ծնունդ տանք հոգիի եւ կ՛օգնէ որ աւելցնենք մեր հաւատքը: Սուրբ Հոգին մեր սրտերուն մէջ կու գայ եւ մեզի կը սորվեցնէ մեղքի, արդարութեան, եւ դատաստանի մասին (Յովհաննու 16.7-8): Անիկա կ՛օգնէ որ մենք հաւատանք Յիսուս Քրիստոսին:

Նաեւ, Սուրբ Հոգին մեզի կ՛օգնէ որ անդրադառնանք Աստուծոյ Խօսքին մէջ պարփակուած հոգեւոր իմաստին, եւ սրտով ընդունինք զայն: Այս ընթացքին մէջ, մենք կրնանք վերագտնել Աստուծոյ պատկերը եւ դառնալ Աստուծոյ ճշմարիտ զաւակ մը, այսինքն զաւակներ՝ որոնք հոգիի եւ լման հոգիի մարդիկ են:

Որպէսզի մեր հոգին աճի, սկիզբը մենք պէտք է կործանենք մեր մարմնաւոր խորհուրդները: Մարմնաւոր խորհուրդները կը կազմուին երբ մեր սրտերուն մէջ եղող անիրաւութիւնները երեւան կ՛ելլեն շունչին անիրաւ գործունէութեան միջոցաւ: Օրինակի համար, եթէ դուն չարութիւն ունիս սրտիդ մէջ, եւ եթէ կը լսես որ մէկը չարախօսութիւն ըրած է քու վրադ, սկիզբը դուն շնչաւոր անիրաւ գործունէութիւն կ՛ունենաս: Դուն կը սկսիս մարմնաւոր խորհուրդներ ունենալ, խորհելով որ այդ անձը կոպիտ է ու կը վշտանաս, եւ բացասական ուրիշ զգացումներ կրնան ծագիլ քու մէջդ:

Ճիշդ այդ վայրկեանին է որ Սատանան կը սկսի կառավարել շունչը: Սատանան է որ այդ չար խորհուրդները կը դնէ քու մէջդ: Շնչաւոր այս գործունէութիւններուն միջոցաւ կը սկսին գրգռուիլ սրտին մէջի անիրաւութիւնները, այսինքն մարմնաւոր բաները, օրինակի համար՝ բարկութիւնը, ատելութիւնը, գէշ զգացումները, եւ հպարտութիւնը: Փոխանակ դիմացինը հասկնալ փորձելու, դուն պիտի ուզես անմիջապէս դիմագրաւել այդ անձը եւ ճակատ-ճակատի դէմ դնել անոր:

Մարմնաւոր այս բաները որոնք նախապէս յիշուած էին, նոյնպէս կը պատկանին մարմնաւոր խորհուրդներուն: Եթէ մէկու մը ինքնարդարացումը, ինքնայղացումը, կամ մէկու մը անձնական տեսութիւնները կը յառաջանան շունչին գործունէութիւններուն միջոցաւ, ուստի անոնք ալ նոյնպէս մարմնաւոր բաներ են: Ենթադրենք որ անձ մը ունի մտածելակերպի որոշ տեսակի կառոյց մը, որով ան կը հաւատայ թէ ճիշդ չէ հաւաքի մէջ զիջում ընելը: Այդ վիճակին մէջ այդ անձը պիտի շարունակէ խորհիլ թէ միայն իր գաղափարները ճիշդ են եւ պիտի կտրէ ուրիշներուն հետ իր ունեցած խաղաղութիւնը՝ նոյնիսկ այնպիսի պարագաներու մէջ ուր ինքը պէտք է անդրադառնայ ուրիշներուն ունեցած հաւատքի մակարդակին եւ անոնց պարագաներուն: Նաեւ, ենթադրենք որ անձ մը ունի մտածելակերպ մը որոշ նիւթի մը մասին, եւ կը հաւատայ որ դժուար պիտի ըլլայ բան մը իրագործել՝ նկատի առնելով այդ կացութեան իրականութիւնը: Այն ատեն այս ալ նոյնպէս մարմնաւոր խորհուրդ կը նկատուի:

Տէր Յիսուսը ընդունելով Սուրբ Հոգին ստանալէ ետք իսկ մենք տակաւին կ՛ունենանք մարմնաւոր խորհուրդներ՝ այն քանակութեամբ որ դեռ չենք ձերբազատուած կարգ մը մարմնաւոր բաներէ: Մենք հոգեւոր խորհուրդներ կ՛ունենանք միայն այն ատեն երբ կը վերստանանք ճշմարտութեան գիտութիւնը՝ որ Աստուծոյ Խօսքն է, բայց մենք կ՛ունեանք մարմնաւոր խորհուրդներ երբ կը վերստացուի անիրաւութեան գիտութիւնը: Սուրբ Հոգին չկրնար շարժման մէջ դնել ճշմարտութեան գիտութիւնը ճիշդ միեւնոյն չափով որ մենք մարմնաւոր այս խորհուրդները կ՛ունենանք:

Այդ է պատճառը որ Հռովմայեցիս 8-րդ գլխուն 5-8 համարներուն մէջ մենք կը կարդանք. «Քանզի մարմնաւոր եղողները մարմնին բաները կը մտածեն ու հոգեւոր եղողները՝ հոգիին բաները: Վասն զի մարմնաւոր խորհուրդը մահ է իսկ հոգեւոր խորհուրդը՝ կեանք ու խաղաղութիւն: Քանզի մարմնաւոր խորհուրդը Աստուծոյ դէմ թշնամութիւն է. վասն զի Աստուծոյ օրէնքին չի հնազանդիր, մանաւանդ չի կրնար ալ: Վասն զի մարմնով եղողները չեն կրնար Աստուծոյ հաճոյ ըլլալ»:

Այս համարը ենթադրել կու տայ որ մենք կրնանք հասնիլ հոգիի մակարդակին միայն այն ատեն՝ երբ մենք կը կտրենք մեր մարմնաւոր խորհուրդները: Անոնք որոնք մարմինին մէջ կը մնան՝ մարմնաւոր խորհուրդներ ունենալէ զատ ուրիշ բան չեն կրնար ընել, եւ որպէս հետեւանք, անոնք կ՛ունենան խորհուրդներ, խօսքեր, եւ վերաբերմունքներ՝ որոնք Աստուծոյ հակառակ են:

Մարմնաւոր խորհուրդներու հետեւանքով Աստուծոյ դէմ կենալու ամենէն ակներեւ օրինակներէն մէկը Սաւուղ Թագաւորին պարագան է՝ Ա. Թագաւորաց 15-րդ գլխուն մէջ: Աստուած հրամայեց Սաւուղին որ Ամաղէկի վրայ յարձակի՝ կործանելով հոն գտնուող ամէն բաները: Ասիկա մէկ մասն էր այն պատիժին՝ զոր անոնք պէտք էր ստանային, անցեալին չափազանց գէշ ձեւով Աստուծոյ հակառակ կեցած ըլլալնուն համար:

Բայց եւ այնպէս, պատերազմը շահելէ ետք, Սաւուղ ոչխարներուն եւ արջառներուն աղէկներն ու գէրերը խնայեց եւ իր հետ բերաւ, ըսելով որ կ՛ուզէր զանոնք Աստուծոյ ընծայել: Նաեւ, Սաւուղ խնայեց Ամաղէկի թագաւորը, փոխանակ կործանելով զայն: Ան կ՛ուզէր պարծենալ իր ըրած գործով: Սաւուղ անհնազանդ գտնուեցաւ որովհետեւ մարմնաւոր խորհուրներ դուրս կու գային իրմէ՝ իր ագահութեան եւ ամբարտաւանութեան պատճառաւ: Մինչ իր աչքերը կուրցած էին իր ագահութեան եւ ամբարտաւանութեան հետեւանքով, Սաւուղ շարունակեց ի գործ դնել իր մարմնաւոր խորհուրդները, եւ վերջաւորութեան անիկա ողորմելի մահ մը դիմագրաւեց:

Մարմնաւոր խորհուրդներ ունենալու հիմնական պատճառը այն է՝ որ մենք անիրաւութիւններ ունինք մեր սրտերուն մէջ: Եթէ մենք միայն ճշմարտութեան գիտութիւնը ունենանք մեր սրտին մէջ, մենք բնաւ մարմնաւոր խորհուրդներ պիտի չունենանք: Անոնք որոնք մարմնաւոր խորհուրդներ չունին՝ անոնք բնականաբար միայն հոգեւոր խորհուրդներ պիտի ունենան: Անոնք կը հնազանդին Սուրբ Հոգիին ձայնին եւ առաջնորդութեան, ուստի անոնք կը սիրուին Աստուծմէ եւ ականատես կը դառնան Աստուծոյ գործերուն:

Ուստի մենք պէտք է տքնաջանօրէն ձերբազատուինք անիրաւութիւններէ եւ ինքզինքնիս լեցնենք ճշմարտութեան գիտութիւնով, որ Աստուծոյ Խօսքն է: Ինքզինք ճշմարտութեան գիտութիւնով լեցնելը չի նշանակեր այդ գիտութիւնը մեր գլխուն մէջ ունենանալ,այլ պէտք է մեր սրտերը Աստուծոյ Խօսքով լեցնել ու մշակել: Միեւնոյն ատեն մենք պէտք է մեր անձնական խորհուրդները փոխարինենք հոգեւոր խորհուրդներով: Երբ մենք կը գործակցինք ուրիշներու հետ կամ երբ որոշ ձեռնարկներ կը տեսնենք, մենք պէտք չէ մեր անձնական տեսակէտով դատաստան արձակենք կամ ամբաստանենք զիրենք, այլ պէտք է փորձենք ճշմարտութեամբ դիտել զանոնք: Մենք շարունակ պէտք է ստուգենք թէ արդե՞օք ամէն մէկ վայրկեան ուրիշներու հետ մենք բարութեամբ, սիրով, եւ ճշմարտասիրութեամբ կը վարուէինք՝ որպէսզի մենք կարենանք փոխուիլ: Այս ձեւով է որ մենք կրնանք հոգեւորապէս աճիլ:

## Բարի Հոգիի Մշակումը

Առակաց 4.23 կ՛ըսէ. «Ամէն զգուշութիւնով քու սիրտդ պահէ, քանզի կեանքի աղբիւրները անկէ են»: Անիկա կ՛ըսէ որ կեանքի աղբիւրը որ մեզի յաւիտենական կեանք կու տայ՝ սրտէն կը բխի: Մենք կրնանք պտուղը քաղել միայն այն ատեն՝ երբ մենք դաշտին մէջ սերմեր կը ցանենք որպէսզի անոնք կարենան ծիլ արձակել, ծաղկիլ, եւ պտուղներ արտադրել: Միեւնոյն ձեւով, մենք կրնանք Հոգեւոր պտուղ կրել միայն այն ատեն՝ երբ Աստուծոյ Խօսքին սերմը կ՚իյնայ մեր սրտի դաշտին մէջ:

Աստուծոյ Խօսքը, որ կեանքի աղբիւրն է, երկու տեսակի պաշտօն ունի երբ կը սերմանուի սրտին մէջ: Անիկա մեր սրտերուն մէջէն կը փրցնէ եւ դուրս կը հանէ մեր մեղքերն ու անօրէնութիւնները, եւ կ՚օգնէ որ մենք պտուղներ արտադրենք: Աստուածաշունչը չափազանց շատ պատուիրանքներ կը պարունակէ, բայց այդ պատուիրանքները հետեւեալ չորս դասակարգերէն մէկուն մէջ կ՚իյնան, որոնք են. Ըրէ՛, մի՛ ըներ, պահէ՛, եւ ձերբազատուի՛ր: Օրինակի համար, Աստուածաշունչը մեզի կ՚ըսէ «ձերբազատուիլ» ագահութենէ եւ ամէն տեսակի չարութենէ: Նաեւ, «Մի՛ ըներ»ի օրինակներ կրնան ըլլալ՝ «մի՛ ատեր»ը կամ «մի՛ դատեր»ը: Երբ մենք կը հնազանդինք այս պատուիրանքներուն, մեղքերը դուրս պիտի հանուին մեր սրտին մէջէն: Այդ կը նշանակէ որ Աստուծոյ Խօսքը մեր սրտին մէջ կու գայ եւ մեր սիրտը կը մշակէ բարի հողի մէջ:

Սակայն անիմաստ պիտի ըլլայ եթէ մենք պարզապէս կենանք՝ հողը հերկելէ ետք: Մենք պէտք է ճշմարտութեան սերմեր եւ բարութիւն ցանենք հերկուած դաշտին մէջ որպէսզի կարենանք Սուրբ Հոգիին ինը պտուղները կրել, եւ Երանելիներուն օրհնութիւններն ու հոգեւոր սէրը կրել: Պտուղներ կրել կը նշանակէ հնազանդիլ պատուիրանքներուն, որոնք մեզի կ՚ըսեն պահել եւ ընել որոշ բաներ: Մինչ մենք կը պահենք եւ կը գործադրենք Աստուծոյ պատուիրանքները, ի վերջոյ մենք կրնանք պտուղներ արտադրել:

Հոգիի մարդ դառնալու ընթացքը, ինչպէս յիշուած է «Մշակումի» մասին գրուած այս գլխուն առաջին մասին մէջ, միեւնոյն բանն է՝ ինչպէս սրտին մշակումը: Մենք կրնանք չմշակուած դաշտը դարձնել բարի հողի՝ զայն հերկելով, քարերը դուրս հանելով, եւ վնասակար խոտերը քաշել հանելով: Նմանապէս, մենք պէտք է մարմնին բոլոր գործերէն եւ բոլոր մարմնաւոր բաներէն ձերբազատուինք՝ հնազանդելով Աստուծոյ խօսքին, որ մեզի կ՛ըսէ «Մի՛ ըներ» եւ «Ձերբազատուիր» որոշ բաներէ: Ամէն մէկ անհատ ունի տարբեր տեսակի չարութիւններ: Ուստի, եթէ մենք քաշելով դուրս հանենք չարութեան արմատը՝ զոր կը գտնենք թէ ամենէն դժուարն է ձերբազատուելու, անոր կցուած չարութեան միւս բոլոր կերպարանքները անոր հետ միասին դուրս պիտի ելլեն: Օրինակի համար, եթէ մէկը, որ մեծ քանակութեամբ նախանձութիւն ունի իր մէջը, քաշելով դուրս հանէ այդ նախանձութիւնը, անոր կցուած ամէն տեսակի չարութիւններ՝ ինչպէս ատելութիւն, չարախօսութիւն, եւ կեղծիք, նախանձութեան հետ միասին դուրս պիտի հանուին:

Անգամ մը որ մենք դուրս քաշենք բարկութեան հիմնական արմատը, ուրիշ տեսակի չարութիւններ՝ ինչպէս դիւրագրգռութիւն եւ յուսախաբութիւն, նոյնպէս պիտի հանուին: Եթէ մենք աղօթենք եւ փորձենք ձերբազատուիլ բարկութենէ, Աստուած մեզի շնորհք եւ զօրութիւն կու տայ, եւ Սուրբ Հոգին մեզի կ՛օգնէ որ ձերբազատուինք անկէ: Մինչ կը շարունակենք կիրառկել ճշմարտութեան խօսքը մեր ամենօրեայ կեանքին մէջ, մենք Սուրբ Հոգիին լեցունութիւնը պիտի ունենանք, եւ մարմնաւորին ուժը պիտի սկսի տկարանալ: Ենթադրենք որ մէկը օրական տասը անգամ կը բարկանայ, բայց երբ բարկութեան յաճախականութիւնը տասէն կը նուազի ինը անգամի, եօթը անգամի, եւ հինգ անգամի, ի վերջոյ անիկա պիտի անհետանայ: Այսպէս ընելով, եթէ մենք մեր սրտերը վերածենք բարի հողի՝ ձերբազատուելով ամէն տեսակի մեղսալից բնութիւններէն, այս սիրտը կը դառնայ «Հոգիին» սիրտը:

Այդ բոլորին վրայ, մենք պէտք է ցանենք ճշմարտութեան խօսքը, որ մեզի կ՛ըսէ որոշ բաներ ընել եւ պահել, ինչպէս՝ սիրել, ներել, ուրիշներուն ծառայել, եւ Շաբաթ օրը սուրբ պահել: Հոս, մենք ինքզինքնիս կը լեցնենք ճշմարտութեամբ միայն այն ատեն երբ մենք կ՛աւարտենք ամէն տեսակի անիրաւութիւններէ ձերբազատուելու գործողութիւնը։ Անիրաւութիւններէ ձերբազատուիլը եւ զանոնք ճշմարտութեամբ փոխարինելը պէտք է միեւնոյն ատեն կատարուին։ Անգամ մը որ այս ընթացքով մենք միայն ճշմարտութիւն կ՚ունենանք մեր սրտին մէջ, կրնայ նկատուիլ որ մենք Հոգիի տէր անձեր դարձած ենք։

Այն բաներէն մէկը, որմէ պէտք է ձերբազատուինք Հոգիի տէր մարդ մը դառնալու համար, այն չարութիւնն է՝ որ կը գտնուի մեր նախնական բնութեան մէջ։ Բաղդատելով Հողին հետ, նախնական բնութեան այս չարութիւնները կը նմանին Հողին յատկանիշներուն։ Այս չարութիւնները ծնողներէն կը փոխանցուին զաւակներուն՝ «ներքին էութիւն» կոչուող կենսուժին միջոցաւ։ Նաեւ, եթէ մեր աճման ընթացինք կապի մէջ ըլլանք եւ չար բաներ ընդունինք, մեր բնութիւնը աւելի եւս կը չարանայ։ Մեր նախնական բնութեան մէջ եղող չարութիւնը սովորական պարագաներով չյայտնաբերուիր, եւ դժուար կ՚ըլլայ անդրադառնալ անոր։

Ուստի, նոյնիսկ եթէ մենք պէտք է ձերբազատուինք ամէն տեսակի մեղքերէ եւ չարութիւններէ, որոնք բացայայտ են դուրսէն, այսուհանդերձ շատ դիւրին բան մը չէ թօթափել մեր բնութեան խորքին մէջ տեղաւորուած չարութիւնը։ Այս ընելու համար, մենք պէտք է ջերմեռանդութեամբ աղօթենք եւ ջանք թափենք զայն յայտնաբերելու եւ անկէ ձերբազատուելու։

Կարգ մը պարագաներու մէջ, մտնենք գործադուլ կամ դադրեցում կ՚ունենանք մեր Հոգեւոր աճումին մէջ՝ որոշ կէտ մը հասնելնէս ետքը։ Ասոր պատճառը՝ մեր բնութեան մէջ եղող չարութիւնն է։ Վնասակար խոտերը հանելու համար մենք պէտք է արմատէն հանենք զանոնք, եւ ոչ թէ միայն տերեւներն ու կոճղերը հանենք։ Նոյն ձեւով, մենք կրնանք Հոգիին սիրտը ունենալ միայն այն ատեն՝ երբ մենք կ՚անդրադառնանք ու կը ձերբազատուինք մեր բնութեան մէջ եղող չարութենէն ալ նոյնպէս։ Անգամ մը որ մենք այս ձեւով Հոգիի անձեր կը դառնանք, մեր խիղճը ինքնին ճշմարտութիւն պիտի ըլլայ, եւ մեր սիրտը միայն ճշմարտութեամբ պիտի լեցուի: Այս կը նշանակէ թէ մեր սիրտը ինքնին պիտի վերածուի Հոգիի:

## Մարմնաւոր Հետքեր

Հոգիի տէր մարդիկ որեւէ չարութիւն չեն ունենար իրենց սրտին մէջ, եւ որովհետեւ անոնք լեցուն են Սուրբ Հոգիով, ուստի անոնք միշտ ուրախ են: Բայց ասիկա կատարեալ բան մը չէ: Անոնք տակաւին «մարմնաւոր հետքեր» կ՛ունենան: Մարմնաւոր հետքերը կապուած են իւրաքանչիւր անձի անհատականութեան եւ անոր նախնական բնութեան հետ: Օրինակի համար, ոմանք ճշմարտասէր, ուղղամիտ, եւ պարկեշտ են, բայց անոնք կը պակսին առատաձեռնութեան եւ կարեկցութեան մէջ: Ուրիշներ կրնան լեցուն ըլլալ սիրով եւ կը հրճուին ուրիշներուն տալով, բայց անոնք կրնան չափազանց զգացական ըլլալ, եւ կամ իրենց խօսքերն ու վերաբերմունքները կրնան կոշտ ըլլալ:

Որովհետեւ այս յատկանիշները իրենց անհատականութեան մէջ կը մնան որպէս մարմնաւոր հետքեր, ուստի անոնք տակաւին ազդեցութիւն կ՛ունենան այս մարդոց վրայ՝ նոյնիսկ Հոգիի տէր դառնալէ ետք: Ասիկա կը նմանի հագուստներուն որոնք հին արատներ եւ բիծեր կ՛ունենան: Կերպասին նախնական գոյնը չկրնար լման վերստացուիլ, նոյնիսկ եթէ մենք շատ ուժեղ ձեւով լուանք զայն: Այս մարմնաւոր հետքերը չեն կրնար գէշ սեպուիլ, բայց մենք պէտք է ձերբազատուինք անոնցմէ եւ պէտք է կատարելապէս լեցուինք Սուրբ Հոգիին ինը պտուղներով, որոնք մեզ կը կարողացնեն դառնալու լման Հոգիի տէր մարդիկ: Կրնանք ըսել չէ սիրտ մը որ երբեւիցէ ոչ մէկ անիրաւութիւն ունի իր մէջը, լաւ հերկուած դաշտի մը նման, «Հոգի» է: Երբ սերմեր կը ցանուին լաւ մշակուած սրտի դաշտի մը մէջ, եւ երբ այդ սերմերը Հոգիի գեղեցիկ պտուղներ կ՛արտադրեն, այն ատեն մենք կրնանք այդ սիրտը նկատել որպէս «լման Հոգիի» սիրտ:

Երբ Դաւիթ թագաւորը Հոգիի տէր դարձաւ, Աստուած Դաւիթի համար արտօնեց փորձութիւն մը: Օր մը Դաւիթ իր Յովաբ զօրապետին հրամայեց որ մարդահամար կատարէ: Այդ կը նշանակէ թէ անոնք պէտք էր համրէին պատերազմի գացող մարդոց թիւը: Յովաբ գիտէր որ այդ արարքը ճիշդ չէր Աստուծոյ առջեւ, եւ ուրեմն անիկա փորձեց համոզել Դաւիթը որ այդ բանը չընէ: Բայց Դաւիթ մտիկ չըրաւ իրեն: Որպէս հետեւանք, Աստուծոյ բարկութիւնը եկաւ եւ շատ ժողովուրդ մեռաւ ժանտախտէն:

Դաւիթ շատ լաւ գիտէր Աստուծոյ կամքը, ուստի ի՞նչպէս կրնար այդպիսի պատճառ դառնալ որ այդպիսի բան մը պատահէր: Դաւիթ երկար ատենէ իվեր կը հալածուէր Սաւուղ թագաւորին կողմէ եւ անիկա բազմաթիւ պատերազմներ մղած էր հեթանոսներուն դէմ: Անգամ մը Դաւիթ կը հալածուէր եւ իր իսկ որդին կը սպառնար իր կեանքին դէմ: Բայց երկար ժամանակ անցնելէն ետքը, մինչ Դաւիթի քաղաքական ուժը շատ ուժեղ կերպով կը հաստատուէր, եւ իր ազգին ուժը երթալով կ՚աճէր, Դաւիթ սկսաւ թուլնալ՝ երբ իր միտքը հանգիստ էր: Հիմա Դաւիթ կ՚ուզէր պարծենալ իր երկրին մէջ գտնուող մեծ թիւով ժողովուրդին համար:

Ինչպէս գրուած է Ելից 30.12-ի մէջ. «Երբ Իսրայէլի որդիներուն հաշիւը առնելու ըլլաս՝ իրենց թիւին նայելով, այն ատեն անոնց ամէն մէկը իր Հոգիին փրկանքը պիտի տայ Տէրոջը՝ զանոնք համրած ատենդ, որպէս զի անոնց մէջ հարուած չըլլայ երբ զանոնք համրես»: Անգամ մը Աստուած Իսրայէլի որդիներուն հրամայեց որ մարդահամար կատարեն Ելիցէն ետք, սակայն այդ բանը պիտի կատարուէր միայն որպէսզի կազմակերպէին ժողովուրդը: Անատոնցմէ իւրաքանչիւրը իր Հոգիին համար փրկանք պիտի տար Տէրոջը, որպէսզի անոնց թոյլ տար որ յիշէին թէ իրենցմէ իւրաքանչիւրին կեանքը գոյութիւն ունէր Աստուծոյ պաշտպանութեամբ, որպէսզի անոնք խոնարհ ըլլային: Մարդահամար կատարելը ինքնին մեղք մը չէ, այդ կրնայ կատարուիլ երբ անհրաժեշտ է: Բայց Աստուած կ՚ուզէր որ անոնք Իր առջեւ խոնարհութեամբ քալէին՝ անդրադառնալով այն իրողութեան որ շատ ժողովուրդ ունենալու ուժը Աստուծմէ կու գար:

Բայց եւ այնպէս Դաւիթ մարդահամար կատարեց հակառակ որ Աստուած այդ հրամանը չէր տուած իրեն: Ցութեան մէջ ասիկա կը յայտնաբերէր իր սիրտը որ չէր վստահած Աստուծոյ վրայ՝ այլ մարդոց, որովհետեւ մեծ թիւով ժողովուրդ ունենալը կը նշանակէր թէ ինք բազմաթիւ զինուորներ ունէր եւ իր ազգը զօրաւոր էր: Դաւիթ անդրադարձաւ իր սխալին եւ անմիջապէս դարձի եկաւ, բայց ինք արդէն մեծ փորձութիւններու շաւիղին վրայ կը գտնուէր: Ժանտախտը տարածուեցաւ ամբողջ Իսրայէլի երկրին վրայ եւ յանկարծակի կերպով 70.000 ժողովուրդ մեռան ժանտախտէն:

Անշուշտ այսքան մարդոց մեռնիլը ոչ թէ միայն Դաւիթի ամբարտաւանութեան պատճառով եղաւ: Թագաւոր մը կրնայ որեւէ ատեն մարդահամար կատարել եւ անոր նպատակը մեղք գործել չէր: Ուրեմն, մարդկային տեսակէտով մենք չենք կրնար ըսել որ Դաւիթ մեղք գործեց: Բայց եւ այնպէս, կատարեալ Աստուծոյ տեսանկիւնէն դիտելով Դաւիթ մեղանչեց, որովհետեւ ինք կատարելապէս չվստահեցաւ Աստուծոյ, այլ ամբարտաւան դարձած էր:

Կան կարգ մը բաներ որոնք մարդկային տեսակէտով չարութիւն չեն սեպուիր, բայց կատարեալ Աստուծոյ տեսակէտով այդ բանը կրնայ չարութիւն սեպուիլ: Ասոնք են «մարմնաւոր հետքերը» որոնք կը մնան մէկու մը սրբագործուելէն ետքը: Աստուած արտօնեց որ Դաւիթի միջոցաւ այսպիսի փորձութիւն մը գայ Իսրայէլի երկրին վրայ, որպէսզի աւելի եւս կատարեալ դարձնէ Դաւիթը, այսպիսի մարմնաւոր հետքերը վերցնելով: Սակայն հիմնական պատճառը թէ ինչու համար ժանտախտը եկաւ Իսրայէլի երկրին վրայ այն է՝ որովհետեւ ժողովուրդին մեղքերը Աստուծոյ բարկութիւնը բորբոքեցուցին: Բ. Թագաւորաց 24.1-ի մէջ կը կարդանք. «Տէրոջը բարկութիւնը նորէն Իսրայէլի վրայ բորբոքեցաւ ու Դաւիթը անոնց դէմ գրգռեց, ըսելով. 'Գնա',

Իսրայէլն ու Յուդան համրէ՛»:

Ուստի, ժանտախտին մէջ, բարի մարդիկը որոնք կրնային փրկուիլ՝ այդ պատիժը չստացան: Անոնք որոնք մեռան՝ մեղանչողներն էին, այնպէս որ անոնք ընդունելի չէին Աստուծոյ առջեւ: Բայց Դաւիթի համար, անիկա չափազանց շատ ողբաց ու սուգ պահեց եւ կատարելապէս դարձի եկաւ՝ տեսնելով մարդիկը որ կը մեռնէին իր վերաբերմունքին հետեւանքով: Ուրեմն, Աստուծոյ համար, Ան երկու անգամ գործեց, բայց մէկ պատահարով միայն: Աստուած պատժեց մեղաւոր մարդիկը, միեւնոյն ժամանակ զտելով ու մաքրագործելով Դաւիթը:

Պատիժէն ետք Աստուած արտօնեց որ Դաւիթ մեղքի ողջակէզ մատուցանէ Ոռնայի կալին մէջ: Դաւիթ ըրաւ ինչ որ Աստուած ըսաւ իրեն: Անիկա ծախու առաւ այդ վայրը եւ սկսաւ Տաճարի շինութեան պատրաստութիւնը տեսնել, ուստի մենք կը տեսնենք որ Դաւիթ վերստացաւ Աստուծոյ շնորհքը: Այս փորձութեան ընդմէջէն, Դաւիթ աւելի եւս խոնարհեցուց ինքզինքը, եւ ասիկա քայլ մըն էր իրեն համար որպէսզի ինք կարենար տիրանալ լման Հոգիին:

## Լման Հոգիի մէջ Ըլլալու Ապացոյցը

Երբ մենք կը կատարելագործենք լման հոգիի մակարդակը, հոն պիտի ըլլան ապացոյցներ, որ կը նշանակէ թէ մենք հոգիի լիառատ պտուղներ պիտի կրենք: Բայց այս չի նշանակեր թէ մենք որեւէ պտուղ պիտի չկրենք մինչեւ որ հասնինք լման հոգիի մակարդակին: Հոգիի մարդիկ հոգեւոր սիրոյ պտուղները, Լոյսի պտուղները, Սուրբ Հոգիին ինը պտուղները, եւ Երանելիները կրելու ընթացքին մէջ կ՚ըլլան: Քանի որ պտուղներ կրելու ընթացքին մէջ են, անոնք տակաւին ամբողջութեամբ կրած չեն ըլլար այդ պտուղները: Հոգիի իւրաքանչիւր անձ տարբեր մակարդակ մը ունի հոգեւոր պտուղներ կրելու կապակցութեամբ:

Օրինակի համար, եթէ մէկը հնազանդի Աստուծոյ

պատուիրանքներուն որոնք մեզի կ՛ըսեն կարգ մը բաներ «պահել» եւ որոշ բաներէ «ձերբազատուիլ», անիկա որեւէ ատելութիւն կամ գէշ զգացումներ պիտի չունենայ որեւէ պարագայի մէջ: Սակայն Հոգիի զանազան անձերու միջեւ պիտի ըլլան տարբերութիւններ՝ պտուղ կրելու չափին մէջ, Աստուծոյ Հրամանին կապակցութեամբ որ մեզի կ՛ըսէ «ընել» կարգ մը բաներ: Օրինակի Համար, Աստուած մեզի կ՛ըսէ «սիրել»: Կայ մակարդակ մը, որով դուն պարզապէս չես ատեր ուրիշները, մինչ կայ ուրիշ մակարդակ մը, որով դուն կրնաս աշխոյժ ծառայութեամբ ուրիշներուն սիրտը շարժել: Աւելին, կայ նաեւ մակարդակ մը որուն մէջ դուն կրնաս նոյնիսկ քու կեանքդ տալ ուրիշներուն Համար: Երբ այս տեսակի արարքը բոլորովին անփոփոխ եւ կատարեալ ըլլայ, մենք կրնանք ըսել թէ դուն կրցած ես մշակել կատարեալ Հոգին:

Կան նաեւ տարբերութիւններ ամէն մէկ անձի միջեւ՝ Սուրբ Հոգիին պտուղները կրելու չափին մէջ: Հոգիի մարդոց պարագային, մէկը կրնայ որոշ պտուղ մը կրել մինչեւ լման 50% մակարդակի չափով, իսկ ուրիշ պտուղ մը՝ մինչեւ 70% մակարդակով: Կրնայ մէկը սիրոյ մէջ յորդիլ՝ բայց միեւնոյն ատեն ան կրնայ պակաս գտնուիլ ինքնազսպումի մէջ: Մէկը կրնայ մեծ քանակութեամբ Հաւատարմութիւն ունենալ, բայց պակաս գտնուիլ Հեզութեան մէջ:.

Սակայն լման Հոգիի տէր մարդոց պարագային, անոնք Սուրբ Հոգիին իւրաքանչիւր պտուղը ամբողջութեամբ կը կրեն կատարեալ ու լման չափով: Սուրբ Հոգին անոնց մէջ կը շարժի եւ իրենց սիրտը կը կառավարէ 100%, ուստի անոնք ներդաշնակութիւն կ՛ունենան ամէն բանի մէջ, առանց որեւէ բանի պակասը ունենալու: Անոնք զօրաւոր փափաք կ՛ունենան Տէրոջը Համար, միաժամանակ ունենալով կատարեալ ինքնազսպում, կարենալ յարմար ձեւով վարուելու իւրաքանչիւր պարագայի մէջ:

Անոնք քաղցր ու մեղմ են՝ բամպակի մը նման, բայց տակաւին անոնք առիւծի նմանող արժանապատուութիւն եւ իշխանութիւն ունին: Անոնք ունին սէրը՝ ամէն բաներու մէջ ուրիշներուն շահը փնտռելու, մինչեւ իսկ իրենց կեանքերը կը զոհեն ուրիշներուն համար, բայց անոնք որեւէ շեղում կամ որեւէ նախապաշարում չունին: Անոնք կը հնազանդին Աստուծոյ արդարութեան: Նոյնիսկ երբ Աստուած կը հրամայէ իրենց որ անկարելի բան մը ընեն մարդկային կարողութիւններով, անոնք պարզապէս կը հնազանդին «Այո» եւ «Ամէն» ըսելով:

Դուրսէ դուրս, թէ՛ հոգիի մարդոց եւ թէ՛ լման հոգիի մարդոց միջեւ հնազանդութեան արարքները կրնան թուիլ թէ միեւնոյնն են, բայց իրականութեան մէջ անոնք կը տարբերին իրարմէ: Հոգիի մարդիկը կը հնազանդին որովհետեւ անոնք կը սիրեն զԱստուած, իսկ լման հոգիի մարդիկը կը հնազանդին՝ հասկնալով Աստուծոյ խորունկ սիրտը եւ մտադրութիւնը: Լման հոգիի տէր մարդիկը դարձած են Աստուծոյ ճշմարիտ զաւակները որոնք Իր սիրտը ունին, հասնելով Քրիստոսի լման հասակին՝ իւրաքանչիւր երեւոյթի մէջ: Անոնք կը հետապնդեն սրբագործութիւնը՝ ամէն բանի մէջ, ամենուն հետ խաղաղութիւն ունին, եւ հաւատարիմ են Աստուծոյ բոլոր տան մէջ:

Ա. Թեսաղոնիկեցիս 4.3-ի մէջ կ՛ըսէ. «Վասն զի Աստուած կը կամենայ որ դուք սուրբ ըլլաք, ետ կենաք պոռնկութենէ»: Եւ Ա. Թեսաղոնիկեցիս 5.23-ի մէջ կ՛ըսէ. «Եւ Ինքը՝ խաղաղութեան Աստուածը՝ ձեզ բոլորովին սուրբ ընէ ու ձեր բոլոր հոգին եւ շունչը ու մարմինը անարատ պահուին մինչեւ մեր Տէր Յիսուս Քրիստոսի գալու ատենը»:

Մեր Տէր Յիսուս Քրիստոսի գալուստը կը նշանակէ թէ Յիսուս պիտի գայ Իր զաւակները առնելու՝ նախքան Եօթը տարուայ Մեծ Նեղութիւնը: Այդ կը նշանակէ թէ մենք պէտք է յաջողինք իրագործել լման հոգիի մակարդակը, եւ պէտք է ինքզինքնիս կատարեալ պահենք՝ հանդիպելու Տէրոջը, նախքան Մեծ Նեղութեան գալուստը: Անգամ մը որ մենք կը յաջողինք հասնիլ լման հոգիի մակարդակին, մեր շունչն ու մարմինը պիտի պատկանին հոգիին, եւ անարատ ըլլալով, մենք պիտի կարողանանք Տէրը դիմաւորել:

## Օրհնութիւններ՝ որ Կը Տրուին Հոգիի եւ Լման Հոգիի Մարդոց

Հոգիի մարդոց համար, անոնց հոգին յաջողութեան մէջ կ՚ըլլայ, ուստի անոնք ամէն կողմէ եւ ամէն բաներու մէջ կը յաջողին եւ առողջ կ՚ըլլան (3-րդ Յովհաննու 1.2)։ Անոնք ձերբազատուած կ՚ըլլան նոյնիսկ իրենց սրտին խորը եղող չարութենէն, ուստի անոնք Աստուծոյ սուրբ զաւակներն են՝ ճշմարիտ իմաստով։ Հետեւաբար, անոնք կրնան հոգեւոր իշխանութիւն վայելել՝ որպէս Լոյսի զաւակներ։

Առաջին՝ անոնք առողջ կ՚ըլլան եւ որեւէ հիւանդութիւն չեն ստանար։ Անգամ մը որ մենք հոգիի տէր մարդիկ դառնանք, Աստուած կը պաշտպանէ մեզ հիւանդութիւններէ եւ արկածներէ, եւ մենք կրնանք առողջ կեանք մը վայելել։ Նոյնիսկ եթէ մեր տարիքը մեծնայ, մենք պիտի չծերանանք կամ պիտի չտկարանանք, եւ մենք այլեւս աւելի կնճիռներ պիտի չունենանք։ Աւելին, եթէ մենք լման հոգիի տէր մարդիկ դառնանք, այն ատեն մինչեւ իսկ մեր կնճիռները պիտի չտկուին։ Անոնք նոյնիսկ աւելի եւս պիտի երիտասարդանան եւ պիտի վերագտնեն իրենց ուժը։

Երբ Աբրահամ յաջողութեամբ դուրս եկաւ Իսահակը զոհելու փորձութեան ընդմէջէն, անիկա անցաւ լման հոգիի մակարդակին. անիկա նոյնիսկ զաւակներու հայր դարձաւ երբ արդէն 140 տարեկան հասած էր։ Այդ կը նշանակէ թէ Աբրահամ երիտասարդացած էր։ Նաեւ, Մովսէս երկրի վրայ գտնուող որեւէ ուրիշ մարդէ աւելի խոնարհ ու հեզ էր, եւ ուստի անիկա մեծ կորովով 40 տարի աշխատեցաւ՝ ստանալէ ետք Աստուծոյ կոչումը՝ իր 80 տարեկան հասակին։ Նոյնիսկ 120 տարեկանին, «անոր աչքերը չտկարացան ու անոր ոյժը չգնաց» (Բ. Օրինաց 34.7)։

Երկրորդ՝ հոգիի տէր մարդիկ չարութիւն չունին իրենց սրտին մէջ, ուստի թշնամի Բանսարկու Սատանան չկրնար որեւէ փորձութիւն կամ քննութիւններ բերել իրենց վրայ: Ա. Յովհաննու 5.18 կ՚ըսէ. «Գիտենք թէ ան, որ Աստուծմէ ծնած է՝ մեղք չի գործեր: Ա՛ն որ Աստուծմէ ծնած է՝ իր անձը կը պահէ ու չարը անոր չի դպչիր»: Թշնամի Բանսարկուն եւ Սատանան կ՚ամբաստանեն մարմնաւոր մարդիկը եւ փորձութիւններ ու քննութիւններ կը բերեն անոնց վրայ:

Սկիզբը Յոբ այնպիսի վիճակի մը մէջ էր որուն մէջ ինք տակաւին չէր ձերբազատուած իր բնութեան մէջի բոլոր չարութիւններէն, ուստի երբ Սատանան ամբաստանեց զինքը Աստուծոյ առջեւ, Աստուած արտօնեց որ փորձութիւններ հանդիպին իրեն: Յոբ անդրադարձաւ իր չարութեան եւ դարձի եկաւ, մինչ ինք կ՚անցնէր այդ փորձութիւններէն, որոնք Սատանային ըրած ամբաստանութիւններուն պատճառաւ պատահեր էին իրեն: Սակայն երբ Յոբ մինչեւ իսկ իր բնութեան մէջի չարութենէն ձերբազատուեցաւ, անկէ ետքն է որ Սատանան այլեւս չկրցաւ ամբաստանել զինքը: Ուստի Աստուած կրկնակի բաժինով օրհնեց Յոբը, նախապէս իր ունեցածին կրկնապատիկը տալով իրեն:

Երրորդ՝ Հոգիի մարդիկը յստակօրէն կը լսեն Աստուծոյ ձայնը, եւ կը ստանան Սուրբ Հոգիին ցոյց տուած ուղղութիւնը, ուստի անոնք ամէն բաներու մէջ կ՚առաջնորդուին յաջողութեան ուղղութեամբ: Հոգիի տէր մարդոց սիրտը ինքնին փոխուած կ՚ըլլայ ճշմարտութեան ուղղութեամբ, ուստի անոնք գործնականապէս կ՚ապրին Աստուծոյ Խօսքը: Ինչ որ ալ ընեն՝ իրենց ըրածը կ՚ըլլայ ճշմարտութեան համաձայն: Անոնք կը ստանան Սուրբ Հոգիին յստակ ազդեցութիւնը, եւ կը հնազանդին անոր: Նաեւ, եթէ բանի մը համար աղօթեն որ տեղի ունենայ, անոնք անփոփոխ հաւատքով կը համբերեն, մինչեւ որ իրենց հաւատքը պատասխանուի:

Եթէ մենք ամէն ատեն այսպէս կը հնազանդինք, Աստուած պիտի առաջնորդէ եւ իմաստութիւն ու հասկացողութիւն պիտի տայ մեզի: Եթէ մենք ամբողջութեամբ ամէն բան Աստուծոյ ձեռքերուն մէջ դնենք եւ Իրեն յանձնենք, Աստուած պիտի պաշտպանէ մեզ նոյնիսկ եթէ մենք սխալմամբ երթանք ճամբայ մը՝ որ Իր կամքին համաձայն չէ. նոյնիսկ եթէ հոն փոս մը պատրաստուած է մեզի համար, Աստուած պիտի շրջէ մեր ճամբան կամ ամէն բան բարիի պիտի դարձնէ:

Չորրորդ՝ հոգիի տէր մարդիկ շուտով ամէն բան կը ստանան՝ ինչ որ կը խնդրեն. անոնք կրնան նոյնիսկ սրտին մէջ բան մը սնուցանելով ստանալ անոր պատասխանը: Ա. Յովհաննու 3.21-22 կ՛ըսէ. «Սի՛րելիներ, եթէ մեր սրտերը մեզ չմեղադրեն, այն ատեն համարձակութիւն կ՛ունենանք Աստուծոյ առջեւ կենալու: Եւ ինչ որ խնդրենք՝ կ՛առնենք Անկէ, վասն զի Իր պատուիրանքները կը պահենք ու Իր առջեւ հաճելի եղած բաները կ՛ընենք»: Այս օրհնութիւնը անոնց վրայ պիտի գայ:

Նոյնիսկ անոնք որոնք որեւէ առանձնայատուկ հմտութիւն կամ գիտութիւն չունին՝ ոչ միայն հոգեւոր օրհնութիւններ կրնան ստանալ, այլ նաեւ լիառատ նիւթական օրհնութիւններ՝ միայն երբ անոնք դառնան հոգիի տէր մարդիկ, որովհետեւ Աստուած ամէն բան պիտի պատրաստէ իրենց համար եւ պիտի առաջնորդէ զիրենք:

Երբ կը ցանենք ու հաւատքով կը խնդրենք, մենք պիտի ստանանք օրհնութիւնը, եւ կոխուած, ցնցուած, լեփլեցուն պիտի տրուի մեզի (Ղուկաս 6.38): Սակայն անգամ մը որ հոգիի տէր դառնանք, մենք 30 անգամ աւելի պիտի հնձենք. իսկ լման հոգիի տէր դառնալէ ետք մենք պիտի հնձենք 60 կամ 100 անգամ աւելի: Հոգիի եւ լման հոգիի տէր մարդիկ կրնան որեւէ բան ստանալ՝ պարզապէս միայն ողջագուրելով զայն իրենց սրտին մէջ:

Լման հոգիի տէր մարդոց տրուած օրհնութիւնները կարելի չէ պատշաճ ձեւով նկարագրել: Անոնք կը հրճուին Աստուծմով, ուստի Աստուած կը հրճուի իրենց մէջ, եւ ինչպէս որ գրուած է Սաղմոս 37.4-ի մէջ. «Ու Տէրոջմով ուրախացիր, քանզի Անիկա կու տայ քեզի քու սրտիդ խնդրուածքները», Աստուած Իր կողմէն կու տայ անոնց ցանկացածը՝ ինչ որ իրենք պէտք ունին՝ ըլլայ դրամ, համբաւ, իշխանութիւն, կամ առողջութիւն:

Այսպիսի մարդիկ պիտի չզգան թէ իրենք որեւէ բանի մը պակասը ունին՝ անձնական գետնի վրայ, եւ անոնք իրապէս որեւէ բան չունին աղօթելու անձնական մակարդակով: Ուստի անոնք միշտ կ՛աղօթեն Աստուծոյ թագաւորութեան եւ Իր արդարութեան համար, եւ այն հոգիներուն՝ որոնք չեն ճանչնար զԱստուած: Իրենց աղօթքները գեղեցիկ են եւ Աստուծոյ առջեւ խիստ անուշահոտ բուրմունք, որովհետեւ այդ աղօթքները բարի են ու չարութենէ զուրկ, եւ անոնք հոգիներու փրկութեան եւեւէ են: Ուստի Աստուած մեծապէս կը հրճուի իրենցմով:

Երբ լման հոգիի տէր դարձած անձեր կը սիրեն հոգիները եւ ջերմեռանդ աղօթքներ կ՛ամբարեն, անոնք նաեւ կրնան սքանչելի զօրութիւն յայտնաբերել, ինչպէս գրուած է Գործք Առաքելոց 1.8-ի մէջ. «Բայց Սուրբ Հոգին ձեր վրայ եկած ատենը զօրութիւն պիտի առնէք ու Ինծի համար վկաներ պիտի ըլլաք Երուսաղէմի մէջ եւ բոլոր Հրէաստանի ու Սամարիայի մէջ ու մինչեւ երկրին ծայրերը»: Ինչպէս որ բացատրուած է, հոգիի եւ լման հոգիի տէր մարդիկ ծայրագոյն աստիճան կը սիրեն զԱստուած ու կը հաճեցնեն Զինք, եւ անոնք կը ստանան Աստուածաշունչին մէջ յիշուած բոլոր օրհնութիւնները:

Գլուխ 2

# Աստուծոյ Նախնական Ծրագիրը

Աստուած չէր ուզեր որ Ադամ յաւիտեան ապրի՝ առանց գիտնալու ճշմարիտ ուրախութեան, ցնծութեան, գոհութեան, եւ սիրոյ մասին: Այս իսկ պատճառով, Աստուած բարիի ու չարի գիտութեան ծառը դրաւ, որպէսզի Ադամ վերջաւորութեան կարենայ բոլոր մարմնաւոր բաներուն փորձառութիւնը ունենալ:

Ինչո՞ւ համար Աստուած Մարդիկը Ստեղծեց որպէս Հոգի

Ազատ Կամքի եւ Յիշողութեան Կարեւորութիւնը

Մարդ Արարածներ Ստեղծելու Նպատակը

Աստուած Կ'ուզէ Փառք Ստանալ Ճշմարիտ Զաւակներէ

Մարդկային մշակումը ընթացք մըն է ուր մարմնաւոր մարդիկ կը փոխուին՝ դարձեալ հոգիի մարդիկ դառնալով: Եթէ մենք չհասկնանք այս իրողութիւնը եւ պարզապէս եկեղեցի երթանք, որեւէ իմաստ չըլլար անոր մէջ: Կան շատ մարդիկ որոնք եկեղեցի կ՛երթան բայց վերստին ծնունդ ունեցած չեն Սուրբ Հոգիէն, եւ ուրեմն անոնք փրկութեան վստահութիւնը չունին: Քրիստոնէական հաւատքին մէջ կեանք առաջնորդելու նպատակը ոչ թէ միայն պարզապէս փրկութիւն ստանալն է, այլ նաեւ՝ որպէս Աստուծոյ ճշմարիտ զաւակներ, Աստուծոյ պատկերը վերստանալն է, եւ Իր սէրը բաժնեկցիլն ու յաւիտեան Իրեն փառք տալն է:

Հիմա, ի՞նչ է Աստուծոյ հիմնական նպատակը՝ Ադամը ստեղծելու որպէս կենդանի հոգի, եւ երկրի վրայ մարդկային մշակումը կատարելու մէջ: Ծննդոց 2.7-8 կ՛ըսէ. «Տէր Աստուած գետնին հողէն շինեց մարդը եւ անոր ռնգունքներէն կենդանութեան շունչ փչեց ու մարդը կենդանի հոգի ըրաւ: Եւ Տէր Աստուած արեւելեան կողմը՝ Եդեմի մէջ՝ պարտէզ տնկեց ու Իր շինած մարդը հոն դրաւ»:

Աստուած երկինքն ու երկիրը մեծ մասամբ Իր խօսքով

ստեղծեց: Բայց մարդուն պարագային, Աստուած Իր իսկ ձեռքերով կաղապարեց զայն: Նաեւ, երկնային զօրքը եւ Երկինքի հրեշտակները բոլորն ալ ստեղծուած հոգիներ էին: Այսուհանդերձ, հակառակ որ մարդուն համար մտադրուած էր որ անիկա ի վերջոյ Երկինքի մէջ ապրի, բայց այդպէս չեղաւ պարագան անոնց հետ: Ի՞նչ էր պատճառը որ Աստուած մարդը երկրի հողէն ստեղծելու այդպիսի կնճռոտ յանձնառութիւն մը ստանձնեց: Ամէն բանէ առաջ, ինչո՞ւ համար Աստուած պարզապէս զիրենք չստեղծեց որպէս հոգիներ միայն: Ճիշդ հոս է որ կը գտնուի Աստուծոյ մասնայատուկ ծրագիրը մարդուն նկատմամբ:

## Ինչո՞ւ Աստուած Մարդիկը Չստեղծեց որպէս Հոգի

Եթէ Աստուած մարդիկը գետնին հողէն ստեղծած չըլլար, այլ եթէ պարզապէս միայն որպէս հոգի ստեղծած ըլլար, այն ատեն մարդիկ կարող պիտի չըլլային որեւէ մարմնաւոր փորձառութիւն ունենալու: Եթէ միայն որպէս հոգի ստեղծուած ըլլային, անոնք պիտի հնազանդէին Աստուծոյ Խօսքին եւ բնաւ պիտի չուտէին բարիի ու չարի գիտութեան ծառէն: Հողին յատկութիւնները կրնան փոխուիլ՝ նայած թէ ինչ կը դնես հողին մէջ: Ինչո՞ւ Ադամ կրնար ապականիլ, հակառակ որ անիկա հոգեւոր միջավայրի մէջ կը գտնուէր: Պատճառը այն է՝ որովհետեւ Ադամ գետնի հողէն ստեղծուած էր: Բայց այդ չի նշանակեր որ Ադամ ճիշդ սկիզբէն ապականեցաւ:

Եդեմի Պարտէզը հոգեւոր տարածութիւն մըն է որ լեցուած է Աստուծոյ ուժով, եւ ուրեմն անկարելի որ Սատանան կարենայ մարմնաւոր յատկութիւններ սերմանել Ադամի սրտին մէջ: Բայց որովհետեւ Աստուած ազատ կամք տուած էր Ադամին, ուստի Ադամ չէր կրնար մարմնաւորը ընդունիլ՝ եթէ ինք անձամբ այդ փափաքը ունենացած չըլլար եւ այդպէս ընել չուզեր: Հակառակ որ Ադամ կենդանի հոգի մըն էր, մարմնաւորը պիտի գար իր մէջ՝ եթէ ինքը կամաւոր կերպով ընդունէր զայն: Երկար ժամանակ անցնելէ ետք, Ադամ բացաւ իր սիրտը Սատանային փորձութեան դիմաց եւ ընդունեց մարմնաւորը:

Իրողութեան մէջ, ամէն բանէ առաջ, ինչո՞ւ համար Աստուած ազատ կամք տուաւ մարդոց: Անոր պատճառը՝ մարդկային մշակումին համար էր: Եթէ Աստուած ազատ կամք տուած չըլլար Ադամի, Ադամ երբե՛ք մարմնաւոր բան մը պիտի չընդունէր: Նաեւ, այս կը նշանակէ թէ բնաւ տեղի պիտի չունենար մարդկային մշակումը: Մարդկութեան նկատմամբ Աստուծոյ ունեցած նախասահմանութեան մէջ հարկաւոր էր որ տեղի ունենար մարդկային մշակումը: Ուստի, Իր ամենագիտութեամբ, Աստուած չստեղծեց Ադամը որպէս հոգեւոր էակ մը:

## Ազատ Կամքի եւ Յիշողութեան Կարեւորութիւնը

Ծննդոց 2.17 կը նկարագրէ. «Բայց բարիի ու չարի գիտութեան ծառէն մի՛ ուտեր. քանզի այն օրը որ անկէ ուտես, անշուշտ պիտի մեռնիս»: Ինչպէս բացատրուեցաւ, կար Աստուծոյ խորունկ նախասահմանութիւնը՝ Ադամը երկրի հողէն ստեղծելուն, եւ անոր ազատ կամք տալուն մէջ: Այդ բանը մարդկային մշակումին համար եղաւ: Մարդիկ կրնան յառաջ գալ որպէս Աստուծոյ ճշմարիտ զաւակներ միայն այն ատեն՝ երբ անոնք անցած են մարդկային մշակումի ընթացքէն:

Ինչո՞ւ համար մեղքը եկաւ Ադամի վրայ: Պատճառներէն մէկը այն է՝ որովհետեւ Ադամ Ազատ կամք ունէր: Սակայն միւս պատճառը այն է՝ որովհետեւ Ադամ իր մտքին մէջ չպահեց Աստուծոյ Խօսքը: Աստուծոյ Խօսքը մտքին մէջ պահել կը նշանակէ սրտին մէջ քանդակել կամ փորագրել Իր Խօսքը, եւ զանիկա գործադրել՝ առանց որեւէ փոփոխութեան:

Կարգ մը մարդիկ կը շարունակեն նոյն սխալը կրկնել, մինչ ուրիշներ երկրորդ անգամ չեն կրկներ այդ սխալը: Ատիկա յառաջ կու գայ բան մը միտքը պահելու եւ կամ միտքը չպահելու տարբերութենէն: Մեղքը Ադամի վրայ եկաւ որովհետեւ Ադամ չգիտցաւ Աստուծոյ Խօսքը միտքը պահելու կարեւորութիւնը: Միւս կողմէն, մենք կրնանք վերագտնել հոգիի վիճակը՝ Աստուծոյ Խօսքը մեր մտքին մէջ պահելով եւ հնազանդելով անոր: Այս է թէ ինչո՞ւ համար կարեւոր է Աստուծոյ Խօսքը մեր մտքին մէջ պահելը:

Այն մարդոց համար՝ որոնց հոգին մեռած էր նախնական մեղքին հետեւանքով, եթէ անոնք ընդունած ըլլային Տէր Յիսուս Քրիստոսը եւ ստանային Սուրբ Հոգին, իրենց մեռած հոգիները պիտի վերակենդանանային: Այս վայրկեանէն սկսեալ, մինչ անոնք Աստուծոյ Խօսքը իրենց միտքը կը պահեն եւ կը գործադրեն զայն իրենց կեանքին մէջ, անոնք ծնունդ պիտի տան հոգիի՝ Սուրբ Հոգիին միջոցաւ: Անոնք պիտի կարողանան շուտով հոգեւոր աճում իրագործել: Ուրեմն, Աստուծոյ Խօսքը պահելը, եւ զանիկա անփոփոխ ձեւով գործադրելը շատ կարեւոր դեր կը խաղայ հոգին վերստանալու համար:

## Մարդ Արարածներ Ստեղծելու Նպատակը

Երկինքի մէջ կան բազմաթիւ հոգեւոր էակներ, ինչպէս հրեշտակները՝ որոնք ամէն ժամանակ կը հնազանդին Աստուծոյ: Սակայն բացի քանի մը շատ բացառիկ պարագաներէ, հրեշտակները մարդեղութիւն չունին: Անոնք չունին ազատ կամք՝ որպէսզի կարենան ընտրել իրենց սէրը բաժնեկցելու: Այդ է պատճառը որ Աստուած առաջ մարդը՝ Ադամը ստեղծեց, որպէս էակ մը՝ որուն հետ Աստուած կրնար Իր ճշմարիտ սէրը բաժնեկցիլ:

Վայրկեանի մը համար միայն, պարզապէս երեւակայէ զԱստուած, որ ուրախ է մինչ կը ձեւակերպէ առաջին մարդը՝ Ադամը: Կաղապարելով Ադամին շրթունքները, Աստուած ուզեց որ Ադամ անոնցմով զԱստուած փառաբանէ. շինելով Ադամի ականջները, Աստուած ուզեց որ անոնցմով Ադամ Աստուծոյ ձայնը լսէ եւ հնազանդի անոր. շինելով Ադամի աչքերը, Աստուած ուզեց որ Ադամ տեսնէ եւ զգայ ամէն բաներուն գեղեցկութիւնը՝ զոր Ինք ստեղծեց, եւ փառք տայ Աստուծոյ:

Մարդ արարածներ ստեղծելու Աստուծոյ նպատակը մարդոց միջոցաւ գովութիւն եւ փառք ստանալն է, նաեւ սէր բաժնեկցելու անոնց հետ: Աստուած կ՛ուզէր ունենալ զաւակներ՝ որոնց հետ Ան կարենար տիեզերքին մէջ, ինչպէս նաեւ Երկինքի մէջ գտնուող ամէն բաներուն գեղեցկութիւնը վայելել: Աստուած կ՛ուզէր յաւիտեան ուրախութիւն վայելել մարդ արարածներուն հետ միասին:

Յայտնութեան գիրքին մէջ, մենք կը տեսնենք Աստուծոյ փրկուած զաւակները՝ որոնք յաւիտենապէս փառաբանութիւն եւ պաշտամունք կը կատարեն Աստուծոյ աթոռին առջեւ: Երբ Երկինք հասնին, ո՜րքան գեղեցիկ եւ ցնծալի պիտի ըլլայ այդ վայրը, որ անոնք ուրիշ միջոց չունին՝ բացի զԱստուած փառաբանելէ եւ Զինք պաշտելէ՝ իրենց սրտին խորերէն, այն իրողութեան համար որ Աստուծոյ նախասահմանութիւնը ա՜յնքան խորունկ եւ խորհրդաւոր է:

Մարդիկ ստեղծուած էին որպէս կենդանի հոգիներ, բայց անոնք փոխուեցան ու դարձան մարմնաւոր մարդիկ: Սակայն եթէ անոնք դարձեալ կերպարանափոխուին ու դառնան հոգիի մարդիկ՝ ունենալէ ետք ամէն տեսակի ուրախութեան, բարկութեան, սիրոյ եւ վիշտի փորձառութիւնները, այն ատեն անոնք կը դառնա Աստուծոյ ճշմարիտ զաւակները, որոնք սէր, գոհութիւն, եւ փառք կու տան Աստուծոյ՝ իրենց սրտինկ խորերէն:

Երբ Ադամ կ՛ապրէր Եդեմի Պարտէզին մէջ, ան չէր կրնար նկատուիլ որպէս ճշմարիտ Աստուծոյ զաւակ մը: Աստուած իրեն միայն բարութիւն եւ ճշմարտութիւն սորվեցուց, եւ ուրեմն Ադամ չէր գիտեր թէ ինչ էր մեղքը եւ չարութիւնը: Ադամ որեւէ գաղափար չունէր տխրութեան եւ ցաւերու մասին: Եդեմի Պարտէզը հոգեւոր վայր մըն է, եւ այնտեղ կորսուիլ չկայ, ոչ ալ մահ կայ հոն:

Այս իսկ պատճառով, Ադամ չէր գիտեր մահուան իմաստը: Հակառակ որ Ադամ ահագին մեծ առատութեան եւ հարստութեան մէջ կ՛ապրէր, ան չկրցաւ զգալ ճշմարիտ ուրախութիւն, ցնծութիւն, կամ գոհութիւն: Որովհետեւ Ադամ բնաւ չէր ունեցած որեւէ վիշտի կամ տխրութեան փորձառութիւնը, ուստի ինք նոյնպէս չէր կրնար բաղդատաբար ճշմարիտ ցնծութիւն կամ ուրախութիւն զգալ: Ադամ չէր գիտեր թէ ինչ է ատելութիւնը, նաեւ ան չէր գիտեր ճշմարիտ սէրը: Աստուած չուզեց որ Ադամ յաւիտեան ապրի՝ առանց գիտնալու ճշմարիտ ուրախութիւնը, ցնծութիւնը, երախտագիտութիւնը, եւ սէրը: Այդ է թէ ինչու Աստուած բարիի ու չարի գիտութեան ծառը դրաւ Եդեմի Պարտէզին մէջ, որպէսզի Ադամ կարենայ ի վերջոյ ականատես դառնալ եւ փորձառութիւնը ունենալ մարմնաւորին:

Երբ մարմնաւոր աշխարհին փորձառութիւնը ունեցող մարդիկ դարձեալ Աստուծոյ զաւակներ կը դառնան, այն ատեն անոնք վստահաբար կը հասկնան թէ որքան լաւ է հոգին, եւ թէ որքան թանկարժէք է ճշմարտութիւնը: Անոնք հիմա կրնան ճշմարտապէս շնորհակալ ըլլալ Աստուծմէ՝ իրենց յաւիտենական կեանքը պարգեւը տալուն համար: Անգամ մը որ մենք կը հասկնանք Աստուծոյ այս սիրտը, մենք պէտք չէ հարցաքննենք Աստուծոյ նպատակը՝ բարիի ու չարի գիտութեան ծառը շինելուն եւ անոր պատճառով մարդիկը տառապեցնել տալուն համար: Այլ փոխարէնը, մենք պէտք է շնորհակալութիւն յայտնենք Աստուծոյ եւ փառք տանք Անոր՝ Իր միածին Որդին Յիսուսը զոհելուն՝ մարդկութիւնը փրկելու համար:

## Աստուած Կ՚ուզէ Փառք Ստանալ Ճշմարիտ Զաւակներէ

Աստուած մարդկութիւնը կը մշակէ ոչ թէ պարզապէս միայն ճշմարիտ զաւակներ շահելու, այլ նաեւ անոնց միջոցաւ փառք ստանալու համար: Եսայեայ 43.7 կ՚ըսէ. «Այսինքն բոլոր Իմ անունովս կոչուածները. վասն զի անոնք Իմ փառքիս համար ստեղծեցի, զանոնք ձեւակերպեցի ու կազմեցի»: Նաեւ, Ա. Կորնթացիս 10.31 կ՚ըսէ. «Արդ՝ թէ՛ ուտէք, թէ՛ խմէք եւ թէ ի՛նչ գործ որ ընէք, ամէն բան Աստուծոյ փառքին Համար ըրէք»:

Աստուած սիրոյ եւ արդարութեան Աստուածն է: Ան ոչ միայն մեզի Համար երկինքը եւ յաւիտենական կեանքը պատրաստեց, այլ նաեւ Ան իր միածին Որդին տուաւ՝ որպէսզի փրկէ մեզ: Աստուած արժանի է փառք ստանալու՝ սոսկ այս իրողութեան Համար միայն: Սակայն ինչ որ Աստուած իրապէս ուզեց՝ ոչ թէ պարզապէս միայն փառք ստանալ էր: Հիմնական պատճառը, թէ ինչո՞ւ Համար Աստուած կ՚ուզէ փառք ստանալ, այն է՝ որպէսզի փառքը վերադարձնէ այն անձերուն՝ որոնք Զինք փառաբանեցին: Յովհաննու 13.32 կ՚ըսէ. «եթէ Աստուած անով փառաւորուեցաւ, Աստուած ալ զանիկա իր անձովը պիտի փառաւորէ եւ շուտով պիտի փառաւորէ զանիկա»:

Երբ Աստուած կը փառաւորուի մեզմով, Անիկա մեզի յորդառատ օրՀնութիւններ կու տայ երկրի վրայ. նաեւ Աստուած յաւիտենական փառք պիտի տայ մեզի՝ երկնային թագաւորութեան մէջ ալ նոյնպէս: Ա. Կորնթացիս 15.41 կ՚ըսէ. «Արեւուն փառքը ուրիշ է ու լուսնին փառքը՝ ուրիշ եւ աստղերուն փառքը՝ ուրիշ ու մէկ աստղը միւս աստղէն տարբեր է փառքով»:

Այդ Համարը մեզի կը խօսի տարբեր բնակավայրերու մասին, եւ մեզմէ իւրաքանչիւրին՝ այսինքն փրկուածներուն փառքին մասին՝ զոր մեզմէ իւրաքանչիւրը պիտի վայելէ երկնային թագաւորութեան մէջ: Երկնային բնակավայրերը եւ փառքը զոր կը տրուի՝ պիտի որոշուի այն չափով թէ մենք որքանով ձերբազատուած ենք մեղքերէ՝ ունենալու Համար մաքուր եւ սուրբ սրտեր, եւ թէ մենք որքան Հաւատարմութեամբ կը ծառայենք Աստուծոյ թագաւորութեան մէջ: Անգամ մը որ այդ բնակավայրերը տրուին՝ անոնք չեն կրնար փոխուիլ:

204

Աստուած մարդիկը ստեղծեց որպէսզի շահի ճշմարիտ զաւակներ՝ որոնք Հոգիի տէր մարդիկ կ՚ըլլան։ Աստուծոյ նախնական ծրագիրը այն է՝ որ մարդիկ իրենց ազատ կամքով ընտրեն ձերբազատուիլ մարմնաւորէն եւ շնչաւորէն, որոնք կը պատկանին անիրաւութեան, եւ կերպարանափոխուին՝ դառնալով Հոգիի եւ լման Հոգիի տէր մարդիկ։ Աստուծոյ այս նախնական ծրագիրը՝ մարդ արարածներ ստեղծելու եւ զանոնք մշակելու գործին մէջ՝ պիտի կատարելագործուի այն անձերուն միջոցաւ՝ որոնք կը դառնան Հոգիի եւ լման Հոգիի տէր մարդիկ։

Ներկայիս քանի՞ Հոգի կը խորհիս որ կ՚ապրին այնպիսի կեանքեր՝ որոնք արժանի են Աստուծոյ՝ մարդ արարածներ ստեղծելու նպատակին։ Եթէ մենք իրապէս կարենանք հասկնալ Աստուծոյ նպատակը մարդ արարածներ ստեղծելուն մէջ, մենք վստահաբար պիտի վերագտնենք Աստուծոյ պատկերը, որ կորսուած էր Ադամի մեղքին հետեւանքով։ Մենք պիտի տեսնենք, լսենք, եւ խօսինք միայն ճշմարտութեան սահմաններուն միջեւ, եւ մեր բոլոր խորհուրդներն ու արարքները սուրբ եւ կատարեալ պիտի ըլլան։ Այս է ձեւը Աստուծոյ ճշմարիտ զաւակներ դառնալու, որոնք շատ աւելի մեծ ուրախութիւն եւ ցնծութիւն կը պատճառեն Աստուծոյ՝ քան այն ուրախութիւնը որ Ինք ունեցաւ առաջին մարդը՝ Ադամը ստեղծելէն ետք։ Այսպիսի ճշմարիտ Աստուծոյ զաւակներ Երկինքի մէջ մեծ փառք պիտի վայելեն, որ չկրնար նոյնիսկ բաղդատուիլ այն փառքին հետ որ կենդանի Հոգին՝ Ադամը կը վայելէր Եդեմի Պարտէզին մէջ...

Գլուխ 3

# Ճշմարիտ Մարդ Արարած

Աստուած Իր պատկերովը ստեղծեց մարդը: Աստուծոյ ջերմեռանդ կամքը այն է՝ որ մենք վերագտնենք Աստուծոյ պատկերը եւ մասնակից դառնանք Իր Աստուածային բնութեան:

Մարդուն Ամբողջ Պարտականութիւնը

Աստուած Ենովքի Հետ Քալեց

Աստուծոյ Բարեկամը՝ Աբրահամ

Մովսէս Իր Ժողովուրդը Սիրեց Իր Իսկ Կեանքէն Աւելի

Պօղոս Առաքեալ Աստուծոյ Պէս Երեւցաւ

Անիկա Զիրենք Աստուածներ Կոչեց

Եթէ մենք գործադրենք Աստուծոյ Խօսքը, այն ատեն կրնանք վերագտնել Հոգիին սիրտը՝ որ լեցուած է ճշմարտութեան գիտութիւնով, ճիշդ Ադամի ունեցած սրտին պէս, նախքան իր մեղք գործելը: Մարդուն ամբողջ պարտականութիւնը Աստուծոյ պատկերը վերագտնելն է, որ կորսուած էր Ադամի մեղքին հետեւանքով, եւ որպէսզի մասնակից դառնանք Իր աստուածային բնութեան: Աստուածաշունչին մէջ, մենք կը տեսնենք որ անոնք որոնք Աստուծոյ Խօսքը ստացան եւ փոխանցեցին զայն, անոնք որոնք Աստուծոյ գաղտնի բաները խօսեցան, եւ որոնք Աստուծոյ զօրութիւնը յայտնաբերեցին որպէսզի կենդանի Աստուածը ցոյց տան, այնքան ազնուական կը նկատուէին՝ որ նոյնիսկ թագաւորները կը խոնարհէին անոնց առջեւ: Պատճառը այն է՝ որովհետեւ անոնք ճշմարիտ զաւակներ էին Աստուծոյ, որ Բարձրեալն է (Սաղմոս 82.6):

Օր մը, Բաբելոնի Նաբուգոդոնոսոր թագաւորը երազ մը տեսաւ եւ շատ մտահոգուեցաւ: Անիկա կախարդներն ու Քաղդեանները կանչել տուաւ որպէսզի պատմեն իրեն երազը եւ անոր նշանակութիւնը՝ առանց անոնց ըսելու թէ ինչ էր իր տեսած երազը: Ասիկա որեւէ մարդկային ուժով կարելի չէր ընել՝ այլ միայն Աստուծմով, որ մարդկային մարմնի մէջ չպրիր:

Հիմա Դանիէլ, որ Աստուծոյ մարդ մըն էր, խնդրեց թագաւորէն

որ իրեն բաւարար ժամանակ տայ որպէսզի իր երազին նշանակութիւնը ցոյց տայ: Աստուած Դանիէլին ցոյց տուաւ գաղտնի բաները գիշերը՝ տեսիլքի մը մէջ: Դանիէլ թագաւորին առջեւ եկաւ ու պատմեց անոր տեսած երազը եւ բացատրեց երազին նշանակութիւնը: Այն ատեն Նաբուգոդոնոսոր թագաւորը երեսին վրայ ինկաւ եւ  վարձատրեց ու մեծցուց Դանիէլը, եւ հրաման ըրաւ որ շատ ու մեծ պարգեւներ եւ անուշահոտ իւղ տան Դանէլին,  նաեւ փառք տուաւ Աստուծոյ:

## Մարդուն Ամբողջ Պարտականութիւնը

Սողոմոն թագաւորը ուրիշ որեւէ մէկէն աւելի փառք եւ հարստութիւն կը վայելէր: Հիմնուելով միացեալ թագաւորութեան վրայ, զոր իր հայրը՝ Դաւիթ հիմնած էր, երկրին ուժը երթալով աւելի եւս զօրացաւ եւ շատ մը դրացի երկիրներէ կու գային ու կը մեծարէին զինքը: Թագաւորութեան փառքը իր գագաթնակէտին հասաւ Սողոմոնի թագաւորութեան ընթացքին (Գ. Թագաւորաց 10):

Բայց եւ այնպէս, մինչ ժամանակը կ՚անցնէր, Սողողոն մոռցաւ Աստուծոյ շնորհքը: Ան խորհեցաւ որ ամէն բան միայն իր ուժով կ՚ըլլար: Սողոմոն անտեսեց Աստուծոյ խօսքը եւ բռնաբարեց Աստուծոյ հրամանը՝ որ կ՚արգիլէր ամուսնանալ Հեթանոս կիներու հետ: Սողոմոն բազմաթիւ Հեթանոս հարճեր առաւ՝ մինչ ինք կը մօտենար իր վերջին օրերուն: Ասկէ զատ, Սողոմոն բարձր տեղերը հաստատեց՝ ինչպէս որ Հեթանոս հարճերը կ՚ուզէին, եւ ինքն ալ անոնց պէս սկսաւ կուռքեր պաշտել:

Աստուած երկու անգամ ազդարարեց Սողոմոնին որ որեւէ օտար աստուածներու չհետեւի, բայց Սողոմոն չհնազանդեցաւ Աստուծոյ: Ուստի, Աստուծոյ չարկութիւնը եկաւ անոնց վրայ՝ յաջորդ սերունին մէջ, եւ Իսրայէլը բաժնուեցաւ երկու թագաւորութիւններու: Սողոմոն իր բոլոր ուզածը կրնար առնել, սակայն իր վերջին օրերուն մէջ Սողոմոն այսպէս խոստովանեցաւ. «Ունայնութի՜ւն ունայնութեանց, ըսաւ Ժողովողը, ունայնութի՜ւն ունայնութեանց, ամէն բան ունայնութիւն է» (Ժողովողի 1.2):

Սողոմոն անդրադարձաւ որ այս աշխարհին մէջ ամէն բաները անիմաստ էին, եւ եզրակացուց ըսելով. «Այս բոլոր խօսքին վախճանը լսենք: Աստուծմէ վախցի՛ր ու Անոր պատուիրանքները պահէ՛, վասն զի մարդուս բոլոր պարտականութիւնը ասիկա է» (Գիրք Ժողովողի 12.13): Ասիկա ըսաւ որ մարդուն բոլոր պարտականութիւնը Աստուծմէ վախնալ եւ Իր պատուիրանքները պահել է:

Ի՞նչ կը նշանակէ ասիկա: Աստուծմէ վախնալը չարութիւնը ատել կը նշանակէ (Առակաց 8.13): Անոնք որոնք Աստուած կը սիրեն՝ կը ձերբազատուին չարութենէ եւ Իր պատուիրանքները կը պահեն, եւ այս ձեւով անոնք կը կատարելագործեն մարդուն ամբողջ պարտականութիւնը: Մենք կատարեալ մարդ արարածներ ըլլալ կը սեպուինք՝ երբ ամբողջութեամբ կը մշակենք Տէրոջը սիրտը՝ Աստուծոյ պատկերը վերագտնելու համար: Ուրեմն, թոյլ տուէք որ մխրճուինք կարգ մը պատրիարքներու եւ ճշմարտիտ հաւատքի մարդոց օրինակներուն մէջ, որոնք հաճեցուցին զԱստուած:

## Աստուած Ենովքի Հետ Քալեց

Աստուած երեք հարիւր տարի շարունակ Ենովքի հետ քալեց, եւ յետոյ ողջ վիճակով առաւ անոր: Մեղքին վարձքը մահ է, եւ այն իրողութիւնը որ Ենովք առանց մահ տեսնելու երկինք առնուեցաւ՝ ինքնին ապացոյց է որ Աստուած ընդունեց որ Ենովք անմեղ էր: Ենովք մշակեց մաքուր եւ անարատ սիրտ մը, որ կը նմանէր Աստուծոյ սրտին: Այդ է պատճառը թէ ինչու Սատանան չկրցաւ որեւէ բանով ամբաստանել զինք՝ երբ ենովք ողջ վիճակի մէջ երկինք առնուեցաւ:

Ծննդոց 5.21-24 հետեւեալը կ՚արձանագրէ. «ենովք վաթսունըհինգ տարի ապրեցաւ եւ ծնաւ Մաթուսաղան: Ենովք Մաթուսաղան ծնանելէն ետքը երեք հարիւր տարի Աստուծոյ հետ քալեց եւ տղաքներ ու աղջիկներ ծնաւ: Ենովքին բոլոր օրերը երեք հարիւր վաթսունըհինգ եղան: Ենովք Աստուծոյ հետ քալեց եւ չէր գտնուեր, քանզի Աստուած առաւ զանիկա»:

«Աստուծոյ հետ քալել» կը նշանակէ թէ Աստուած ամէն ժամանակ այդ անձին հետ է: Ենովք երեք հարիւր տարի շարունակ ապրեցաւ Աստուծոյ կամքով: Աստուած Ենովքի հետ էր՝ ուր որ ան երթար:

Աստուած Ինքնին Լոյս, բարութիւն, եւ սէր է: Այսպիսի Աստուծոյ մը հետ քալելու համար, մենք բնաւ պէտք չէ որեւէ չարութիւն ունենանք մեր սրտին մէջ, եւ մենք պէտք է բարութեամբ եւ սիրով լեցուինք: Ենովք մեղսալից աշխարհի մը մէջ ապրեցաւ, բայց ինքզինքը մաքուր պահեց: Նաեւ, ենովք Աստուծոյ պատգամը փոխանցեց աշխարհին: Յուդայի գիրքին առաջին գլխուն 14-րդ համարը կ՚ըսէ. «Անոնց համար մարգարէացաւ ենովքն ալ, որ եօթներորդն էր Ադամէն ու ըսաւ. 'Ահա Տէրը իր բիւրաւոր սուրբերով եկաւ'»: Ինչպէս որ գրուած է, ենովք թոյլ տուաւ որ մարդիկ իմանան Տէրոջը երկրորդ Գալուստին եւ Դատաստանին մասին:

Աստուածաշունչը ոչ մէկ բան կ՚ըսէ ենովքի մեծ իրագործումներուն մասին, եւ կամ թէ ենովք ինչ արտասովոր բան մը ըրաւ Աստուծոյ համար: Սակայն Աստուած չափազանց շատ սիրեց զինքը, որովհետեւ ենովք կ՚ակնածէր Աստուծմէ եւ սուրբ կեանք մը կ՚ապրէր ու կը խուսափէր ամէն տեսակի չարութիւններէ: Այդ է պատճառը որ Աստուած առաւ զինք իր

210

«երիտասարդ տարիքին»: Այդ ժամանակ մարդիկ կ՚ապրէին աւելի քան 900 տարի, իսկ Ենովք առնուեցաւ երբ ինք տակաւին 365 տարեկան էր: Ենովք երիտասարդ եւ կորովի մարդ մըն էր:

Եբրայեցիս 11.5-ի մէջ կը կարդանք. «Հաւատքով Ենովք երկրէն փոխադրուեցաւ որպէս զի մահ չտեսնէ ու տեղ մը չէր գտնուեր, վասն զի Աստուած փոխադրեց զանիկա. քանզի անոր փոխադրուելէն առաջ վկայուեցաւ թէ Աստուծոյ հաճելի էր»:

Նոյնիսկ այսօր, Աստուած կ՚ուզէ որ մենք սուրբ եւ աստուածային կեանքեր ապրինք՝ ունենալով մաքուր եւ գեղեցիկ սրտեր՝ առանց արատաւորուելու աշխարհէն, որպէսզի Ան կարենայ ամէն ժամանակ քալել մեզի հետ:

## Աստուծոյ Բարեկամը՝ Աբրահամ

Աստուած կ՚ուզէր որ Աբրահամի միջոցաւ մարդկութիւնը իմանայ թէ ինչ կը նշանակէ Աստուծոյ ճշմարիտ զաւակ ըլլալը, Աբրահամ՝ որ «հաւատքի հայրը» եղաւ: Աբրահամ կոչուեցաւ «օրհնութեան աղբիւր» եւ «Աստուծոյ բարեկամ»: Բարեկամը անձ մըն է՝ որուն կրնաս վստահիլ եւ գաղտնիքներդ բաժնեկցիլ իր հետ: Անշուշտ, եղան զտումի եւ մաքրագործումի ժամանակներ, մինչեւ որ Աբրահամ կարողացաւ լման վստահիլ Աստուծոյ: Ուրեմն, Աբրահամ ի՞նչպէս սկսաւ ճանչցուիլ որպէս բարեկամ Աստուծոյ:

Աբրահամ հնազանդեցաւ միայն «Այո» եւ «Ամէն» ըսելով: Երբ ամէն բանէ առաջ Աստուծոյ կոչումը ստացաւ ձգելու իր հայրենիքը, Աբրահամ պարզապէս հնազանդեցաւ՝ առանց գիտնալու թէ ուր կ՚երթար: Նաեւ, Աբրահամ ուրիշներուն օգուտը փնտռեց եւ խաղաղութեան ետեւէ եղաւ: Աբրահամ կ՚ապրէր իր եղբօրորդւոյն՝ Ղովտի հետ, եւ երբ պիտի բաժնուէին, Աբրահամ իրաւունք տուաւ իր եղբօրորդիին՝ որ առաջին անգամ ինք ընտրէ իր բնակութեան նախասիրած վայրը։ Ուրպէս հօրեղբայրը, Աբրահամի կ՛իյնար առաջին ընտրութիւնը, բայց ան պարզապէս տեղի տուաւ։

Ծննդոց 13.9-ի մէջ Աբրահամ ըսաւ. «Բոլոր երկիրը քու առջեւդ չէ՞. կ՛աղաչեմ, զատուէ ինծմէ. եթէ դուն ձախ կողմը երթաս, ես աջ կողմը կ՛երթամ եւ եթէ աջ կողմը երթաս, ես ձախ կողմը կ՛երթամ»։

Աբրահամ ունէր այնպիսի գեղեցիկ սիրտ մը, որ Աստուած իրեն անգամ մը եւս տուաւ օրհնութեան խոստումը։ Ծննդոց 13-րդ գլխուն 15-16 համարներուն մէջ կը տեսնենք որ Աստուած հետեւեալը կը խոստանայ Աբրահամին. «Վասն զի այս բոլոր երկիրը, որ կը տեսնես քեզի ու քու սերունդիդ պիտի տամ յաւիտեան։ Եւ քու սերունդդ երկրի փոշիին պէս անթիւ պիտի ընեմ, այնպէս որ եթէ մէկը երկրի փոշին կարենայ համրել, քու սերունդդ ալ համրէ»։

Օր մը, կարգ մը թագաւորներու միացեալ ուժ մը յարձակեցան Սոդոմի եւ Գոմորի վրայ, ուր կ՛ապրէր Աբրահամի եղբօրորդին՝ Ղովտը, եւ բռնեցին մարդիկն ու պատերազմի աւարները։ Աբրահամ արձակեց իր մարզուած մարդիկը, որոնք իր տան մէջ ծնած էին, թիւով երեք հարիւր տասնութը հոգի, եւ զանոնք հալածեցին մինչեւ Դան։ Աբրահամ բոլոր իրերը ետ բերել տուաւ, նաեւ վերադարձուց իր ազգական Ղովտը՝ իր ստացուածներով մէկտեղ, ինչպէս նաեւ կիներն ու ժողովուրդը։

Հոս, Սոդոմի թագաւորը ուզեց աւարները Աբրահամի տալ՝ որպէսզի այդ ձեւով շնորհակալութիւն յայտնէ իրեն, բայց Աբրահամ ըսաւ. «Երկնքի ու երկրի Տէրը եղող Բարձրեալ Տէր Աստուծոյ վերցուցի իմ ձեռքս, որ դերձանէն մինչեւ կօշիկի կապը բան մը չառնեմ քու ունեցածներէդ, որ չըլլայ թէ Աբրամը ես հարստացուցի ըսես» (Ծննդոց 14.23)։ Անարդարութիւն մը չէր թագաւորէն բան մը առնելը, բայց Աբրահամ մերժեց թագաւորին առաջարկը՝ փաստելու համար որ իր նիւթական բոլոր օրհնութիւնները միմիայն Աստուծմէ կու գային։ Աբրահամ միայն Աստուծոյ փառքը փնտռեց այնպիսի մաքուր սրտով մը՝ որ բոլորովին զուրկ էր անձնական փափաքներէ, եւ Աստուած յորդառատ կերպով ու մեծապէս օրհնեց զինք։

Երբ Աստուած հրամայեց Աբրահամի իր միակ որդին՝ Իսահակը ընծայէ որպէս զոհ, Աբրահամ անմիջապէս հնազանդեցաւ, որովհետեւ ինք վստահեցաւ Աստուծոյ որ կրնար նոյնիսկ մեռելները վերակենդանացնել։ Ի վերջոյ, Աստուած հաստատեց զինքը որպէս հաւատքի հայր, ըսելով. «Քեզ օրհնելով պիտի օրհնեմ ու քու սերունդդ երկնքի աստղերուն ու ծովեզերքը եղող աւազին պէս խիստ պիտի շատցնեմ եւ քու սերունդդ իր թշնամիներուն քաղաքները պիտի ժառանգէ։ Ու երկրի բոլոր ազգերը քու սերունդովդ պիտի օրհնուին, որովհետեւ Իմ ձայնիս ականջ դրիր» (Ծննդոց 22.17-18)։ Աւելին, Աստուած խոստացաւ որ Աստուծոյ Որդին՝ Յիսուս, որ մարդկութիւնը պիտի փրկէր, Աբրահամի սերունդէն պիտի ծնէր։

Յովհաննու 15.13 կ՛ըսէ. «Ասկէ աւելի մեծ սէր մէ՛կը չկրնար ունենալ, որ մէկը իր կեանքը բարեկամներուն համար դնէ»։ Աբրահամ յօժար էր ընծայելու իր միակ որդին՝ Իսահակը, որ իր իսկ կեանքէն աւելի թանկարժէք էր իրեն համար, այսպէս, արտայայտելով իր սէրը Աստուծոյ հանդէպ։ Աստուած Աբրահամը ընտրեց եւ զանիկա պատրաստեց որպէս մարդկային մշակումի կատարեալ օրինակ մը՝ զինք կոչելով Աստուծոյ բարեկամը՝ անոր մեծ հաւատքին եւ Աստուծոյ հանդէպ իր սիրոյն համար։

Աստուած ամենակարող է եւ ուրեմն Անիկա կրնայ որեւէ

բան ընել եւ կրնայ որեւէ բան տալ մեզի: Բայց Աստուած Իր զաւակներուն կու տայ օրհնութիւններ, եւ անոնց աղօթքները կը պատասխանէ այն չափով որ անոնք կը մարդկային մշակումի ընթացքին մէջ ճշմարտութեամբ կը փոխուին, որպէսզի անոնք կարենան զգալ Աստուծոյ սէրը, գոհանալով եւ շնորհակալութիւն յայտնելով Իր տուած օրհնութիւններուն համար:

## Մովսէս Իր Ժողովուրդը Կը Սիրէր Իր Իսկ Կեանքէն Աւելի

Երբ Մովսէս Եգիպտոսի մէջ արքայազուն իշխան մըն էր, անիկա եգիպտացի մը մեռցուց որպէսզի կարենայ օգնել իր իսկ ժողովուրդին, եւ ուրեմն Մովսէս ստիպուած էր փախչելու Փարաւոնին պալատէն: Անկէ սկսեալ Մովսէս անապատին մէջ ապրեցաւ որպէս հովիւ, քառասուն տարիներ շարունակ ոչխարներ արածելով:

Մովսէս կը գտնուէր ցած դիրքի մը վրայ՝ արածելով ոչխարներ՝ Մադիամու անապատին մէջ, եւ ինք պէտք էր լքէր իր հպարտութիւնն ու ինքնարդարացումը՝ զոր ինք ժամանակին ունէր՝ որպէս Եգիպտոսի իշխան մը: Աստուած յայտնուեցաւ այս խոնարհ Մովսէսին, եւ իրեն պարտականութիւն տուաւ Իսրայէլի որդիները Եգիպտոսէն դուրս հանելու: Մովսէս այդ ընելու համար պէտք էր իր կեանքը վտանգէր, բայց եւ այնպէս, անիկա հնազանդեցաւ Աստուծոյ եւ Փարաւոնի առջեւ ելաւ:

Եթէ նկատի առնենք Իսրայէլի որդիներուն վերաբերմունքը, մենք կը տեսնենք թէ որքան լայն սիրտ ունէր Մովսէսը՝ երբ ինք ընդունեց եւ ողջագուրեց այդ բոլոր ժողովուրդը: Երբ ժողովուրդը դժուարութիւններ ունենար, անոնք կը տրտնջային Մովսէսի դէմ, եւ մինչեւ իսկ կը փորձէին քարկոծել զինքը:

Երբ ջուր չունենային՝ անոնք կը գանգատէին որ ծարաւ են: Երբ ուտելիք չունենային՝ անոնք կը գանգատէին որ անօթի են: Երբ Աստուած երկինքէն մանանա տեղացուց իրենց վրայ, անոնք գանգատեցան որ բաւարար միս չունէին: Անոնք ըսին որ իրենք լաւ բաներ կ՛ուտէին Եգիպտոսի մէջ, նուսատացնելով մանանան, ըսելով որ անիկա խղճալի կերակուր մըն էր:

Երբ Աստուած ի վերջոյ Իր երեսը դարձուց իրենցմէ, անապատի օձերը դուրս ելան եւ խայթեցին զիրենք: Սակայն անոնք տակաւին կրցան փրկուիլ, որովհետեւ Աստուած լսեց Մովսէսի ջերմեռանդ աղօթքը: Ժողովուրդը ականատես դարձաւ որ Աստուած երկար ժամանակ Մովսէսի հետ էր, բայց անոնք ոսկիէ հորթ մը շինեցին՝ որպէս կուռք, եւ պաշտեցին զանիկա՝ անմիջապէս որ Մովսէս իրենց աչքէն հեռացաւ: Նաեւ, անոնք խաբեցին հեթանոս կիները՝ որպէսզի շնութիւն ընեն անոնց հետ, բան մը՝ որը նոյնպէս հոգեւոր շնութիւն կը համարուէր: Մովսէս ժողովուրդին փոխարէն արցունքներ թափելով աղօթեց Աստուծոյ՝ իրենց համար: Մովսէս իր կեանքը զուգահեռական ձեւով կողք կողքի դրաւ անոնց թողութեան համար, հակառակ որ անոնք չյիշեցին ու չանդրադարձան այն շնորհքին որ իրենք ստացեր էին:

Ելից 32-րդ գլխուն 31-32 համարներուն մէջ կը կարդանք.

Եւ Մովսէս դարձաւ Տէրոջը ու ըսաւ. «Ո՜հ, այս ժողովուրդը մեծ մեղք մը գործեց, իրեն ոսկիէ աստուածներ շինելով, բայց հիմա եթէ անոնց մեղքերը պիտի ներես՝ ներէ, եթէ ոչ՝ կ՛աղաչեմ, աւրէ՛ զիս քու գրած գրքէդ»:

Հոս, Աստուծոյ գիրքէն իր անունը աւրելը կը նշանակէ թէ Մովսէս պիտի չփրկուէր ու պիտի տառապէր Դժոխքի յաւիտենական կրակին մէջ, որը յաւիտենական մահ է: Մովսէս այս իրողութիւնը շատ լաւ գիտէր, բայց անիկա այն աստիճան կ՛ուզէր որ ժողովուրդը թողութիւն ստանար, որ ինք պատրաստ էր մինչեւ իսկ ինքզինքը զոհելու այդ ուղղութեամբ:

Ի՞նչ կը խորհիս որ Աստուած զգաց՝ Մովսէսի այս ընթացքը տեսնելով: Մովսէս խորապէս հասկցած էր Աստուծոյ սիրտը՝ որ Ան կ՚ատէ մեղքը, բայց կ՚ուզէ փրկել մեղաւորները, եւ Աստուած հաճոյք կը զգար իրմով ու շատ կը սիրէր զինք: Աստուած լսեց Մովսէսի այս սիրոյ աղօթքը, այնպէս որ Իսրայէլի զաւակները կարողացան խուսափիլ կործանումէ:

Երեւակայէ որ մէկ կողմը ադամանդ մը կայ: Անիկա կատարեալ է եւ անոր մեծութիւնը մօտաւորապէս բռունցքի չափ է: Միւս կողմը կան հազարաւոր քարեր՝ միեւնոյն չափով: Ուրեմն, ո՞րը աւելի թանկարժէք պիտի ըլլայ: Հոգ չէ թէ որքան շատ քարեր ըլլան հոն, ոչ մէկը զանոնք պիտի փոխարինէ ադամանդով: Նոյնպէս, մէկ անձի մը՝ այսինքն Մովսէսին (որ պիտի կատարելագործէր մարդկային մշակութեան ծրագիրը) արժէքը շատ աւելի թանկագին էր, քան այդ միլիոնաւոր մարդոցը, որոնք այդպէս չըրին (Ելից 32.10):

Թուոց 12.3 Մովսէսի մասին հետեւեալը կ՚ըսէ. «Մովսէս շատ հեզ մարդ մըն էր՝ երկրի վրայ եղած բոլոր մարդոցմէ աւելի» եւ Թուոց 12.7-ի մէջ Աստուած կ՚երաշխաւորէ զինքը ըսելով. «Բայց Իմ ծառաս Մովսէս այնպէս չէ, որ Իմ բոլոր տանս մէջ հաւատարիմ է»:

Աստուածաշունչը շատ տեղերու մէջ մեզի կ՚ըսէ թէ Աստուած ո՜րքան շատ սիրեց Մովսէսին: Ելից 33.11 կ՚ըսէ. «Տէրը կը խօսէր Մովսէսին հետ դէմ առ դէմ, ինչպէս մարդ մը իր բարեկամին հետ կը խօսի»: Նաեւ, Ելից 33-ի մէջ մենք կը տեսնենք որ Մովսէս խնդրեց Աստուծմէ որ Ինքզինքը ցոյց տայ եւ Աստուած պատասխանեց իրեն:

## Պօղոս Առաքեալը Աստուծոյ Պէս Երեւցաւ

Պօղոս առաքեալ Տէրոջը համար գործեց իր ամբողջ կեանքով, եւ տակաւին իր սիրտը միշտ կոտրուած էր իր անցեալին նկատմամբ, որովհետեւ ինք Տէրը հալածած էր: Ուստի, Պօղոս գոհութեամբ եւ կամենալով ընդունեց այդ բոլոր սոսկալի փորձութիւնները, ըսելով. «Վասն զի ես առաքեալներուն ամենէն յետինն եմ, որ արժանի ալ չեմ առաքեալ ըսուելու, վասն զի Աստուծոյ եկեղեցին հալածեցի» (Ա. Կորնթացիս 15.9):

Պօղոս առաքեալ բանտարկուեցաւ, անթիւ անգամներ ծեծուեցաւ, եւ յաճախ մահուան վտանգի մէջ եղաւ: Անիկա Հրեաներէն հինգ անգամ խարազանուեցաւ՝ երեսուն-ինը մտրակներ ստանալով: Երեք անգամ գաւազաններով ծեծուեցաւ, անգամ մը քարկոծուեցաւ, երեք անգամ նաւաբեկութիւն ունեցաւ, գիշեր մը եւ լման օր մը երկրի խորութեան մէջ անցուց: Պօղոս յաճախակի ճամբորդութիւններ կատարեց, կրեց փորձանքներ՝ գետերու մէջ, փորձանքեր՝ հարստահարողներէն, փորձանքներ՝ իր իսկ ազգակիցներէն, փորձանքներ՝ հեթանոսներէն, փորձանքներ՝ քաղաքին մէջ, փորձանքներ՝ անապատին մէջ, փորձանքներ՝ ծովուն մէջ, փորձանքներ՝ սուտ եղբայրներէ: Պօղոս մեծ աշխատանք եւ տաժանքներ կրեց, շատ գիշերներ անքուն մնաց՝ անօթութեան եւ ծարաւի մէջ, յաճախ առանց ուտելիքի, ցուրտի եւ մերկութեան մէջ:

Իր տառապանքները այնքան մեծ էին, որ Ա. Կորնթացիս 4.9-ի մէջ ըսաւ. «Քանզի Աստուած յետիններ ըրաւ մեզ առաքեալներս՝ մահապարտներուն նման. վասն զի տեսարան եղանք աշխարհին, հրեշտակներուն ու մարդոց»:

Հիմա, ի՞նչ է պատճառը որ Աստուած արտօնեց որ Պօղոս առաքեալը, որ ա՜յնքան հաւատարիմ էր, այսպիսի մեծ

Հալածանքներ եւ տաժանքներ կրէ: Աստուած ուզեց որ Պօղոս յառաջ գայ որպէս անձ մը՝ որ ունի գեղեցիկ սիրտ մը, բիւրեղի նման պայծառ: Պօղոս Աստուծմէ զատ չունէր որեւէ մէկը՝ որուն կրնար ապաւինիլ սարսափելի պարագաներու մէջ, երբ ինք կրնար որեւէ վայրկեանի մէջ ձերբակալուիլ կամ սպաննուիլ: Պօղոս Հանգստութիւն եւ ուրախութիւն կը ստանար Տէրոջմով: Անիկա ամբողջութեամբ ուրացաւ ինքզինքը, եւ Տէրոջը սիրտը մշակեց:

Պօղոսի Հետեւեալ դաւանումը այնքան յուզիչ է, որ անիկա այդ փորձութիւններուն ընդմէջէն յառաջ եկաւ որպէս գեղեցիկ անձ մը: Պօղոս չուզեց խուսափիլ որեւէ տաժանքէ, Հակառակ որ մարդու մը Համար չափազանց դժուար էր տոկալը: Պօղոս եկեղեցիին եւ անդամներուն Հանդէպ իր սէրը դաւանեցաւ Բ. Կորնթացիս 11.28-ի մէջ, ըսելով. «Մոռնանք արտաքին նեղութիւնները: Ամէն օրուան զբաղումները, բոլոր եկեղեցիներուն Հոգը վրաս կը դիզուէր»:

Նաեւ, Հռովմայեցիս 9.3-ի մէջ, իր ժողովուրդին մասին որոնք կ՛ուզէին սպաննել զինք, Պօղոս ըսաւ. «Քանզի ես ինքս կը փափաքէի նզովուիլ Քրիստոսէն, մարմնի կողմէ իմ եղբայրներուս ու ազգականներուս Համար»: Հոս, «իմ եղբայրներուս ու ազգականներուս Համար» ըսելը կ՛ակնարկէ Հրեաներուն եւ Փարիսեցիներուն, որոնք այնքան սաստիկ կերպով Հալածեցին եւ խանգարեցին Պօղոսին:

Գործք Առաքելոց 23.12-13 կ՛ըսէ. «Առտուն, Հրեաներէն ոմանք միաբանեցան ու ինքզինքնին անէծքի տակ դրին՝ ըսելով որ չուտեն ու չխմեն մինչեւ որ Պօղոսը սպաննեն: Քառասունէ աւելի էին անոնք՝ որ այս երդումը իրարու Հետ ըրին»:

Պօղոս բնաւ չէր պատճառած որ անոնք անձնապէս իրեն դէմ որեւէ գէշ զգացումներ ունենային: Պօղոս բնաւ չստեց, ոչ ալ որեւէ ձեւով վնաս պատճառեց իրենց: Բայց պարզապէս որովՀետեւ ինքը աւետարանը քարոզեց եւ Աստուծոյ զօրութեան գործերը կատարեց, անոնք խումբ մը կազմեցին եւ երդում ըրին որ սպաննեն զինք:.

Այսուհանդերձ, Պօղոս աղօթեց որ այդ մարդիկը կարենան փրկուիլ, նոյնիսկ եթէ այդ կը նշանակէր որ ինք կրնար իր իսկ փրկութիւնը կորսնցնել: Այս է պատճառը որ Աստուած Պօղոսին ա՜յդքան մեծ զօրութիւն տուաւ: Պօղոս մեծ բարութիւն մշակեց, որով ան պատրաստ էր իր իսկ կեանքը զոհելու անոնց համար՝ որոնք կը փորձէին վնաս պատճառել իրեն: Աստուած թոյլ տուաւ Պօղոսին որ անիկա արտասովոր գործեր ընէ, ինչպէս՝ չար ոգիներ հանել եւ հիւանդութիւններ բժշկել՝ պարզապէս միայն հիւանդներուն տալով այն թաշկինակները կամ գոգնոցները՝ որոնք իր մարմնին դպած էին:

## Անիկա Աստուածներ Կոչեց Զիրենք

Յովհաննու 10.35 կ՚ըսէ. «Եթէ աստուածներ կ՚անուանէ զանոնք, որոնց Աստուծոյ խօսքը տրուեցաւ, (ու կարելի չէ որ այն գրուածը աւրուի,)»: Մինչ մենք Աստուծոյ Խօսքը կը լսենք ու կը գործադրենք զայն, մենք կը դառնանք ճշմարտութեան անձեր, այսինքն՝ Հոգիի մարդիկ: Ա՛յս է ձեւը նմանելու Աստուծոյ, որ Հոգի է, դառնալու համար Հոգիի մարդ, եւ անկէ աւելին՝ լման Հոգիի մարդ մը: Եւ այս նոյն աստիճանով մենք կրնանք յառաջ գալ որպէս էակներ՝ որոնք կը նմանին Աստուծոյ:

Ելից 7.1 կ՚ըսէ. «Տէրը ըսաւ Մովսէսին. ՛Նայէ՛, քեզ Փարաւոնին աստուած ըրի ու թող եղբայրդ Ահարոն քու մարգարէդ ըլլայ՛»: Նաեւ, Ելից 4.16 կ՚ըսէ. «Եւ քու տեղդ անիկա թող խօսի ժողովուրդին եւ անիկա քեզի բերնի տեղ ըլլայ ու դուն անոր աստուծոյ տեղ ըլլաս»: Ինչպէս որ գրուած է, Աստուած Մովսէսի պարգեւեց այնպիսի ուժ մը, որ մարդոց առջեւ Մովսէս աստուծոյ պէս երեւցաւ:

Գործք Առաքելոց 14-րդ գլխուն մէջ, Պօղոս առաքեալը թոյլ տուաւ որ մարդ մը, որ իր կեանքին մէջ բնաւ չէր քալած, Յիսուսի Քրիստոսի անունով ոտքի կայնի եւ քալէ: Երբ ան ոտքի կայնեցաւ ու ցատկեց, մարդիկ այնքան զարմացած էին որ ըսին. «Աստուածները մարդոց նմանութիւնով մեզի իջեր են» (Գործք Առաքելոց 14.10): Ինչպէս այս օրինակին մէջ, անոնք որոնց Աստուծոյ հետ կը քալեն՝ կրնան Աստուածանման երեւնալ, որովհետեւ անոնք Հոգիի մարդիկ են, հակառակ որ ֆիզիքական մարմիններ ունին:

Այդ է պատճառը թէ ինչու Բ. Պետրոս 1.4-ի մէջ նկարագրուած է հետեւեալը. «Որոնցմով ամենամեծ ու պատուական խոստումներ տրուած են մեզի, որպէս զի ասոնցմով աստուածային բնութեանը հաղորդակցինք՝ աշխարհի ցանկութենէն յառաջ եկած ապականութենէն փախչելով»:

Թոյլ տուէք որ անդրադառնանք թէ Աստուծոյ ջերմագին փափաքն է որ մարդիկ մասնակից դառնան Աստուծոյ աստուածային բնութեան, որպէսզի կարենանք ձերբազատուիլ փճանալու ենթակայ եղող մարմինէն, որուն հետ միայն միայն խաւարի ուժն է որ կ՛երջանկանայ ու կը բերկրի: Այսպէս, Սուրբ Հոգիին միջոցաւ ծնունդ տալու համար Հոգիին, եւ գործնականապէս մասնակից դառնալու Աստուծոյ աստուածային բնութեան:

Անգամ մը որ լման Հոգիի մակարդակին հասնինք, այդ կը նշանակէ թէ մենք կատարելապէս վերագտած ենք Հոգին: Հոգին կատարելապէս վերագտնելը կը նշանակէ թէ մենք վերստացած ենք Աստուծոյ պատկերը, որ կորսուած էր Ադամի մեղքին պատճառով, եւ այս կը նշանակէ թէ մենք մասնակից կը դառնանք

Աստուծոյ աստուածային բնութեան:

Անգամ մը որ այս մակարդակին հասնինք, մենք կրնանք ստանալ այն զօրութիւնը որ կը պատկանի Աստուծոյ: Աստուծոյ զօրութիւնը պարգեւ մըն է, որ կը տրուի այն զաւակներուն որոնք Աստուծոյ կը նմանին (Սաղմոս 62.11): Աստուծոյ զօրութիւնը ստացած ըլլալու ապացոյցը՝ նշաններն ու սքանչելիքներն են, արտասովոր հրաշքները, եւ հրաշալի բաները, որոնք բոլորն ալ կը յայտնաբերուին Սուրբ Հոգիի գործերով:

Երբ այսպիսի զօրութիւն ստանանք, մենք կրնանք անհամար թիւով հոգիներ առաջնորդել կեանքի ճանապարհին ու փրկութեան մէջ: Պետրոս շատ մեծ գործեր կատարեց Սուրբ Հոգիին զօրութեամբ:

Պարզապէս միայն մէկ անգամ քարոզելով, աւելի քան հինգ հազար մարդիկ փրկուեցան: Աստուծոյ զօրութիւնը այն ապացոյցն է որ կենդանի Աստուածը այդ մասնայատուկ անձին հետ է: Նաեւ, անիկա հաստատ ձեւ է ժողովուրդին մէջ հաւատք սերմանելու:

Եթէ մարդիկ նշաններ ու հրաշքներ չտեսնեն՝ անոնք բնաւ պիտի չհաւատան (Յովհաննու 4.48): Ուրեմն, Աստուած Իր զօրութիւնը կը յայտնաբերէ լման հոգիի մարդոց միջոցաւ, որոնք կատարելապէս վերագտած են հոգին, որպէսզի մարդիկ կրնան հաւատալ կենդանի Աստուծոյն, Փրկիչին՝ Յիսուս Քրիստոսին, Երկինքի եւ Դժոխքի գոյութեան, եւ Աստուածաշունչի ճշմարտութեան:

Գլուխ 4

# Հոգեւոր Աշխարհ

Աստուածաշունչը մեզի յաճախ կը պատմէ հոգեւոր աշխարհին մասին, եւ մարդոց՝ որոնք ականատես կը դառնան անոր: Նաեւ այդ հոգեւոր աշխարհն է՝ ուր մենք պիտի երթանք՝ երկրի վրայ մեր անցուցած կեանքէն յետոյ:

Պօղոս Առաքեալ Գիտէր Հոգեւոր Աշխարհի Գաղտնիքները

Աստուածաշունչին մէջ Նկարագրուած Անսահման Հոգեւոր Աշխարհը

Երկինքը եւ Դժոխքը Վստահաբար Գոյութիւն Ունին

Մահուընէ ետք Կեանք՝ այն Հոգիներուն համար Որոնք Փրկուած Չեն

Ճիշդ Ինչպէս որ Արեւուն Փառքը Ուրիշ է, եւ Լուսինին Փառքը՝ Ուրիշ

Երկինքը Չկրնար Բաղդատուիլ Եդեմի Պարտէզին հետ

Նոր Երուսաղէմ, Լաւագոյն Պարգեւը որ Կը Տրուի Ճշմարիտ

Զաւակներու

Երբ Աստուծոյ կորսուած պատկերը վերստացած մարդիկ կ՛աւարտեն երկրի վրայ իրենց կեանքերը, անոնք կը վերադառնան հոգեւոր աշխարհ։ Այս ֆիզիքական աշխարհէն բոլորովին տարբեր, հոգեւոր աշխարհը անհուն եւ անսահման վայր մըն է։ Մենք չենք կրնար չափել անոր բարձրութիւնը, խորութիւնը, կամ լայնքը։

Այսպիսի ընդարձակ հոգեւոր աշխարհ մը կրնայ բաժնուիլ լոյսի տարածութեան (որ կը պատկանի Աստուծոյ), եւ խաւարի տարածութեան (որ թոյլատրուած է չար ոգիներուն համար) միջեւ։ Լոյսի տարածութեան մէջ կը գտնուի Երկինքի Թագաւորութիւնը, որ պատրաստուած է Աստուծոյ զաւակներուն համար որոնք հաւատքով փրկուած են։ Եբրայեցիս 11.1 կ՛ըսէ. «Արդ՝ հաւատքը յուսացուած բաներուն հաստատութիւնը ու չերեւցած բաներուն ապացոյցն է»։ Ինչպէս որ ըսուած է, հոգեւոր տարածութիւնը այնպիսի աշխարհ մըն է՝ որ չկրնար տեսնուիլ։ Սակայն ճիշդ ինչպէս որ ֆիզիքական աշխարհին մէջ հովը չկրնար հաստատ եւ ճշգրիտ ձեւով փաստուիլ (հակառակ որ անիկա գոյութիւն ունի), հաւատքով բանի մը յուսալը, բան մը՝ զոր մենք իրապէս չենք կրնար յուսալ այս ֆիզիքական աշխարհին մէջ, անոր գոյութեան յայտնաբերուած ապացոյցները որ կը պատահին՝ կը հաստատեն անոր գոյութիւնը։

Հաւատքը մուտքի դուռն է՝ որ մեզ կը միացնէ հոգեւոր

աշխարհին: Հաւատքը ճամբան կամ միջոցն է մեզի համար, որ կ՚ապրինք այս ֆիզիքական աշխարհին մէջ, հանդիպելու Աստուծոյ՝ որ հոգեւոր աշխարհին մէջ է: Հաւատքով մենք կրնանք հաղորդակցիլ Աստուծոյ հետ, որ հոգի է: Մենք կրնանք լսել ու հասկնալ Աստուծոյ խօսքը՝ հոգեւորապէս բացուած ականջներով եւ աչքերով, որոնց միջոցաւ մենք կրնանք տեսնել հոգեւոր աշխարհը, որ այլապէս չկրնար տեսնուիլ ֆիզիքական աչքերով:

Մինչ մեր հաւատքը կ՚աւելնայ, մենք աւելի մեծ յոյս պիտի ունենանք երկնային թագաւորութեան նկատմամբ, եւ աւելի խորութեամբ պիտի հասկնանք Աստուծոյ սիրտը: Մինչ կ՚անդրադառնանք եւ կը զգանք Աստուծոյ սէրը, մենք չենք կրնար ինքզինքնիս պահել Զինք սիրելէ: Աւելին, անգամ մը որ կատարեալ հաւատքի տէր դառնաք, պիտի յայտնուին ու պիտի կատարուին հոգեւոր աշխարհի բաները, որոնք բացարձակապէս անկարելի են այս ֆիզիքական աշխարհին մէջ, որովհետեւ Աստուած մեզի հետ պիտի ըլլայ:

## Պօղոս Առաքեալ Գիտէր Հոգեւոր Աշխարհի Գաղտնիքները

Բ. Կորնթացիս 12.1-էն անդին Պօղոս կը նկարագրէ հոգեւոր աշխարհին մէջ իր ունեցած փորձառութիւնը, ըսելով. «Պարծենալը իրաւցնէ անօգուտ է. միայն թէ Տէրոջը տեսիլքներուն ու յայտնութիւններուն հասնիմ»: Այդ բանը Երրորդ Երկինքի Դրախտին մէջ ըլլալու իր փորձառութիւններուն մասին էր:

Բ. Կորնթացիս 12.6-ի մէջ Պօղոս կ՚ըսէ. «Վասն զի եթէ պարծենալ ալ ուզեմ, անմիտ պիտի չըլլամ, որովհետեւ ճիտակը պիտի խօսիմ. բայց կը խնայեմ խօսքս՝ որ չըլլայ թէ մէկը իմ վրաս աւելի համարում ունենայ, քան որչափ իմ վրաս կը տեսնէ կամ ինծմէ կը լսէ»: Պօղոս առաքեալ ունեցած էր բազմաթիւ հոգեւոր փորձառութիւններ եւ Աստուածային յայտնութիւններ, բայց ան չէր կրնար Հոգեւոր աշխարհին մէջ իր գիտցած բոլոր բաներուն մասին խօսիլ:

Յովհաննու 3.12-ի մէջ Յիսուս ըսաւ. «Եթէ երկրաւոր բաները ձեզի ըսի ու չէք հաւատար, ի՞նչպէս պիտի հաւատաք եթէ երկնաւոր բաները ձեզի պատմեմ»: Նոյնիսկ բազմաթիւ հզօր գործեր տեսնելէ ետք, Յիսուսի առաքեալները չկրցան կատարելապէս հաւատալ Յիսուսի: Անոնք Տէրոջը յարութեան ականատես դառնալէ ետք միայն սկսան ճշմարիտ հաւատք ունենալ: Անկէ յետոյ, անոնք իրենց կեանքերը նուիրեցին Աստուծոյ թագաւորութեան եւ աւետարանի տարածման գործին: Նոյնպէս, Պօղոս առաքեալ շատ լաւ գիտէր հոգեւր աշխարհի մասին եւ անիկա ամբողջութեամբ կատարելագործեց իր պարտականութիւնը՝ իր ամբողջ կեանքով:

Արդեօք մեզի համար չկա՞յ միջոց մը՝ զգալու եւ հասկնալու խորհրդաւոր հոգեւոր աշխարհը, ճիշդ ինչպէս որ Պօղոս ըրաւ: Անշուշտ կայ: Ամէն բանէ առաջ, մենք պէտք է զօրաւոր փափաք ունենանք հոգեւոր աշխարհի հանդէպ: Հոգեւոր աշխարհի հանդէպ ջերմեռանդ փափաք ունենալը կը փաստէ թէ մենք կ՛ընդունինք ու կը սիրենք զԱստուած՝ որ Հոգի է:

## Աստուածաշունչին մէջ Նկարագրուած Անհուն եւ Անսահման Հոգեւոր Աշխարհը

Աստուածաշունչին մէջ մենք կը գտնենք բազմաթիւ արձանագրութիւններ՝ հոգեւոր աշխարհին եւ հոգեւոր փորձառութիւններու մասին: Ադամ ստեղծուեցաւ որպէս կենդանի էակ, որ կենդանի հոգի է, եւ անիկա կրնար հաղորդակցիլ Աստուծոյ հետ: Նոյնիսկ Ադամէն ետք, կային բազմաթիւ մարգարէներ՝ որոնք կը հաղորդակցէին Աստուծոյ հետ եւ երբեմն ուղղակիօրէն կը լսէին Աստուծոյ խօսքը (Ծննդոց

5.22, 9.9-13, Ելից 20.1-17, Թուոց 12.8)։ Երբեմն մարդոց երեւցան հրեշտակներ՝ Աստուծոյ պատգամը փոխանցելու համար։ Կան նաեւ արձանագրութիւններ չորս կենդանի արարածներու (Եզեկիէլ 1.4-14), քերովբէներու (Բ. Թագաւորաց 6.2, Եզեկիէլ 10.1-6), հրեղէն կառքերու եւ հրեղէն ձիերու (Դ. Թագաւորաց 2.11, 6.17) մասին, որոնք կը պատկանին հոգեւոր աշխարհին։

Կարմիր Ծովը երկուքի բաժնուեցաւ։ Աստուծոյ մարդուն՝ Մովսէսի միջոցաւ ժայռէն ջուր դուրս եկաւ։ Յեսուին աղօթքին միջոցաւ արեւն ու լուսինը կեցան ու անշարժացան։ Եղիա աղօթեց Աստուծոյ եւ կրակ իջեցուց երկինքէն։ Երկրի վրայ իր բոլոր պարտականութիւնները կատարելէ ետք, Եղիա հովամրրիկով մը երկինք առնուեցաւ։ Ասոնք օրինակներ են կարգ պարագաներու մասին՝ ուր հոգեւոր աշխարհը կը շրջապատուէր ու կ՛ողջագուրուէր այս ֆիզիքական տարածութեան մէջ։

Աւելին, 4-րդ Թագաւորաց 6-րդ գլխուն մէջ, երբ Ասորիներու Արամ թագաւորին զօրքերը Եղիսէ մարգարէն բռնելու եկան, Եղիսէի ծառային՝ Գէեզիի հոգեւոր աչքերը բացուեցան եւ անիկա տեսաւ որ Եղիսէի չորս կողմը հրեղէն ձիերով ու կառքերով լեցուն էր, որոնք կը շրջապատէին Եղիսէն՝ զինք պաշտպանելու համար։ Դանիէլ առիւծներու գուբը նետուեցաւ իրեն ընկերակից նախարներուն յղացած չար ծրագիրին միջոցաւ, բայց Դանիէլ բնաւ չվնասուեցաւ որովհետեւ Աստուած Իր հրեշտակը ղրկեց որպէսզի առիւծներուն բերանները գոցէ։ Դանիէլին երեք ընկերները անհնազանդ գտնուեցան թագաւորին որպէսզի իրենց հաւատքը պահեն, եւ նետուեցան կրակէ հնոցին մէջ, որը սովորականէն եօթը անգամ աւելի տաք էր։ Բայց եւ այնպէս, իրենց մէկ մազը անգամ այրած չէր։

Աստուծոյ Որդին, Յիսուս, նոյնպէս մարդկային մարմին առաւ երբ Ան իջաւ երկիր՝ այս աշխարհը, բայց Յիսուս

Հոգեւոր անսահման աշխարհին բաները յայտնաբերեց, չստիպուելով կապուած մնալու ֆիզիքական այս տարածութեան սահմանափակումներուն: Յիսուս մեռելները վերակենդանացուց, զանազան տեսակի հիւանդներ բժշկեց, եւ ջուրին վրայէն քալեց: Աւելին, Իր յարութենէն ետք, Յիսուս յանկարծ Իր երկու աշակերտներուն երեւցաւ, որոնք կ՛երթային դէպի Էմմաուս (Ղուկաս 24.13-16): Յիսուս տանը պատերուն մէջէն անցնելով երեւցաւ աշակերտներուն, որոնց ժողվուած տեղին դռները գոց էին՝ Հրեաներէն վախնալուն համար, եւ որոնք ինքզինքնին բանտարկած էին տունին մէջ (Յովհաննու 20.19):

Իրողութեան մէջ այս գործողութիւնը մէկ տեղէ ուրիշ տեղ փոխադրուիլ կը նշանակէ, գերազանցելով ֆիզիքական տարածութիւնը: Այդ մեզի կը յայտնէ թէ հոգեւոր աշխարհը կը գերազանցէ ժամանակի եւ տարածութեան սահմանափակումները: Ֆիզիքական տարածութենէն զատ, որը տեսանելի է մեր աչքերուն, գոյութիւն ունի նաեւ հոգեւոր տարածութիւն մը, եւ Յիսուս կը շարժէր այս հոգեւոր տարածութեան ուղղութեամբ, որպէսզի երեւնար որոշ վայրի մը մէջ, երբ որ Ինք ուզէր:

Աստուծոյ այն զաւակները որոնք երկնային քաղաքացիութիւնը ունին, պէտք է մեծ փափաք ունենան հոգեւոր բաներու հանդէպ: Աստուած թոյլ կու տայ որ այսպիսի տենչ ունեցող մարդիկ ականատես դառնան եւ փորձառութիւնը ունենան հոգեւոր աշխարհին: Երեմեայ 29.13-ի մէջ Ան ըսաւ. «Զիս պիտի փնտռէք եւ պիտի գտնէք, վասն զի ձեր բոլոր սրտովը պիտի խնդրէք Զիս»:

Ասկէ զատ, մենք կրնանք հոգիի ուղղութեամբ քալել եւ Աստուած կրնայ մեր հոգեւոր աչքերը բանալ՝ երբ մենք ձերբազատուինք մեր ինքնարդարացումներէն, մեր ինքնայղացումներէն, եւ մեր գործունէութիւններու ինքնակեդրոն ծիրերէն, այսպիսի զօրաւոր տենչ ունենալէն զատ:

Յովհաննէս Առաքեալ Յիսուսի տասներկու աշակերտներէն մէկն էր (Յայտնութիւն Յովհաննու 1.1,9)։ Քրիստոսէ ետք 95 թուականին, Յովհաննէս առաքեալը ձերբակալուեցաւ Հռովմի Կայսր՝ Տոմիդթանոսի կողմէ, եւ նետուեցաւ եռացած իւղի պտուկի մը մէջ։ Բայց Յովհաննէս չմեռաւ, այլ անիկա աքսորուեցաւ Եգէական Ծովուն մէջ գտնուող Պատմոս Կղզին։ Հոն, Յովհաննէս արձանագրեց Յայտնութեան գիրքը։

Խորունկ յայտնութիւններ կարենալ ստանալու համար, անհրաժեշտ էր որ Յովհաննէս պէտք եղած յատկանիշները ունենար։ Այդ յատկանիշները այն էին՝ որ ինք պէտք էր բոլորովին սուրբ ըլլար, առանց որեւէ չարութիւն ունենալու իր մէջ, եւ պէտք էր Տէրոջը սիրտը ունենար։ Սուրբ Հոգիին ներշնչումով, Յովհաննէս կրցաւ Երկինքի խորունկ գաղտնիքները եւ յայտնութիւնները իջեցնել՝ ջերմեռանդ աղօթքներու միջոցաւ, որոնք կը ներկայացուէին կատարելապէս մաքուր եւ սուրբ սրտով։

## Երկինքը եւ Դժոխքը Անշուշտ Գոյութիւն Ունին

Երկինքը եւ Դժոխքը կը գտնուին հոգեւոր աշխարհին մէջ։ Մէնմին եկեղեցին սկսելէս անմիջապէս ետք, անգամ մը Աստուած աղօթքիս մէջ ինծի ցոյց տուաւ Երկինքը եւ Դժոխքը։ Երկինքի մէջ զգացուած գեղեցկութիւնը եւ ուրախութիւնը չկրնար արտայայտուիլ կամ փոխանցուիլ խօսքերով։

Նոր Կտակարանի ժամանակներուն, անոնք որոնք Յիսուս Քրիստոսը որպէս իրենց անձնական Փրկիչը կ՛ընդունին՝ մեղքերու թողութիւն եւ փրկութիւն կը ստանան։ Իրենց երկրային կեանքը վերջանալէն ետք, անոնք սկիզբը կ՛երթան Վերին Գերեզման։ Հոն, անոնք երեք օր կը մնան որպէսզի ինքզինքնին յարմարցնեն հոգեւոր աշխարհին։ Յետոյ, անոնք կը տեղափոխուին Երկնային Թագաւորութեան Դրախտին սպասման վայրը։ Հաւատքի հայրը՝

Աբրահամ պատասխանատու էր Վերին Գերեզմանին՝ մինչեւ Տէրոջը համբառնալը, եւ այդ է պատճառը որ Աստուածաշունչին մէջ մենք կը գտնենք արձանագրութիւն մը՝ թէ աղքատ Ղազարոսը «Աբրահամի գոգը» նստած էր:

Յիսուս աւետարանը քարոզեց բանտի մէջ եղող հոգիներուն (այսինքն Վերին Գերեզմանին մէջ գտնուող հոգիներուն), խաչին վրայ Իր վերջին շունչը փչելէ ետք (Ա. Պետրոս 3.19): Վերին Գերեզմանին մէջ աւետարանը քարոզելէ ետք, Յիսուս յարութիւն առաւ եւ բոլոր հոգիները հոն՝ այսինքն Դրախտ բերաւ: Անկէ իվեր, բոլոր փրկուած հոգիները կը մնան Երկինքի սպասման վայրին մէջ, որ կը գտնուի Դրախտի սահմաններուն վրայ: Մեծ Ճերմակ Աթոռի Դատաստանը լմննալէն ետք, անոնք պիտի երթան իրենց առանձնայատուկ երկնային բնակարանները, իւրաքանչիւր անհատի հաւատքի չափին համեմատ, եւ հոն ապրին յաւիտոտքեան:

Մեծ Ճերմակ Աթոռի Դատաստանին ատեն, որ տեղի պիտի ունենայ մարդկային մշակումը աւարտին, Աստուած ստեղծագործութենէն իվեր իւրաքանչիւր ծնած անձի ամէն մէկ գործը պիտի դատէ, հոգ չէ թէ անիկա լաւ կամ գէշ գործ ըլլայ: Այդ կը կոչուի Մեծ Ճերմակ Աթոռի Դատաստանը, որովհետեւ Աստուծոյ դատաստանի աթոռը այնքան փայլուն եւ շողշողուն պիտի ըլլայ, որ անիկա բոլորովին ճերմակ պիտի երեւնայ (Յայտնութիւն 20.11):

Այս մեծ դատաստանը տեղի պիտի ունենայ Տէրոջը՝ օդին մէջ երկրորդ անգամ Երկիր գալուստէն ետք, եւ Հազարամեակի Թագաւորութիւնը վերաւարտեջանալէն ետքը: Փրկուած հոգիներուն համար տեղի պիտի ունենայ վարձատրութիւններու դատաստանը, իսկ չփրկուածներուն համար՝ պատիժի դատաստանը:

## Մահէն ետք Կեանք՝ այն Հոգիներուն համար որ Փրկուած Չեն

Անոնք որոնք Տէրը չեն ընդունած, եւ անոնք որոնք Տէրոջը մէջ իրենց հաւատքը չեն դաւանած, եւ անոնք որոնք դաւանած են Տէրոջը մէջ իրենց հաւատքը բայց փրկուած չեն՝ իրենց մահուընէ ետք Դժոխքի երկու պատգամաւորներու կողմէ պիտի տարուին Դժոխք։ Անոնք երեք օր պիտի մնան խորունկ փոսի մը նման տեղ մը, որպէսզի պատրաստուին ապրելու Վարին Գերեզմանին մէջ։ Անոնց կը սպասուի միայն ահռելի ցաւ։ Երեք օր ետք, անոնք պիտի փոխադրուին Վարին Գերեզման, ուր պիտի ստանան իրենց յատուկ պատիժները՝ իրենց մեղքերուն համեմատ։ Վարին Գերեզմանը, որ կը պատկանի Դժոխքին, Երկինքի չափ հսկայ եւ անհուն է, եւ հոն կան բազմաթիւ տարբեր վայրեր, բնակեցնելու համար այն հոգիները որոնք փրկուած չեն։

Մինչեւ Մեծ Ճերմակ Աթոռի Դատաստանը տեղի ունենալը, հոգիները կը մնան Վարին Գերեզմանին մէջ՝ զանազան տեսակի պատիժներ ստանալով։ Այդ պատիժներուն մէջ կը գտնուին՝ միջատներու կամ կենդանիներու կողմէ խայթուիլը, կամ Դժոխքի պատգամաւորներուն կողմէ չարչարուիլը։ Մեծ Ճերմակ Աթոռի Դատաստանէն յետոյ, անոնք կամ կրակով ու ծծումբով վառած լիճը պիտի երթան (որ նաեւ կը ճանչցուի որպէս այրող ծծումբի լիճը) եւ յաւիտենապէս տառապանք պիտի կրեն (Յայտնութիւն 21.8)։

Կրակի լիճին կամ ծծումբի լիճին պատիժը բաղդատաբար շատ աւելի մեծ ցաւ կը պատճառէ քան Վարին Գերեզմանի պատիժը։ Դժոխքի կրակը աներեւակայելիօրէն տաք է։ Ծծումբի լիճը եօթը անգամ աւելի տաք է քան կրակի լիճը։ Ծծումբի լիճը սահմանուած է այն մարդոց համար՝ որոնք աններելի մեղքեր գործած են, ինչպէս օրինակ՝ Հայհոյութիւն եւ Սուրբ Հոգիին դէմ կենալ:

Անգամ մը Աստուած ինծի ցոյց տուաւ կրակի լիճը եւ ծծումբի լիճը: Այդ վայրերը անվերջանալի վայրեր էին եւ լեցուն՝ շոգիի նման բանով մը, որ տաք աղբիւրներէ դուրս գալով վեր կ՛ելլէ, եւ մարդիկ անորոշ կերպով կը տեսնուէին: Ոմանք կը տեսնուէին իրենց կուրծքէն վեր, իսկ ուրիշներ մինչեւ իրենց վիզը մխրճուած էին լիճին մէջ: Կրակի լիճին մէջ, անոնք կը գալարուէին ու կը ճչային, բայց ծծումբի լիճին մէջ ցաւը այնքան սաստիկ էր, որ անոնք նոյնիսկ չէին կրնար գալարուիլ: Մենք պէտք է հաւատանք որ այս անտեսանելի աշխարհը վստահաբար գոյութիւն ունի եւ պէտք է Աստուծոյ Խօսքով ապրինք, որպէսզի մենք հաստատ կերպով փրկութիւն ստանանք:

## Ինչպէս որ Արեւը եւ Լուսինը Փառքի մէջ Կը Տարբերին Իրարմէ

Բացատրելով մեր մարմնին մասին՝ մեր յարութենէն ետքը, Պօղոս Առաքեալ ըսաւ. «Արեւուն փառքը ուրիշ է ու լուսնին փառքը՝ ուրիշ եւ աստղերուն փառքը՝ ուրիշ ու մէկ աստղը միւս աստղէն տարբեր է փառքով» (Ա. Կորնթացիս 15.41):

Արեւուն փառքը ըսելով կ՛ակնարկէ այն փառքին որ կը տրուի անոնց՝ որոնք կատարելապէս ձերբազատուած են իրենց մեղքերէն, որոնք երկրի վրայ սրբագործուած եւ հաւատարիմ եղած են Աստուծոյ բոլոր տանը մէջ: Լուսինին փառքը ըսելով կ՛ակնարկէ այն փառքին՝ որ կը տրուի անոնց՝ որոնք տակաւին չեն իրագործած արեւուն փառքի մակարդակը: Աստղերուն փառքը կը տրուի անոնց՝ որոնք նոյնիսկ լուսինէն աւելի նուազ փառք իրագործած են: Նաեւ, ինչպէս որ մէկ աստղ մը փառքի մէջ կը տարբերի ուրիշ աստղէ մը, նոյնպէս իւրաքանչիւր անձ տարբեր փառք եւ տարբեր վարձատրութիւններ պիտի ստանայ, նոյնիսկ եթէ ամէն մէկ անհատ Երկինքի մէջ միեւնոյն մակարդակի բնակավայրը մտնէ։

Աստուածաշունչը մեզի կ՚ըսէ թէ հաւատացեալներ տարբեր փառքեր պիտի ստանան Երկինքի մէջ։ Երկնային բնակավայրերը եւ վարձատրութիւնները պիտի տարբերին՝ նայած թէ որ աստիճան կը ճերբազատուինք մեղքերէ, թէ մենք որ աստիճան հոգեւոր հաւատք ունինք, եւ թէ որքան հաւատարիմ եղած ենք Աստուծոյ թագաւորութեան համար։

Երկինքի թագաւորութիւնը ունի բազմաթիւ բնակավայրեր՝ որոնք կը տրուին ամէն մէկուն, իւրաքանչիւր անձի հաւատքի չափին համեմատ։ Դրախտը կը տրուի անոնց՝ որոնք հաւատքի նուազագոյն չափը ունին։ Երկինքի Առաջին Թագաւորութիւնը աւելի բարձր մակարդակ մըն է քան Դրախտը, եւ Երկինքի Երկրորդ Թագաւորութիւնը աւելի լաւ է քան Առաջինը, եւ Երկինքի Երրորդ Թագաւորութիւնը աւելի լաւ է քան Երկրորդը։ Երկինքի Երրորդ Թագաւորութեան մէջ կը գտնուի Նոր Երուսաղէմ քաղաքը, ուր կը հանգչի Աստուծոյ աթոռը։

## Երկինքը Չկրնար Բաղդատուիլ Եդեմի Պարտէզին հետ

Եդեմի Պարտէզը այնքան գեղեցիկ եւ խաղաղութեամբ լեցուն վայր մըն է, որ Երկրի վրայ ամենէն գեղեցիկ տեղն իսկ չկրնար բաղդատուիլ անոր հետ. բայց եւ այնպէս, Եդեմի Պարտէզը չկրնար նոյնիսկ սկսիլ բաղդատուիլ երկնային թագաւորութեան հետ։ Եդեմի Պարտէզին մէջ զգացուած ուրախութիւնը եւ երկնային թագաւորութեան մէջի ուրախութիւնը բաղդատաբար բոլորովին տարբեր են իրարմէ, որովհետեւ Եդեմի Պարտէզը կը գտնուի Երկրորդ Երկինքին մէջ, իսկ երկնային թագաւորութիւնը կը գտնուի Երրորդ Երկինքին մէջ։ Նաեւ, որովհետեւ անոնք որոնք կ՛ապրին Եդեմի Պարտէզին մէջ՝ ճշմարիտ զաւակներ չեն, որովհետեւ անոնք չեն անցած մարդկային մշակումի ընթացքէն։

Ենթադրենք որ երկրային կեանքը խաւարի կեանք մըն է՝ առանց որեւէ լոյսի։ Ուրեմն, Եդեմի Պարտէզին մէջ կեանքը կը նմանի ճրագի լոյսով ապրելու կեանքին, իսկ Երկինքի մէջ կեանքը կը նմանի փայլուն ելեկտրական լոյսերով ապրելուն։ Նախքան ելեկտրական լամբին հնարուիլը, մարդիկ կը գործածէին ճրագներ, որոնք բաւական չափով աղօտ կամ մութ են։ Բայց տակաւին անոնք նաեւ արժէքաւոր բան մը կը սեպուէին։ Երբ մարդիկ առաջին անգամ ըլլալով ելեկտրական լոյսեր տեսան, անոնք սքանչացան ու զարմացան։

Արդէն յիշուեցաւ որ երկնային տարբեր բնակավայրեր պիտի տրուին մարդոց՝ նայած անոնց հաւատքի չափին եւ Հոգիի սրտին զոր անոնք մշակեցին իրենց երկրային կեանքի ընթացքին։ Եւ իւրաքանչիւր երկնային բնակավայր նշանակալից ձեւով մէկը միւսէն կը տարբերի փառքի եւ ուրախութեան մէջ, որ հոն կը զգացուի։ Եթէ մենք պարզապէս միայն սրբագործումի մակարդակէն անդին երթանք՝ հաւատարիմ ըլլալու համար Աստուծոյ բոլոր տանը մէջ, եւ եթէ կատարելապէս Հոգեւոր անձ մը դառնանք, այն ատեն մենք կրնանք մտնել Նոր Երուսաղէմ քաղաքը, ուր կը գտնուի Աստուծոյ աթոռը։

## Նոր Երուսաղէմ, Լաւագոյն Պարգեւը որ կը Տրուի Աստուծոյ Ճշմարիտ Զաւակներուն

Ինչպէս որ Յիսուս ըսաւ Յովհաննու 14.2-ի մէջ. «Իմ Հօրս տունը շատ բնակարաններ կան», իրապէս Երկինքի մէջ բազմաթիւ բնակարաններ կան։ Հոն կը գտնուի Նոր Երուսաղէմ քաղաքը, ուր տեղաւորուած է Աստուծոյ աթոռը։ Հոն կայ նաեւ Դրախտը, այսինքն տեղ մը՝ որ թոյլատրուած է այն անհատներուն համար որոնք Հագիւ թէ փրկութիւն ստացած են:

Նոր Երուսաղէմ քաղաքը, որ նաեւ կը կոչուի «Փառքի Քաղաք», ամենէն գեղեցիկ վայրն է երկնային բոլոր բնակավայրերուն միջեւ: Աստուած կը փափաքի որ իւրաքանչիւր անձ ոչ թէ պարզապէս միայն փրկութիւն ստանայ, այլ նաեւ մտնէ այս քաղաքը (Ա. Տիմոթէոս 2.4):

Կարելի չէ որ պարտիզպան մը միայն լաւագոյն որակի ցորեն ստանայ իր Հողամշակման մէջ: Նմանապէս, ոչ թէ ամէն անոնք որոնք մարդկային մշակումի ընթացքէն կ՛անցնին՝ կրնան յառաջ գալ որ որպէս Աստուծոյ ճշմարիտ զաւակներ, որոն լման Հոգիի մէջ են: Ուստի, անոնք որոնք որակեալ չեն մտնելու Նոր Երուսաղէմ քաղաքը, Աստուած բազմաթիւ ուրիշ բնակավայրեր պատրաստած է, սկսելով Դրախտէն՝ մինչեւ Երկինքի Առաջին, Երկրորդ, եւ Երրորդ Թագաւորութիւնները:

Դրախտը եւ Նոր Երուսաղէմը իրարմէ բոլորովին տարբեր են, ճիշդ ինչպէս որ պզտիկ ցնցոտիապատ Հիւղակ մը եւ թագաւորական պալատ մը կը տարբերին իրարմէ: Ճիշդ ինչպէս որ ծնողներ կը փափաքին կարելի եղածին չափ լաւագոյն բաները տալ իրենց զաւակներուն, նոյնպէս ալ Աստուած կը փափաքի որ մենք Իր ճշմարիտ զաւակները դառնանք եւ Իրեն Հետ ամէն բան բաժնեկցինք Նոր Երուսաղէմի մէջ:

Աստուծոյ սէրը սաՀմանափակուած չէ միայն որոշ խումբ մը մարդոց: Անիկա կը տրուի բոլոր անոնց՝ որոնք կ՛ընդունին Յիսուս Քրիստոսը: Բայց եւ այնպէս, երկնային բնակավայրերը եւ վարձատրութիւնները, որ կը տրուին, ինչպէս նաեւ Աստուծոյ սիրոյն չափը կը տարբերի՝ նայած իւրաքանչիւր անձի սրբագործումի աստիճանին եւ Հաւատարմութեան:

Այն անՀատները որոնք Դրախտ, Երկինքի Առաջին

Թագաւորութիւն, կամ Երկրորդ Թագաւորութիւն կ՚երթան, անոնք տակաւին ամբողջութեամբ ձերբազատուած չեն ըլլար մարմնէն, եւ ուրեմն անոնք իրապէս Աստուծոյ ճշմարիտ զաւակներ չեն: Ճիշդ ինչպէս որ պզտիկ երեխաներ չեն կրնար ծնողներուն մասին ամէն բան հասկնալ, նոյնպէս ալ իրենց համար դժուար է հասկնալ Աստուծոյ սիրտը: Ուրեմն, նաեւ Աստուծոյ սէրն ու Իր արդարութիւնն է որ Աստուած զանազան բնակավայրեր պատրաստած է՝ իւրաքանչիւր անձի հաւատքի չափին համեմատ: Ճիշդ ինչպէս որ չափազանց հաճելի ու զուարճալի է նոյն տարիքի ընկերներու հետ միասին շրջագայիլը, նոյնպէս ալ երկնային բնակիչներուն համար աւելի հանգստաւէտ ու հաճելի է հաւատքուիլ անոնց հետ՝ որոնք հաւատքի նոյնանման մակարդակներ ունին:

Նոր Երուսաղէմ քաղաքը նաեւ ապացոյց է որ Աստուած կատարեալ պտուղներ ստացած է մարդկային մշակումով: Քաղաքին տասներկու հիմնաքարերը կը փաստեն որ Աստուծոյ զաւակներուն (որոնք կը մտնեն քաղաքը) սրտերը ա՜յնքան գեղեցիկ են՝ որքան այդ թանկարժէք քարերն ու գոհարները: Մարգարիտէ դուռը կը փաստէ որ այն զաւակները որոնք այդ դռներէն կ՚անցնին՝ երկար ժամանակ տաժանքներն ու դժուարութիւնները համբերութեամբ տանելով տոկունութիւն մշակած են, ճիշդ ինչպէս որ խեցիները մարգարտիներ կը շինեն իրենց հանդուրժողականութեամբ:

Մինչ մարգարիտէ դռներէն կ՚անցնին, անոնք կը վերյիշեն իրենց համբերութեան եւ յարատեւութեան ժամանակները, որով անոնք կարողացան Երկինք մտնել: Երբ ոսկիէ ճամբաներուն վրայէն կը քալեն, անոնք կը յիշեն հաւատքի այն կերպերը զոր ստանձնեցին երկրի վրայ: Տուներուն մեծութիւնը եւ անոնց զարդարանքները որ կը տրուին իւրաքանչիւրին՝ անոնց յիշեցնել պիտի տան թէ իրենք ո՜րքան շատ սիրեցին զԱստուած, եւ թէ ո՜րքան մեծ փառք բերին Աստուծոյ՝ իրենց հաւատքով:

Անոնք որոնք կրնան Նոր Երուսաղէմ քաղաքը մտնել՝ կրնան դէմ առ դէմ տեսնել զԱստուած, որովհետեւ անոնք մտակած են սիրտ մը, որ բիւրեղի մը նման մաքուր եւ գեղեցիկ է, եւ այսպէս, անոնք Աստուծոյ ճշմարիտ զաւակներ դարձած են: Նաեւ, անոնք բազմաթիւ հրեշտակներու կողմէ ծառայութիւն պիտի ստանան ու պիտի ապրին յաւիտենական ուրախութեան եւ ցնծութեան մէջ: Այդ վայրը չափէն աւելի յափշտակիչ ու սուրբ տեղ մըն է, մարդկային որեւէ երեւակայութենէ վեր:

Ճիշդ ինչպէս որ կան զանազան տեսակի գիրքեր, Երկինքի մէջ ալ նոյնպէս կան այլազան գիրքեր: Հոն կայ կենաց գիրքը, ուր գրուած են փրկուածներուն անունները: Կայ նաեւ յիշատակի գիրքը, ուր գրուած են այն բաները որոնք կրնան յաւիտենապէս յիշատակուիլ: Այդ գիրքը ոսկեգոյն է եւ կողքին վրայ ունի ազնուական ու արքայական տիպարներ, ուստի մէկը կրնայ դիւրութեամբ նկատել թէ անիկա մեծ արժէք ունեցող գիրք մըն է: Անոր մէջ մանրամասնութեամբ արձանագրուած են թէ ո՛ր անձերը ի՛նչպիսի բաներ ըրին՝ ի՛նչ տեսակի պարագաներու մէջ, եւ կարեւոր բաժինները նոյնպէս արձանագրուած են տեսաերիզի մէջ:

Օրինակի համար, հոն արձանագրոած են այսպիսի դէպքեր, ինչպէս Աբրահամին՝ իր որդին Իսահակը որպէս զոհ ընծայելը, Եղիային՝ երկինքէն կրակ իջեցնելը, Դցանիէլին՝ առիւծներու գուբին մէջ պաշտպանուիլը, եւ Դանիէլի երեք ընկերներուն՝ կրակէ հնոցին մէջ բնաւ չվնասուիլը. այս բոլորը՝ Աստուծոյ փառքին համար: Աստուած կ՛ընտրէ որոշ, թանկարժէք օր մը, որպէսզի բանայ այդ գիրքէն մաս մը, եւ անոր բովանդակութիւնը կը ներկայացնէ ժողովուրդին: Աստուծոյ զաւակները ուրախութեամբ մտիկ կ՛ընեն Իրեն եւ փառաբանութեան երգերով փառք կու

Հոգիին Վերատացումը

տան Աստուծոյ:

Նաեւ, Նոր Երուսաղմ քաղաքին մէջ յարատեւ բազմաթիւ խնճոյքներ պիտի սարքուին, ներառեալ խնճոյքներ՝ Հայր Աստուծոյ կողմէ սարքուած: Կան խնճոյքներ որոնք կը սարքուին Տէրոջը կողմէ, Սուրբ Հոգիին կողմէ, նաեւ յայտնի մարգարէներու, ինչպէս՝ Եղիայի, Ենովքի, Աբրահամի, Մովսէսի, եւ Պօղոս առաքեալի կողմէ: Ուրիշ հաւատացեալներ ալ կրնան նոյնպէս ուրիշ եղբայրներ հրաւիրել՝ խնճոյքներ սարքելու համար: Խնճոյքները երկնային կեանքի ուրախութեան եւ ցնծութեան գագաթնակէտն են: Ասիկա վայրն մըն է՝ մէկ ակնարկով տեսնելու եւ վայելելու առատութիւնը, ազատութիւնը, գեղեցկութիւնը, եւ Երկինքի փառքը:

Նոյնիսկ երկրի վրայ, մարդիկ ինքզինքնին կը զարդարեն ամենագեղեցիկ ձեւով, եւ մեծ խնճոյքներու մէջ կը վայելեն՝ ուտելով ու խմելով: Նոյնն է պարագան Երկինքի մէջ: Երկինքի խնճոյքներուն մէջ, հրեշտակները կ՚երգեն ու կը պարեն եւ եղանակներ կը նուագեն: Աստուծոյ զաւակները նոյնպէս կրնան երգել ու պարել՝ եղանակով: Այդ վայրը լեցուն է գեղեցիկ պարերով եւ ուրախ խնդուքի ձայներով: Անոնք կրնան ուրախալի խօսակցութիւններ ունենալ հաւատքի եղբայրներուն հետ, նստելով հոս ու հոն կլոր սեղաններու շուրջ, եւ կամ անոնք կրնան ողջունել հաւատքի պատրիարքները, որոնց շատ փափաքած են հանդիպիլ:

Եթէ Տէրոջը կողմէ սարքուած խնճոյքի մը կը հրաւիրուին, հաւատացեալներ՝ իրենց ամբողջ ջանքը պիտի թափեն եւ ինքզինքնին պիտի զարդարեն որպէս Տէրոջը ամենագեղեցիկ հարսերը: Տէրը մեր հոգեւոր փեսան է: Երբ Տէրոջը հարսերը կը հասնին Տէրոջը դղեակին առջեւ, երկու հրեշտակներ՝ մուտքի դրան երկու կողմերէն խոնարհութեամբ կ՚ընդունին զիրենք, մուտքի դուռը՝ որ կը շողշողայ ոսկիէ լոյսերով:

Դղեակին պատերը զարդարուած են զանազան տեսակի թանկարժէք գոհարեղէններով: Պատին ամենաբարձր տեղը զարդարուած է գեղեցիկ ծաղիկներով, եւ այս ծաղիկները անուշահոտ քաղցր բուրմունք կ՛արտադրեն Տէրոջը հարսերուն համար, որոնք ճիշդ այդ վայրկեանին հոն հասած են: Մինչ դղեակ կը մտնեն, անոնք կրնան լսել անուշ եղանակի մը ձայնը, որ կը դպչի անոնց հոգիին մինչեւ իսկ ամենախորունկ մասը: Փառաբանութեան ձայնին հետ միատեղ, անոնք կը զգան ուրախութիւնը եւ հանգստաւէտութիւնը, եւ անոնք խորապէս կը զգացուին իրենց գոհաբանութեամբ, մտածելով Աստուծոյ սիրոյն մասին, որ զիրենք առաջնորդած է այդ վայրը:

Մինչ անոնք հրեշտակներու առաջնորդութեամբ ոսկիէ ճամբուն վրայէն կը քալեն դէպի Տէրոջը դղեակին հիմնական շէնքը, իրենց սրտերը մեծ յուզմունքով կը լեցուին: Մինչ կը մօտենան հիմնական շէնքին, անոնք կը տեսնեն Տէրը, որ դուրս եկած է՝ զիրենք դիմաւորելու: Անմիջապէս, անոնց աչքերը արցունքներով կը լեցուին, սակայն հիմա անոնք կը վազեն Տէրոջը ուղղութեամբ, որովհետեւ անոնք կ՛ուզեն կարելի եղածին չափ շուտ հանդիպիլ Տէրոջը:

Տէրը Իր կուրծքին սեղմելով մէկ առ մէկ կ՛ողջագուրէ զիրենք՝ սիրով ու կարեկցութեամբ լեցուն դէմքով, եւ Իր բազուկները լայն բացած: Տէրը սիրալիր ընդունելութիւն ցոյց կու տայ անոնց, ըսելով. «Եկէք... Իմ գեղեցիկ հարսերս... Բարի եկաք...»: Հաւատացեալները, որոնք ջերմագին ընդունելութիւն կը ստանան Տէրոջմէն, իրենց ամբողջ սրտով շնորհակալութիւն պիտի յայտնեն Իրեն, ըսելով. «Ես ճշմարտապէս շնորհակալ եմ Քեզմէ՝ զիս հրաւիրելուդ համար...»: Ճիշդ նման անոնց՝ որոնք խորապէս իրենց սէրը կը բաժնեկցին, անոնք ձեռք-ձեռքի բռնած կը քալեն Տէրոջը հետ միասին, պարզապէս հոս-հոն ու իրենց շուրջը դիտելով, եւ Տէրոջը հետ կ՛ունենան խօսակցութիւններ, բան մը՝

որ երկրի վրայ շատ պիտի փափաքէին ունենալ:

Նոր երուսաղէմի մէջ կեանքը, ապրելով Աստուծոյ՝ երրորդութեան հետ, լեցուն է սիրով, ցնծութեամբ, ուրախութեամբ, եւ հրճուանքով։ Մենք կրնանք դէմ առ դէմ տեսնել Տէրը, ըլլալ իր կուրծքին, իրեն հետ ճամբորդել, եւ շատ բաներ վայելել իր հետը... Ո՜րքան ուրախ կեանք մըն է այդ... Այդպիսի ուրախութիւն վայելելու համար, մենք պէտք է սուրբ ըլլանք եւ պէտք է հասնինք Հոգիին։ Ասկէ զատ, մենք պէտք է կատարեալ Հոգիի տէր մարդիկ դառնանք, եւ իրագործենք լման Հոգին, որ ամբողջութեամբ կը նմանի Տէրոջը սրտին:

Ուրեմն, թող որ այս յոյսով մենք շուտով իրագործենք կատարեալ ու լման Հոգին, միաժամանակ ունենալով ամէն բաները մեզի հետ լաւ ընթանալու եւ առողջ ըլլալու օրհնութիւնը, ճիշդ ինչպէս որ մեր Հոգին ալ յաջողութեան մէջ է, եւ յետոյ, կարելի եղածին չափ Աստուծոյ աթոռին մօտ երթալու՝ Նոր երուսաղէմ փառաւոր քաղաքին մէջ:

239

## Հեղինակը.
## Դոկտ. Ճէյրոք Լի

Դոկտ. Ճէյրոք Լիի ծնած է Մուանի մէջ, Ճէօննամ Նահանգ, Քորէայի Հանրապետութիւն, 1943-ին: Իր քսանական տարիքներուն, Դոկտ. Լի եօթը տարի շարունակ տառապած է զանազան տեսակի անբուժելի հիւանդութիւններէ, սպասելով մահուան՝ առանց ապաքինման որեւէ յոյս ունենալու: Սակայն օր մը, 1974-ի գարնան, իր քրոջ կողմէ կ'առաջնորդուի եկեղեցի մը, եւ երբ ծունկի կու գայ   աղօթելու համար, Կենդանի Աստուած անմիջապէս կը բժշկէ զինք իր բոլոր հիւանդութիւններէն:

Այն վայրկեանէն որ Դոկտ. Լի այդ սքանչելի փորձառութեամբ հանդիպեցաւ Կենդանի Աստուծոյ, ան իր ամբողջ սրտով եւ անկեղծութեամբ սիրեց զԱստուած, եւ 1978-ին կանչուեցաւ ըլլալու Աստուծոյ ծառայ մը: Դոկտ. Լի ջերմեռանդութեամբ աղօթեց որպէսզի կարենար յստակօրէն հասկնալ Աստուծոյ կամքը, ամբողջութեամբ իրագործէր զայն, եւ հնազանդէր Աստուծոյ բոլոր Խօսքերուն: 1982-ին, Դոկտ. Լի հիմնեց Մէնմին Կեդրոնական Եկեղեցին՝ Սէուլի մէջ, Քորէա, եւ անհամար թիւով Աստուածային գործեր, ներառեալ հրաշագործ բժշկութիւններ եւ սքանչելիքներ, տեղի կ'ունենան իր եկեղեցիին մէջ:

1986-ին, Դոկտ. Լի օծուեցաւ որպէս հովիւ՝ Քորէայի Սանկքյուլ Եկեղեցւոյ Ցիսուսի Տարեկան Հաւաքոյթին ընթացքին, եւ չորս տարիներ ետք, 1990-ին, իր պատգամները սկսան հեռասփռուիլ դէպի Աւստրալիա, Ռուսիա, Ֆիլիփփին, եւ շատ ուրիշ երկիրներ՝ Ծայրագոյն Արեւելքի Հեռուստակայանի Ընկերութեան, Ասիոյ Հեռուստակայանի, եւ Ուաշինկթընի Քրիստոնէական Ձայնասփիւռի Համակարգի միջոցներով:

Երեք տարիներ ետք, 1993-ին, Մէնմին Կեդրոնական Եկեղեցին ընտրուեցաւ որպէս «Աշխարհի 50 Լաւագոյն Եկեղեցիներէն մէկը» Քրիստոնեայ Աշխարհ կոչուած պարբերաթերթին կողմէ (ԱՄՆ), եւ Արժ. Ճէյրոք Լի ստացաւ Աստուածաբանութեան Պատուոյ Դոկտորի տիտղոս՝ Քրիստոնէական Հաւատքի Գոլէճէն, Ֆլորիտա, ԱՄՆ, իսկ 1996-ին ան ստացաւ Դոկտորի տիտղոս՝ Հոգեւոր Ծառայութեան մէջ, Քինկսուէյ Աստուածաբանական Դպրեվանքէն, Այօուա, Ամերիկեան Միացեալ Նահանգներ:

1993-էն սկսեալ, Դոկտ. Լի առաջնորդ դեր կատարած է աշխարհի առաքելութեան մէջ, արտնին բազմաթիւ հոգեւոր արշաւներու ընդմէջէն՝ Թանզանիայի, Արժանթինի, Լոս Անճելըսի, Պալթիմոր Քաղաքի, Հաւայայի, եւ Նիւ Եորքի (ԱՄՆ), Ուկանտայի, Ճաբոնի, Փաքիստանի, Քէնիայի, Ֆիլիփփինի, Հօնտուրասի, Հնդկաստանի, Ռուսիոյ, Գերմանիոյ, Բերուի, Գոնկոյի Դեմոկրատական Հանրապետութեան, եւ Իսրայէլի մէջ:

2002 թուականին Դոկտ. Ճէյրոք Լի կոչուեցաւ «համաշխարհային հովիւ»՝ Քորէայի մէջ գտնուող Քրիստոնէական հռչակաւոր օրաթերթերու կողմէ, արտասահմանեան զանազան Հսկայական Միացեալ Արշաւներու մէջ իր կատարած գործին համար:

Մայիս 2016-էն իվեր, Մէնմին Կեդրոնական Եկեղեցին ունի թիւով 120.000-է աւելի անդամներ կամ հաւատացեալներու խումբ, 10.000 տեղական եւ արտնին մասնաճիւղ եկեղեցիներ՝ ամբողջ աշխարհի վրայով, եւ մինչեւ այսօրս աւելի քան 102 միսիոնարներ յանձնառարուած են 23 երկիրներու մէջ, ներառեալ՝ Միացեալ Նահանգներ, Ռուսիա, Գերմանիա, Գանատա, Ճաբոն, Չինաստան, Ֆրանսա, Հնդկաստան, Քէնիա, եւ շատ ուրիշ երկիրներ:

Այս գրքին հրատարակութեան թուականէն իվեր, Դոկտ. Լի գրած է 102 գիրքեր, ներառեալ իր շատ ծախուած գիրքերէն՝ Համտեսել Յաւիտենական Կեանքը Մահուընէ Առաջ, Իմ Կեանքս Իմ Հաւատքս Ա. եւ Բ., Խաչին Պատգամը, Հաւատքի Չափը, Երկինք Ա. եւ Բ., Դժոխք, եւ Աստուծոյ Զօրութիւնը: Իր գործերը թարգմանուած են աւելի քան 76 լեզուներու:

Իր Քրիստոնէական սիւնակները կ'երեւնան Հէնքուք Իլպօյի, ՃունկԱնկ Տէյլիի, Տօնկ-Ա Իլպօյի, Մունհուա Իլպօյի, Սէուլ Շինմանի, Քեունկհեանկ Շինմանի, Հէնքեօրէի Շինմանի, Տը Քորէա Էքոնոմիք Տէյլիի (The Korea Economic Daily), Տը Քորէա Հէրըլտի (The Korea Herald), Տը Շիսա Նիյուզի (The Sisa News), եւ Տը Քրիսչըն Փրէս (The Christian Press) օրաթերթերուն մէջ:

Արժ. Դոկտ. Լի ներկայիս կ'առաջնորդէ բազմաթիւ միսիոնարական հաստատութիւններ եւ ընկերակցութիւններ. ներառեալ Ատենապետ՝ Յիսուս Քրիստոսի Միացեալ Սրբութիւն Եկեղեցւոյ, Նախագահ՝ Մէնմին Համաշխարհային Առաքելութեան, Տեւական Նախագահ՝ Քրիստոնէական Արթնութեան Համաշխարհային Առաքելութիւն Ընկերակցութեան, Հիմադիր եւ Յանձնախումբի Ատենապետ՝ Քրիստոնէական Համաշխարհային Համացանցին (GCN), Հիմադիր եւ Յանձնախումբի Ատենապետ՝ Քրիստոնեայ Բժիշկներու Համաշխարհային Համացանցին (WCDN), ինչպէս նաեւ Հիմադիր եւ Յանձնախումբի Ատենապետ՝ Մէնմին Միջազգային Դպրեվանքին (MIS):

www.ingramcontent.com/pod-product-compliance
Lightning Source LLC
LaVergne TN
LVHW021807060526
838201LV00058B/3271
* 9 7 9 1 1 2 6 3 1 3 1 3 6 *